周易演义

纪有奎　编著

华龄出版社

责任编辑：薛 治
责任印制：李未圻

图书在版编目（CIP）数据

周易演义/纪有奎编著. —北京：华龄出版社，2015.12
ISBN 978-7-5169-0663-7
Ⅰ. ①周… Ⅱ. ①纪… Ⅲ. ①《周易》－研究 Ⅳ. ①B221.5
中国版本图书馆 CIP 数据核字（2016）第 004439 号

书　　名：周易演义
作　　者：纪有奎　编著
出版发行：华龄出版社
印　　刷：北京盛源印刷有限公司
版　　次：2016 年 1 月第 1 版　2016 年 1 月第 1 次印刷
开　　本：787×1092　1/16　　印　　张：17
字　　数：200 千字
定　　价：34.00 元

地　　址：北京市西城区鼓楼西大街 41 号　邮　　编：100009
电　　话：（010）84044445　传　　真：84039173
网　　址：http://www.hualingpress.com

前　言

本书编著者（以下简称作者）是我的老师。因他年迈已过八旬，我协助整理他多年讲课的手稿并录成电子版，成为本书。请注意：

1. 请先看本书《序言》，再阅读本书。

2. 作者在多种场所的学习班上讲《周易演义》时，有的学员已复印作者部分手稿。课程结束后，许多学员通过各种渠道呼吁出版，为此而成书。

3.《周易》古经原文有些内容因其抽象性、模糊不确定性，使后人解读众说纷纭，有些问题至今争论不休。作者说这已经形成“周易演义”，此说“创新”。新时代解读《周易》，古为今用，赋予《周易》新使命，焕发时代气息，古今皆如此。作者把《周易》门户乾坤二卦，“演义”成国家的天地，即领空领土，又是“创新”。

4.“演义”二字解释。《新华字典》第11版说演义：“根据一件事理扩大、发挥”。《现代汉语词典》第五版说演义：“以一定的历史事迹为背景，以史书传说的材料为基础，增添了一些细节……，如《三国演义》、《隋唐演义》等”。现在，又增添了《周易演义》。

5. 作者是解读《周易》古经原文，还勇于选录多种不同的解读，心胸容纳百川，使《周易》在“演义”，扩大读者的视野。

作者选录其他不同解读的部分，不加评论，除错别字外未加修改，按原样摘录。因此，有的称为“解读”，有的称为：“译文”、或“注释”、或“白话”等等，与本书格式不统一，若统一格式则丧失原样；不同的解读，给卦辞、爻辞加入的标点断句也不一致，另有某些行文不够顺畅，请读者谅解。可能其中有您满意者；若无，请您继续“演义”在《周易》百花园里。

蒙老师信任，荷此重任。本人学识浅薄，故在整理书稿以及录成电子版过程中，始终兢兢战战，不敢有一丝一毫之懈怠。若有疏忽遗漏和错误，其咎在我，虚心请广大读者反馈，以便再版改正。

董恩江

2015 年 12 月

序 言

《周易》古经（简称《易经》)。它是中国也是世界上最古老而又奥妙的一本书。作者和年代是："人更三圣，世历三古。"即上古伏羲、中古文王、近古孔子，经历约三千多年，是中国古代人集体智慧的结晶，是中国又是世界上写作时间最长的书。它用阴阳符号（爻）排列组合成六十四卦，是符号系统；有了文字时加入卦辞、爻辞，是文字系统。孔子晚年喜读《易经》写了注释和心得体会称为《易传》，共十篇，称为十翼。翼是翅膀，使《易经》插翅从占筮层次飞翔到哲学高层次。《易经》和《易传》组成《周易》。通常不严格区分，《易经》即《周易》。

《周易》是中国古代几乎包罗万象的百科全书，阐述宇宙间天地万事万物发生发展及其变化规律，以及如何去应对。充满智慧和哲理，是指导人生的宝书，被列为"五经之首"、"大道之源"。从汉代开始被列为科举考试重要科目。中国古代有不知《易》不可称为将相之说。日本在明治维新组阁规定，不知《易》者，不得入阁。十七世纪以来，被译成拉丁文、英德法文等，传到世界，受到好评，获得赞誉。

《周易》从无文字的阴阳符号，到原始文字少，一字多音多义，有些古字早已经不用，简练的一串文字又无标点符断句，使后人难读难懂称为天书，这使《周易》充满先天的神秘性、抽象性和模糊性，给后人阅读时留下了丰富的想象余地和广阔的思维空间。历代易界学者各抒己见，对某些疑问争论不休，就像考试题填空白，却没有标准答案；又像只竖立起框架，让后人充实内容。这是《周易》基因造成的！因而从古至今涌现出千百种注释《周易》的书籍，推动着易学文化不断丰富和发展，构成了《周易》百家讲坛，百花齐放，阐述百种事物，百态人生，百家争鸣。张说李说，公说婆说，众说纷纭，人人都有话语权，形成了"周易演义"（这是笔者命名)，在此基础上，笔者白话解读《周易》古经原文，抛砖。为使读者扩大视野，丰富《周易》知识，笔者选见解不同的近期出版的书，摘录作为例子，作为玉，供读者欣赏，读者阅本书时还可博览"群书"。

《周易》的奥妙好像是埋藏很深的金矿，吸引历代易学爱好者来挖掘。孔子等人挖掘时写了《易传》。由于时代不同，解读《周易》思路也不同，近代已挖掘《周易》研究成果有：易哲学、人文易、逻辑易、管理易、美学易、诗歌易、科学易等，这些都有专著。前人未曾料到《周易》扩展面如此广泛。笔者曾协助数学家华罗庚工作时，华老说："凡是从实践中提炼出来的理论，越是抽象，其应用面越广泛。"《周易》虽然不是理论却充满人生智慧、哲理，被应用到多学科多领域，这与《周易》基因有关。我们研究《周易》应该继承、挖掘、创新，与新事物融合。历代易学研究者，针对时代的需要，对《周易》作出新的解释和应用。不同时代，赋予《周易》不同的生命力。身披占卜外衣的《周易》，其占筮作用几乎已消失。孔子学《易》不占筮，孔子说"不占而已矣。"荀子说"善为易者不占"。至今已无人手拿五十根蓍草或竹签左右手倒来倒去做占筮，若有也是在做游戏。剥去《周易》占卜外衣，便显露出科学影子。

科学易源于，十七世纪德国数学家莱布尼茨受拉丁文本的《周易》的"阴"与"阳"两种符号的启发，创造了"0"与"1"的二进制数学，据此理论，诞生了计算机。哲学家范友兰说："易经是宇宙代数学。"近代出现书籍有《易学与代数之定律》、《易学与科学》等。目前一些科学家研究宇宙间的暗物质（黑洞之类），若将来被证实存在，《周易》的阴阳理论应用面又扩大了，暗物质为阴，看得见的物质为阳。中国中央电视台百家讲坛播讲《易经的奥秘》说："科学越发达，《易经》越正确、越科学。"让《周易》告诉未来。

解读《周易》应与时俱进，古为今用。六十四卦每卦皆六爻，唯领航的乾坤二卦各有七爻，前六爻各就各位，唯第七爻即用九爻、用六爻只有爻辞，没有爻位，从古至今没找到它的位置。若把乾坤天地二卦，象征一个国家的领空领土，乾卦第六爻即上九爻位置是国家领空，上九爻辞"亢龙有悔"，解读为入侵领空若不抵抗将后悔。乾卦的龙从领空再升空，便是第七爻即用九爻位置公用的太空，用九爻辞"见群龙无首，吉"解读是世界各国形成的群龙，在太空不能自称为首称霸，和平利用则吉祥。坤卦第六爻即上六爻位置是国家的边疆，上六爻辞"龙战于野，其血玄黄。"解读是抵抗入侵边疆者、血染沙场。《周易》诞生在北半球，由国家边疆再往外往北延伸，便是坤卦第七爻即用六爻位置公用的北极，用六爻辞"利用贞"，解读为世界各国应该永久和平利用贞洁的北极区域。这是《周易》的世界观，早在数千年前为地球村呐喊世界大同，《文言传》末句喊"万国咸宁"，这是《周易》梦。

世界在发展，国学《周易》在前进，继续散发正能量，给世界留下响亮的足迹。六十四卦的最后一卦，《周易》作者有意安排为“未济卦”。未济是还没渡过大江河，要继续前行。如同伟人孙中山先生遗嘱说：“革命尚未成功，同志仍需努力。”

本书共三章。第一章阅读本书必备的基础知识；第二章白话解读《周易》古经六十四卦原文并选编不同见解的例子；第三章选《易传》作参考。

本书是新时代解读《周易》，有创举。首创《周易演义》选录不同见解《周易》的书，作为例子，笔者未加任何评论。首创提出乾坤二卦的用九爻和用六爻的位置，并解读爻辞为什么在此位置。这些都是至今至此尚未有，空前。若认为不传统，请谅解这是《周易演义》，合乎逻辑、哲理与现状，开辟一条新思路。敬请广大读者不吝指正。

编著者　纪有奎

2015 年 11 月于北京

目　录

第一章　阅读本书必备的基础知识

一、先回答几个问题

1. 《周易》与《易经》有严格的区分吗？
2. 《周易》作者是谁？成书的年代？
3. 《周易》是指导人生的什么书？
4. 本书是解读《周易》原文，为什么叫《周易演义》？
5. 本书是新时代解读《周易》，有哪些与众不同的空前创举？

回答以上问题，请看本书“序言”。

以下简介《周易》核心是六十四卦的符号系统和文字系统两部分组成。

二、没有文字时《周易》用符号表示

1. 什么是阴爻（yáo）、阳爻？

古人观察男女外表最大的区别是生殖器形状不同。女性生殖器是中间开口（▬ ▬），是阴的符号，称为阴爻；男性生殖器是直杆（▬▬▬），是阳的符号，称为阳爻。阳代表阳性、男性、刚健、沉重、光明等等。阴代表阴性、女性、柔顺、轻软、暗淡、暗物质等等。阴阳结合产生万物。孤阴不生，独阳不立。阴阳表示相互对立，又相互依存的事物。又表示一个事物内部既统一又对立的两个方面。阴阳是“二分法”，一分为二（▬ ▬），合二（▬ ▬）为一。

有了文字时，“易”学流传有三种版本。据汉代学者郑玄在《易论》中说：“夏曰《连山》，殷曰《归藏》，周曰《周易》。”前两种已失传，唯《周易》经过历代流传至今。“易”字有多种解释，其一是该字由两个字组成，上部是“日”、是太阳、属阳，下部是“月”、是夜晚、属阴。由此也可窥见《周易》是讲以阴阳为核心的古代辩证法的哲理书，万事万物都在“阴阳消长”。

十七世纪德国数学家莱布尼茨，受拉丁文本《周易》的“阴”与“阳”两种符号的启发，创造了“0”与“1”的二进制数学，据此理论诞生了计算机。计算机的诞生，是世界科技史上的里程碑，才能迈进今天的网络化时代。

2. 什么是四象？

由阴爻、阳爻组合成两个爻的符号：⚌ ⚍ ⚎ ⚏，依次称为老阳、少阳、老阴、少阴，总称为四象。

3. 什么是八卦？

在四象的基础上，各加一个阴爻或阳爻组成三个爻的八种图案，称为八卦图。如图所示：

八卦图

八卦每一卦都有名字：乾、坤、艮、兑、坎、离、震、巽。八卦表示多种象征，例如：

八卦象征空间八个方位：东、南、西、北、东南、西南、东北、西北。

八卦象征天地运转中八种形态：乾表示天，坤表示地，巽表示风，震表示雷，艮表示山，兑表示泽，坎表示水，离表示火。

八卦又象征一家人。乾为父，坤为母，父母生三男三女，共六个孩子：震为长男，坎为中男，艮为少男；巽为长女，离为中女，兑为少女。

4.《周易》六十四卦的符号是怎样形成的？

八卦每一卦是三爻，称为经卦、单卦。两个单卦叠加成六爻的别卦、重卦，便是六十四卦，其组合过程演示如下。

以八卦图为依据，若乾卦坐桩不动，按顺时针转到下一卦为巽卦，巽与乾叠加为一个六爻的重卦。再转到下一个为坎卦，坎与乾叠加为第二个重卦。再下一个为艮卦，艮与乾叠加为第三个重卦……依次到兑卦，兑与乾叠加为第七个重卦。再下一个便是坐桩不动的乾卦，乾卦本身重叠为六爻的第八个重卦。也就是八卦中以单卦乾卦为中心顺时针转一圈形成八个重卦。如此循环操作，八个单卦转八圈可形成八乘八等于六十四个重卦，这便是《周易》的六十四卦，是六十四卦的卦象。

单卦在重卦的下部称下卦、内卦，在重卦的上部称为上卦、外卦。例如六十四卦之一的“讼卦”：䷅，是坎下、乾上。在本书附表1、附表2，是查卦表和六十四卦表，选自本书末参考书目⑰。

三、《周易》的文字系统

《周易》文字系统由卦名、卦辞和爻名、爻辞组成，依据卦辞爻辞判断吉凶（称为义理派）。

1. 卦名

《周易》六十四卦的每一卦都有名字，由一、二字组成。如乾、坤、屯、蒙……既济、未济等都是卦名，按传统次序排列，分上经和下经。上经三十卦，下经三十四卦。卦名排在该卦的最上部。卦名不仅是该卦的主题思想、中心概念的高度浓缩与提炼，也可视为卦辞的组成部分（列在卦辞之前），如“泰”、“否”、“大有”卦等。但也有些卦名不是一目了然，很抽象，让人看了不知所云。这也使很多人看不懂《周易》的原因之一。

2. 卦辞

卦辞是一串简练的文字，说明该卦的主题思想，是该卦总体概括性的文字说明，可据卦辞概括性地判断该卦的主题内容，以及断定吉凶祸福。卦辞原文没有标点断句，解读者据自己的理解添加标点符号。卦辞排在卦名之后。如乾卦：“乾元亨利贞”。第一个字“乾”是卦名，其后的字“元亨利贞”是卦辞。

3. 爻名

爻名又叫爻题，排在爻辞之前，是每一个重卦六个爻的标题与说明，也就是给重卦六个爻中的每一个爻起个名字，用两个字。一个字是该爻在六爻中所在的位置，从下往上排列为：初、二、三、四、五、上；另一个字是数字表示阴爻或阳爻。阳爻用奇数“九”表示，阴爻用偶数“六”表示。例如“泰”卦的卦象：䷊，其六爻的名字从底层往上数，依次为初九、九二、九三、六四、六五、上六。请看卦象解读为：初九的“初”表示最下边开始的第一层，“九”表示该层是阳爻（⚊）；九二的“九”表示阳爻在第“二”层；九三是第“三”层为阳爻；六四的“六”为阴爻在第“四”层；六五是第“五”层是阴爻；上六是最“上”层是“六”、“六”是阴爻（⚋）。

唯有乾坤二卦有七爻。乾卦第七爻的爻名为“用九”，有爻名却没有爻位；坤卦第七爻的爻名为“用六”，有爻名也没有爻位。位是位置。笔者解读找到了“用九”爻和“用六”爻的位置，那就是对应的太空和北极。

4. 爻辞

爻辞是一串没有标点断句的文字，爻辞排在爻名之后。某些爻辞可结合爻画是阴或阳以及爻画所处的位置，进行描述、判断吉凶，并指导如何趋吉避凶，也有很多例外。

爻画从下往上依次排列，表示事物从开始到结局的发展过程。即使同样爻辞，因所处爻的位置不同，含义也不同。通常发展到顶端第六爻时，物极必反，走向反面，也有许多例外。

以“大过”卦为例，展示六十四卦的结构和名词术语如下：

（卦名）　　　　（卦象）

大过　　　　　　䷛

（卦辞）栋桡，利有攸往，亨。

（爻名）初六：（爻辞）藉用白茅，无咎。

九二：枯杨生稊，老夫得其女妻，无不利。

九三：栋桡，凶。

九四：栋隆，吉。有它，吝。

九五：枯杨生华，老妇得其士夫，无咎无誉。

上六：过涉灭顶，凶，无咎。

（笔者在本书《周易》原文中，不写（爻名）二字，此位置直接写（爻辞）二字。给原文生僻字标注汉语拼音并注解。）

四、简介卦象、卦位和爻象、爻位。

没有文字时，依据卦象、卦位和爻象、爻位判断吉凶（称为象数派）。即使《周易》有了文字时，有的易学者仍依象数判断吉凶。

1. 卦象、卦位

卦象主要指六爻重卦由两个单卦组成的象，卦位是表明两个单卦上下的位置。例如否卦：䷋是坤下、乾上。坤为地属阴，阴气下降；乾为天属阳，阳气上升。坤下、乾上是下降与上升背道而驰，阴阳不相交，所以“否”。而泰卦：䷊是乾下、坤上。乾上升与坤下降迎面而行，阴阳相交，所以“泰”。

2. 爻象、爻位

爻象是卦中的阴爻和阳爻排列组合的状况。例如夬卦：䷪是五阳一阴，阳盛阴衰。阳是君子，阴是小人。虽然阴爻小人位居顶层（上六），君子也能果断除掉他。夬（guài 音怪）：果断，解决，分开。

爻位是爻在六个位置中所居的位置，由下往上数一、三、五奇数是阳位，二、四、六偶数是阴位。若阳爻居阳位、阴爻居阴位叫位正、守正，又叫当位，通常当位之爻较吉，反之不吉，但并非绝对。

通常爻位又分上、中、下位。上位是最高位第六爻位置，象征高位。下位是最低层第一爻的位置，象征低位。每个六爻重卦有两个中位，五居上卦中位，二居下卦中位。若阴阳爻居中又守正，称居中守正，通常为吉。一般上卦中位是君位，若居中守正为“九五”之尊，即阳爻居阳位守正又在君位。下卦中位为臣位，阴爻居下卦中位即“六二”也叫居中守正。居中守正又叫中正、正中，通常为吉。

五、简介同位、相应、敌应、异位

1. 同位

重卦的上下两个单卦各有上、中、下三个爻位，分别为上位、中位、下位。初爻与四爻同在下位，二爻与五爻同在中位，三爻与六爻同在上位，这叫同位。

2. 相应

同位爻一个是阴爻，另一个是阳爻，异性相吸，阴阳相交，叫“相应”，相应是互相呼应支援，通常为吉。

3. 敌应

两爻若在同位，而同是阴爻或同是阳爻，是同性相斥，叫“敌应”，通常不吉。

4. 异位

指重卦中二与四同是阴性阴位，三与五同是阳性阳位，虽然“性”同，但由于爻所处的位置不同，其爻辞描述吉凶也不同，叫异位。先人总结的规律通常是：“二多誉，四多惧；三多凶，五多功。”这二、四、三、五是爻所在的层次。

六、简介纯卦、覆卦

1. 纯卦

纯卦是两个相同的单卦组成的重卦。例如重卦乾卦由两个乾单卦叠加组成：䷀即乾下、乾上，六爻皆阳爻纯阳。重卦坤卦：䷁即坤下、坤上，六爻皆阴爻纯阴。八卦中八个单卦可组合成八个纯卦。

2. 覆卦

把重卦的上下卦颠倒过来，即颠覆过来叫覆卦，又叫反卦、综卦。例如第二十三卦剥卦：䷖，其覆卦、反卦、综卦便是第二十四卦的复卦：䷗。又如第六十三卦的既济卦：䷾，其综卦是第六十四卦的未济卦：䷿。综卦与原卦通常用意相反。如剥卦主题是剥落、腐蚀，其综卦为复卦，其主题是改正以往的过错，恢复走正道。又如既济卦主题是已过河，其综卦未济卦是未过河。纯卦是覆卦、综卦的特例（上、下单卦相同）。

七、简介《周易》的象数派与义理派

概括笼统地说，“象数”是卦爻的阴阳符号及其编排次序的解读，与上述一、四关联；“义理”是卦辞爻辞即《周易》古经原文的解读，与上述三关联。由于“象数”和“义理”，这二者没有普遍的必然的内在紧密联系，因此，这两派在易学史上长期存在对垒和争论。

《周易》应从“象数理”整体去理解。但东汉易学家郑玄、荀爽不重视义理，着重于象数，所以“汉易”重视象数。魏晋时期三国魏的易学家王弼则反对这种学风，王弼重义理，着重经文整体意义，著有《周易著》等。宋代易学家程颐重义理，著有《伊川易传》等，继承了魏晋时期王弼重义理的学风，将象数、占卜抛弃。而宋代的邵雍却重象数。朱熹易学大家两派兼容，写《周易本义》，但把《易》限定为占卜书，认为经文（原文）就是问卜的占断。这些是“宋易”。宋元明清时期，呈现两派并行发展的趋势。清代易学百家争鸣，但清代易学大都排除王弼，致力于“汉易”的复元，这是“清易”。

近期出版的《周易》偏重于义理，有多种原因，其一是主要由于义理把《周易》引申到近代，增添了多个领域去应用。因此“象数”是《周易》的形体，“义理”是《周易》的魂。近期出版的《周易》偏重于义理较多，例如赵又春、郑球柏、邵乃读等作者的《周易》作品便如此，直接依据《周易》古经原文的卦爻辞进行注释、解读，受到欢迎。笔者编写本书也如此，但不排斥“象数”、《易传》，还有引用。

第二章 《周易》六十四卦

第一卦 乾卦 ☰ 乾上乾下

（一）原文

（卦辞）乾。元，亨，利，贞。

（爻辞）初九：潜龙勿用。

九二：见龙在田，利见大人。

九三：君子终日乾乾，夕惕若厉，无咎。

九四：或跃在渊，无咎。

九五：飞龙在天，利见大人。

上九：亢龙有悔。

用九：见群龙无首，吉。

（二）解读

卦辞：乾。元，亨，利，贞。

解读：“乾”（qián 音钱）是卦名。八卦里的乾为天，乾卦由单卦乾下乾上两个天叠加而成，卦象是双层天，表示空间，象征天外有天是领空和太空；又表示时间，天体运转一天又一天，一年四季循环年复一年。因此孔子《象》曰：“天行健，君子以自强不息。”勾画出天体运转，君子与天融合。

乾卦原文“元亨利贞”是简练的四个字，又无标点符号断句，使初学者不知所云，被拒《周易》门外。历代易学者解读有争议，至今未有定论。

“元”：初始，初生；大。“亨”：亨通，顺利，发展。“利”：吉利，收益，引申为收获。“贞”有三种含义：其一为占筮卜问；其二为正，贞洁；其三为固，坚守，引申为收藏。由此“元亨利贞”对应“生长收藏”，恰好对应“春夏秋冬”，即春生、夏长、秋收、冬藏，这是事物发展的规律。例如一粒种子在地里春生、夏长、秋收、冬藏，若果穗里的种子再落地，来年又“生长收藏”。人的一生也如此并留下后代。企事业经营管理也如此规律，可引入多种领域。孔子《文言传》把“元亨利贞”对应“仁礼义信”称为四德。

卦象和卦辞给君子创建了活动的空间和时间，在下述的七爻里用龙在这时空里去表现。

初九：潜龙勿用。

解读：龙是中华民族的图腾。乾卦把天、君子、龙三位融为一体，在七爻中，七个阶段，七个空间位置，用龙来表述君子在发展过程中各阶段的空间地位和表现。初爻辞说，君子在初期学习阶段还没工作（无用），就像龙潜伏在水中。

九二：见龙在田，利见大人。

解读：“见”（xiàn 音现）：出现。爻辞说，龙从水中出来显现在田间，出现在群众间，表示君子完成学业走上工作岗位，勤奋工作。“利见大人”是有利于出现伟大人物。

九三：君子终日乾乾，夕惕若厉，无咎。

解读：“乾乾”：勤奋自勉。“夕”：晚上。“惕”：警惕。“厉”：危险。“咎”（jiù 音旧）：过失，灾。爻辞说，君子地位又上升，整日在勤奋自勉工作，晚间还保持警惕不犯错误，这样不会有过失。

九四：或跃在渊，无咎。

解读：“或”通“惑”，疑惑。爻辞说，君子已上升到九四爻，怀疑再飞跃，若工作不到位，可能跌落深渊，便试显身手作出更多成绩，获得群众认可再飞跃，这样“无咎”，无后患之忧。

九五：飞龙在天，利见大人。

解读：“见”（xiàn 音现）：出现。

爻辞说，飞龙已上升，表示君子地位很高，已升为居中守正的九五之尊的地位，由君子成为君主，是领袖掌权执政，为人民造福。“利见大人”是君主以大人物的身份出现。

上九：亢龙有悔。

解读：“亢”（kàng 音抗）：高，过甚，极点。君主掌权执政后，又往上飞到他掌控的国家天空的极点，即领空，成为“亢龙”。提醒他在此高位不能冲昏头脑成为昏君。“亢龙有悔”又一含义是，若入侵国家领空不抵抗将会后悔！

又一例证：“亢”在古代与“抗”通用。《左传·宣公十五年》：“结草以亢杜回。”杜注皆曰：“亢，御也。”故帛书作“抗”。上九爻是乾卦有爻位的最上爻极点，物极必反，“亢龙有悔”是反疑问句，爻辞说：“抵抗的龙有悔吗”？当然不是，要抵抗，这是正面回答的正义之声。隐喻若入侵领空不抵抗将后悔。

用九：见群龙无首，吉。

解读：君主从自己的国家领空又往上飞，飞到各国公用的太空，这是用九爻数千年未能找到的位置，君主参加太空俱乐部。爻辞说，由各国形成的群龙，在此不能自称为首称霸，平等相处，和平利用太空才能吉祥。孔子《象》曰也高呼："用九，天德不可为首也。"这意思是说，用九爻宣扬在太空不可为首称霸是天德。

上述"上九爻"和"用九爻"是《周易》古为今用，新世纪解读《周易》，赋予她新内涵、新生命力。这是《周易演义》，即符合卦义和爻位、爻辞，又符合逻辑、哲理和现状。同理，第二卦"坤卦"等也如此。

小结：（1）单卦的乾卦是三爻卦，两个单卦乾，叠加成六爻重卦乾卦。单卦乾为天，两个天叠加便是天外天的重卦乾。因此乾卦是双层天，象征空间，天外有天即领空和太空；又象征时间，天体运转一天又一天四季循环。孔子《象》曰："天行健，君子以自强不息。"这是孔子解读乾卦卦辞"元亨利贞"四个字。也可按"天行健"引申为天体运转，表现为春、夏、秋、冬四季。喻意春生、夏长、秋收、冬藏的事物发展规律。乾卦的主角是龙，龙是古代中华民族的图腾，用龙比喻君子。乾卦每一爻表示龙在立体空间的地位和状态，也就是君子成长为君主的经历。经历了由低位到高位的"潜龙"、"见龙"、"飞龙"、"亢龙"。这是在四季年复一年的岁月里锻炼经历的过程。留下了宝贵的经验和教诲，那就是爻辞。乾卦把天、龙、君主三位融为一体，执政的君主是国家的化身，君主为民施政，活动在天空。因此乾卦隐含更深远的含义是要君主管理好国家的领空。

（2）乾为天，天空。第六爻的上九爻辞"亢龙有悔"。亢是极高点，"亢龙"是龙已飞到国家的极高点，即领空。爻辞说，若入侵领空君主不抵抗将后悔。龙再往上飞，便是世界各国公用的太空。这便是用九爻的确切位置，因为用九爻辞说"见群龙无首，吉。"说的太确切了，各国形成的群龙在此共舞不能自称为首称霸，和谐相处、和平利用太空才能吉祥。君主代表国家，到此参加太空俱乐部，共同开发和平利用太空，这是天德，因为孔子《象》曰："用九，天德不可为首也。"乾卦七爻已到最顶层，有物极必反的倾向。所以在太空，要警惕置放杀伤性武器，用来攻击某国，妄图使某国乾阳变成阴、"颜色革命"。

（三）选录其他解读

例1：

九四：或跃在渊，无咎。

译文：九四，龙又跳进深渊，没有灾祸。

例2：

九四：或跃在渊，无咎。

解读：身处高位，仍保持如临深渊的心态，就不会发生过失与灾难。

例3：

九四：或跃在渊，无咎。

注释：或跃在渊：古代对“或”字的用法与现在不同，一个“或”字等于现在两个“或”字。此爻是说：或者向上飞跃，或者钻入深渊，指能上能下。

例4：编者选用此例的书，原因有二：因为该书：（1）有《周易》原始作为占卜用的遗痕。“贞”为占卜问，“蓍”为占筮用的工具蓍草，让读者了解《周易》原义，虽然演变至今已不再用于占卜。（2）七十年代，湖南马王堆出土文物《周易》称为《帛书易》。该书部分选用《帛书易》为例，可知古时已有不同版本的《周易》在“演义”。

卦辞：乾，元，亨，利，贞。

白话：这条卦辞的意思是：乾卦，象征四种美好的道德境界，表示事物经过元始、通达、和谐、贞固等四个发展阶段，先后达到的体仁长人，嘉德合礼，利物合义，贞固干事等道德境界。

初九：潜龙，勿用。

白话：看到潜龙在水中，问蓍得到不用之占。

九二：见龙在田，利见大人。

白话：龙出现在田间，为此问蓍，得“利见大人”之占。

九三：君子终日乾乾，夕惕若，厉，无咎。

白话：德位兼备的人自强不息，进取不已，日以继夜努力进德修业，问蓍得到了没有灾祸的占断。

九四：或跃在渊，无咎。

白话：有龙在深渊中腾跃，问蓍得到没有灾害的占断。

九五：飞龙在天，利见大人。

白话：看见龙在天空飞翔，为此问蓍，得到了利于谒见大人的占断。

上九：亢龙，有悔。

白话：飞龙腾飞太高，必然恨悔。

用九：见群龙无首，吉。

白话：出现了一群真龙而没有首领主宰，为此问蓍得到了吉善之占。

例5：从《周易》原本为占筮用书看，它被创作出来必是为了实用，不会是用来宣传某个空泛的哲学思想，从编纂的人员构成看，则理应是用以教诲政治谋略。

卦辞：元亨，利贞。

这条卦辞，许多注家断句为：元、亨、利、贞，即认为这四个字是并列关系，表达乾卦也即天的四种德行——称为“四德”。我不认同这个理解，因为：①这四个字也在其他几个卦中充当卦辞，那些卦“象”的不是天，当不会也完全地具有天的德行。持四德说的注家倒是承认这一点，所以他们解说那些卦时，对这四字并不如此断句。但他们用乾卦的特殊性来辩护，坚持对这条卦辞作上述理解。②李镜池先生说：“‘元亨利贞’四字中，只有个‘亨’字是独立成义的。”我认为此说符合这四个字在《周易》中用法的实际。“元”有“开始”义，也有“大”义，所以“元亨”可解释为“开始大亨通”。这只是占断，或者预言。“利贞”是“宜于贞”，也即“贞才会有利”的意思。这是警戒、教诲，是叮嘱问卦人：对于你当前所从事的事业，你要坚持正确的理念，采取相应的正确的行事方式，才会真正对你有利，你才会真地开始大亨通起来。

初九：潜龙勿用。

本卦就是讲述龙——有作为的人，在开拓自己事业的过程中是如何表现的，从而也就是教诲他们应该如何表现。明显分为三层：前二爻分别从隐潜和显露两方面做总论，三、四爻讲怎样“隐潜”，后二爻交代该如何“显露”。明确全卦的这个中心和结构，就能对每一爻都作出正确的解读。这句爻辞是说：潜伏着的龙是发挥不了作用的，其教诲意义是：当你因故得不到任用而必须隐潜时，就该顺应时势，韬光养晦，俟机待时，千万不可操之过急，轻举妄动。

九二：见龙在田，利见大人。

我认为，本卦的“潜龙”、“见龙”、“飞龙”、“亢龙”，其实都可以改为“主谓结构”，作“龙潜”“龙见”、“龙飞”、“龙亢”，据此，“见龙在田”的“见”自然同“现”；后句是承接前句主语“龙”说下来，“利见大人”就该是“宜于表现出大人风范”的意思，即其中的“见”也应读 xiàn。

九四：或跃在渊，无咎。

这一爻有人译为“或者飞腾上进，或者退处在渊，必无咎害。”译者注释说：“或”在这里是副词，表示不确定之义。也有人认此“或”为不定词，兼有惑与似的含义，所以这一爻是说：龙是否飞腾，尚未下定决心，但进退有据，因而无咎。这两派都要借助爻位说作解。宋祚胤先生说：“‘或跃在渊’是‘飞龙在天’的前奏。”这就讲得具体而深刻了，和我在解说初爻时说的意思完全一致。这“在渊”是和下一爻的“在天”相对，是指“在下层”，也即“在野”，而非“在朝”。

九五：飞龙在天，利见大人。

只挑明一下：这一爻是教诲说，当你进入朝廷，权柄在握时，务必表现出大人物的风范来。

上九：亢龙有悔。

承接着前面的“潜龙”、“见龙”、“飞龙”说下来，这“亢龙”显是指“飞得过高、行为太过、办事过于强硬的龙”，因为“亢”的本义就是极、太过。哪怕是大人物，最高统治者，行事太过，越出了应有的界限，也终将失去人心，遭到失败，到时“有悔”。

编者说明：例 1 见书末参考书目⑯，例 2 见⑱，例 3 见⑰，例 4 见㉒，例 5 见㉑。

第二卦　坤卦 ䷁ 坤上 坤下

（一）原文

（卦辞）坤，元亨，利牝马之贞。君子有攸往，先迷后得主。利西南得朋，东北丧朋。安贞吉。

（爻辞）初六：履霜，坚冰至。

六二：直、方、大，不习无不利。

六三：含章，可贞，或从王事，无成有终。

六四：括囊，无咎无誉。

六五：黄裳，元吉。

上六：龙战于野，其血玄黄。

用六：利永贞。

（二）解读

卦辞：坤，元亨，利牝马之贞。君子有攸往，先迷后得主。利西南得朋，东北丧朋。安贞吉。

解读：“坤”，卦名。坤为地，《说文》曰：“坤，地也。”“牝”（pìn 音聘）：雌性的（鸟兽），牝马即母马，比喻为君子。“元亨，利牝马之贞。”是说君子革命开始就执着地追求，像母马任劳任怨驰骋在大地上。母马即君子，又象征大地，承载万事万物。坤卦把大地、母马、君子三位融为一体。孔子《象》曰：“地势坤，君子以厚德载物。”“君子有攸往”是君子行动时，对方向和前途还不是很清晰，迷茫状态。而后看清了方向得到真理，那就是西南方向，会得到朋友相助，东北方向没有朋友。“安贞吉”是，为了民众安居乐业革命坚持到底则吉祥。

乾为天，是国家领空；坤为地，是国家领土。乾坤象征国家的天地。

初六：履霜，坚冰至。

解读：“履”（lǚ 音屡）：踏，踩。爻辞说君子行动时很艰难，如履冰霜，将遇到冬天的坚冰。喻意不要灰心，要看到光明。如同英国诗人雪莱诗中说：“冬天来了，春天还远吗?”

六二：直、方、大，不习无不利。

解读：君子具备直率、方正、大度的品质，既使没经过革命培训实习，也无不利。

六三：含章，可贞，或从王事，无成有终。

解读：“含章”是君子胸有成竹，不外露。“可贞”坚持走正确道路。“或从王事”是与上层天共谋大事，顺天行事，即“奉天诏曰”是地高举天的旗帜来行动。“王事”实质是国家大事。此埋伏坤卦上六爻边疆遇难时，在领空的天龙下来助战，保卫领土。“无成有终”，是不为了个人的功名成就，要把革命进行到底。

六四：括囊，无咎无誉。

解读：“囊”是口袋，可装人贵重物品。此囊可扩大空间，可象征大会堂，或团体组织，甚至一个国家。六爻重卦，一、二爻可象征地，三、四爻象征人，五、六爻象征天。君子革命行动已走到六四爻，人爻最上层，人气最旺，在囊中团结一切可以团结的力量，成立统一战线的团体组织。括是把囊扎口，即共同遵守规章制度，统一对外。“无咎无誉”是谨言慎行，个人不出风头称誉，就不会犯错误、“无咎”。

六五：黄裳，元吉。

解读：“黄”是古代最尊贵的颜色，君主才能穿黄色龙袍。在此象征君子已为君主。裳是下身穿的裙裤。六五是体居中位、主角、主席的位置，是“黄”的位置。五行有五种颜色，五色土的布局是把黄色土放在中央。因而此“黄”又象征成立了“中央”政府。六四爻的政协团体可以在此召开政协大会。孔子《象》曰：“黄裳元吉，文在中也。”这从侧面也反映成立了“中央”政府，因为“文在中也”是说重要文件出自“中央”政府。“元”者大也，“元吉”是大吉大利。

上六：龙战于野，其血玄黄。

解读：“玄”：赤黑色（《古代汉语词典》）。“野”是原野，辽阔的大地。坤为大地、国家领土，上六爻是坤卦爻位的顶端，“野”就是国家领土顶端的边疆。坤象征母马，敌人入侵领土边疆时，母马应战，还呼唤领空天龙下来助战，血染沙场、“其血玄黄”。《千字文》第一句就是“天地玄黄”，玄、黄分别是天、地的颜色。依此可谓天龙流的血是赤黑色，大地上牝马流的血是黄色，抗战如此激烈。乾为天为龙为领空，坤为地为马为领土，为抗击入侵者龙和马并肩浴血奋战。中华民族“龙马精神”从《周易》流传于世，流传数千年至今。

用六：利永贞。

解读：《周易》六十四卦惟有乾坤二卦是七爻，其余六十二卦皆六爻。坤卦第七爻是用六爻，只有爻辞“利永贞”，却无爻的位置。《周易》作者受时代的局限性，找不到用六爻的位置，留给后人充填。当今时代的确有了用六爻的位置。因为《周易》诞生在北半球，北半球国家的边疆是上六爻位置，再往外往北延伸便是公用的北极，那就是用六爻的位置。该位置恰符合用六爻辞，用六爻辞声明“利永贞”。“利”是在该区域和平利用，“永贞”是永远坚持走正道。孔子《象》曰：

“用六永贞，以大终也”，是说各国在该区域和平开发利用是最大最好的结局。这是《周易》的地德，是《周易》地球村的大同世界观，《周易》梦。

由于坤卦各爻皆阴爻，阴盛，有物极必反的倾向，历代易学家在此说阴极生阳。所以在阴冷的北极区域，要警惕暗藏杀伤性武器，用来攻击某国，妄图使某国由阴变阳、“颜色革命”。

小结：总结乾坤二卦。该二卦是《周易》的总纲，是其余六十二卦的门户，排列最前。笔者新时代解读《周易》，与时俱进，古为今用。把乾坤二卦比喻为国家的领空领土，比喻为一个国家，国以民为本，这是天地人三才合一。乾卦卦辞《象》曰：“天行健，君子以自强不息。”坤卦卦辞《象》曰：“地势坤，君子以厚德载物。”这是中华民族努力奋斗“自强不息”、又以宽宏大度“厚德载物”的精神，树立于世界强国之林。和平崛起，绝不称霸。《周易》前瞻性预留出空间，以乾卦用九爻宣扬和平利用太空为天德；以坤卦用六爻宣扬和平利用北极为地德。早在三千年前，《周易》向世界发出和平的最强音，这表明中华民族拥有爱好和平的优良传统。若他国入侵，以坤卦上六爻“龙马精神”应战。

（三）选录其他解读

例1：

六五：黄裳，元吉。

注释：黄裳，元吉：穿着黄色的裙裤，大吉。裳：下体似裙状的裤子。古代上为衣，下身为裳。元：大。

译文：六五，穿着黄色的裙裤，大吉。

例2：

上六：龙战于野，其血玄黄。

注释：龙，指乾，指天；野，指坤、指地。龙战于野，是说乾坤交配。血，是指血脉，血嗣，即子孙后代。玄是青色，是天的颜色；黄是地的颜色，青黄交配，产生绿色，绿色象征万物。

爻辞是说，乾坤交配，产生万物。

例3：

卦辞：坤，元，亨，利牝马之贞。君子有攸往，先迷后得，主利。西南得朋，东北丧朋。安贞：吉。

白话：在春暖花开、冰融冻释、百川通流的季节里，最利于做贩卖母马的生意。因为春天也是母马下驹的时刻。有一位生意人为图此利而往，却迷失了方向，但后来又寻到了路。他明白了赢利的秘诀，懂得了西南富裕，人民购买力强，东北贫困，人民购买力差的道理。安静地坐下来盘算问蓍得吉占。

注释：坤：（kūn 昆）：卦名。坤，为地，为川，为顺。坤义与川相通。帛书、汉实经、汉碑均为“川”。川：卦名。《说文》：“川，贯穿通流水也。”利牝马之贞：利于问蓍雌马之事，如婚娩。牝马，雌马。君子：盖谓做贩马生易的人。

六二：直方大，不习，无不利。

白话：制造大船航行，虽然不会游泳也不会出危险。

注释：直方大：制造大船。直，凭借目力测度，以取材削料，引申为制造，《说文》：“直，正见也。”

六三：含章可贞，或从王事，无成有终。

白话：乐曲成章则可以占问，如果从王事奏乐无成哪里会有终呢？

注释：含章：成章，乐终，曲成。《说文解字》：“章，乐竟为一章，从音从十。十，数之终也。”

六四：括囊，无咎无誉。

白话：将商品交换中赢得的货币，装进口袋里捆好，免得别人说好说坏的。

例 4：

卦辞：元亨，利牝马之贞。君子有攸往，先迷，后得主。利西南得朋，东北丧朋。安贞吉。

前两句就是乾卦卦辞，只是给“贞”加了个定语。“牝马之贞”乃是“温驯服从之道”的比喻说法，“利牝马之贞”就是宜于按这个“道”行事的意思。接下就承接这意思，说君子有所行动时，要是自作主张，抢先在前，那就会迷失方向，而如果跟从在后，甘心服从某种力量的领导，则能“得主”，即才会明辨是非，心有主张。

“朋”在古代有二义，一指朋贝，即当时的货币，二指朋辈、朋友。有人取前一义，论者也能说出一些道理，但是忽略了，这两句是接着“君子有攸往”说下来的，而《周易》决不会用“君子”指称商人的，对商人也不会说“利牝马之贞”。所以我取第二义，并认为这“朋”乃指帮手，对君主而言则是忠臣，不过“朋”在这里的具体含义是“朋辈的帮助”。至于为什么在西南可以得朋，往东北走就将丧朋，注家们多用古人的阴阳观念来解释，但具体说法又相互矛盾，我则以为，从中国古人崇尚南方，君主、官员作为长官出现时总要面向南方，君王的统治之道被称为“南面之术”，《礼记》中说“天子负南而立”，孔子称赞舜无为而治时说“夫何为哉？恭己正南面而已矣”（《论语・卫灵公》），表彰冉雍时则说“雍也可使南面”（《论语・雍也》）这个方面去设想，也许是正确的，至于说成了西南、东北而非南、北，那只是为了增加一个音节，读起来更加舒缓、上口而已。

最后的“安贞吉”是“安贞则吉”的压缩。

初六：履霜，坚冰至。

这头一条爻辞正是交代本卦的中心、主旨，所以这句话乃是暗示人们，行事要有前瞻性，即要预想到自己想要办的事情未来发展的可能结果，并用以规划、决定当前的行为方式。我这理解是否最为恰当，待我解说完全卦以后就知道了。

六二：直方，大不习无不利。

我从高亨先生说：“直”当读为“值”，“持”义；“方”是指将两个小船或竹筏并在一起后所得的渡河之舟，也叫方舟，所以“直方”乃是操持方舟的意思。“习”有娴熟义，也有“训练”义，“不习”就是说未经训练，不够娴熟。方舟是两船并成，翻覆的可能性大为减少，所以“大不习”的人操之渡河，也不会有危险，即“无不利”。这样解释，文字上决无问题，高先生的论证更是十分详尽。这里的抽象意思是：预知没有危险，就可以，也才可以放心大胆地行动。这意思放在这里讲，明显是承接上一爻，从好的、肯定的方面作发挥：可见办事有了前瞻性、预见性，就能保证安全，预防危险，从与卦辞“得主”的联系看，则是用这实例说明：你认识到了自己行事方式的必然前景，心中就有底——“得主”了。反过来，这又证明了我对上一爻的理解一定符合《周易》作者的原意。

六四：括囊，无咎无誉。

“括囊”就是把口袋结扎起来的意思，从与上下文的联系看，这显然是比喻人把嘴巴闭起来，且足不出门，即对外事一律不表态，不参与。一般说，这样将能避免犯错误，因而不会受到追究、责难了，但当然也不会有功劳，得表扬。此即“无咎无誉”。

上六：龙战于野，其血玄黄。

对前几爻的分析，确认本卦是以前瞻性作为中心话题，这一爻明显是承接前一爻说的意思，又从反面说：如果相反，你不顾后果，好大喜功，盲目行事，那么，尽管你是君主，是龙，也会碰得头破血流。“战”本为“战斗”、“战争”义，故可借以泛指比胜负、拼高低的活动，在这里就是这个用法，故“龙战”是喻指“龙”的争强好胜，相当于乾卦中未予明言的“龙亢”。既然说“战于野”，“拼高低”的战斗时流出的血就必是洒在地上，和汗水泥土混在一起就成了青黄色，所以接下说“其血玄黄”。“其”是指代龙，但也可以说在这里是用作语气词。至于为什么说战于“野”，则是因为发动这“战”事的是君主，故而一般是在郊野进行，并且这种“战”事的目的必是争夺封地，即扩大自己的“野”——按周朝的制度，王城外百里曰郊，郊以外的地方则泛称为野。

编者说明： 例 1 见书末参考书目⑯，例 2 见⑰，例 3 见㉒，例 4 见㉑。

第三卦　屯卦 ䷂ 坎上 震下

（一）原文

（卦辞）屯，元亨利贞。勿用有攸往，利建侯。

（爻辞）初九：磐桓，利居贞，利建侯。

六二：屯如邅如，乘马班如，匪寇婚媾，女子贞不字，十年乃字。

六三：即鹿无虞，惟入于林中。君子几，不如舍，往吝。

六四：乘马班如，求婚媾，往吉，无不利。

九五：屯其膏，小贞吉，大贞凶。

上六：乘马班如，泣血涟如。

（二）解读

卦辞：屯，元亨利贞。勿用有攸往，利建侯。

解读：“屯”（zhūn 音谆），卦名。通读屯卦爻辞是说求婚和打猎，打猎也是比喻求婚缺乏条件。《周易》排列六十四卦首先是乾坤天地建立国家。国以民为本，第三卦屯卦为民婚姻建立小家庭，对国家来说其重要性不亚于建国封侯，故用“建侯”比喻婚姻的重要性。

卦辞说，“屯”是初生草木开始的艰难性。在乾卦的“元亨利贞”的岁月里，君子要自强不息。“勿用有攸往”是婚姻不要急于求成，但最终“利建侯”能婚姻成功。

初九：磐桓，利居贞，利建侯。

解读：“磐桓”（pánhuán 音盘还）：徘徊，逗留，犹豫。爻辞说，开始时，艰难犹豫徘徊。“利居贞”是在安居中坚定正确的信念。这样才能“利建侯”即有利于谋取婚姻大事。

六二：屯如邅如，乘马班如，匪寇婚媾，女子贞不字，十年乃字。

解读：“屯”（zhūn 音谆）为艰难意，不读 tún。“邅”（zhān 音粘）：难行，“邅如”即“如邅”，如此难行之意。“乘马”是马拉车，“班”是有组织的人群，“班如”即“如班”，译为同一个班级。“匪”通非，不是。“寇”是抢夺的盗匪。“字”是嫁。

爻辞说，求婚的男儿带领一些人有秩序地坐在马车上，行路艰难，来到女方家门前，不是来抢婚，派人进门传达给女方父母来求婚。闺房女孩在屋里对父母故意撒娇地说，不嫁，十年再嫁。“女子贞”译为女孩仍要守贞不嫁。古代求婚者不能与女孩直接对话，如此经过，不欢而散。

六三：即鹿无虞，惟入于林中，君子几，不如舍，往吝。

解读：“即”是就，追逐之意。“虞”（yú 音于）是古代管理山林的官，是打猎的响导。“几”通机，机智之意。“吝”是婉惜，遗憾。

爻辞说，男儿打猎追逐鹿，深入山林里，原想有所收获，因无响导，再追逐鹿，容易迷路危险，不如捨弃，否则会遗憾。

《周易》作者突然加入打猎场面，暗喻打猎无收获是因为没有响导，初次求婚失败是因为没有巧嘴媒人。男儿悟出此理，下一爻便行动。

六四：乘马班如，求婚媾，往吉，无不利。

解读：这是男儿第二次乘马车去求婚，带领随从的媒人等。“往吉”是往来吉祥，“无不利”译为不是不利。言外之意，又吉祥又吉利，当然求婚成功，定婚了。本爻辞共四句，前两句是求婚行动，后两句是行动结果（成功）。

九五：屯其膏，小贞吉，大贞凶。

解读：“屯”（tún 音囤）：聚集，储存，积累。“膏”指油脂，油水，引申为钱财。定婚回来，男儿开始积累钱财，准备办喜事。本爻警告男儿，不要积累太多了，即“小贞吉”。若积累太多，花费时间长。物极必反，过富招灾，易出意外凶灾，即“大贞凶”。

上六：乘马班如，泣血涟如。

解读：这是求婚者第三次“乘马班如”，这次是到女方家娶亲，迎接新娘。“泣血”是哭得令人痛心，是新娘告别父母养育之恩。古代有些地区乡俗，此时刻女儿做新娘要离开父母到男儿家里，惜别之情必须要哭，而且要哭出声响，叫“哭嫁”，同时亲属也陪同哭，哭的越厉害越好，“涟如”是哭声连连不断。另一喻意，新婚是喜事，在上六爻乐极生悲，流的是喜泪。

小结：乾坤二卦是大天地。第三卦是屯卦建立婚姻家庭的小天地。屯卦男儿是主角。男儿像草木初生时的艰难成长。屯积力量，认准目标，意志坚强，不断一而再，再而三的“乘马班如”去追求目标，最终获得成功，男儿娶到新娘。男人是天，女人是地，搭建了家族小天地，男儿奋斗过程是模拟天的运行，屯卦辞就是乾卦辞“元亨利贞”。仅是情景变了，内容不同，但仍遵从“天行健，君子以自强不息”，获得成功。屯卦仅以男儿从“草创”到婚姻成功作比喻，可引申到多种创业领域。

（三）选录其他解读

例 1：

初九：磐垣，利居贞，利建侯。

注释：磐，指大块石头；垣，指城墙。磐垣，是用石头筑城墙。利居贞：利于居中守正，贞者，正也。利建侯；要配备好公侯一级的高级官员。

例2：

上六：乘马班如，泣血涟如。

译文：上六，（抢亲者）四马并行驾车，回旋难行。（被抢女子）哀伤地流泪不止。

例3：

六二：屯如邅如，乘马班如，匪寇婚媾，女子贞不字，十年乃字。

解读：遇事三思而行，如同乘马赶路者徘徊选择方向；又如奋力摆脱强暴，追求婚姻美满的女子，宁可十年不嫁，决不愿眼前苟且。

上六：乘马班如，泣血涟如。

解读：艰难险阻，进退维谷；忧惧而悲，血泪如注。

例4：

六二：屯如邅如。乘马班如。匪寇婚媾。女子贞不字。十年乃字。

注释：屯卦第二爻有徘徊、艰难前进之象征，正如虽跨在马上，但四匹乘并列一齐，却互相牵连、行动不一致的现象，有被匪盗侵犯的情形，如果有论及婚嫁之事情，则女子会守贞节而不嫁，也许过了十年才出嫁的情形。

上六：乘马班如。泣血涟如。

注释：屯卦第六爻的比喻是，如乘着马群却排列有序，步伐不致的难进现象，并且有悲泣哭泣到血与泪纵横不绝一般的哀痛，因为达到穷途末路了！象辞上说，这“泣血涟如”是指着说，已经没有长进、不能长久的希望与状况可保持了。

例5：

六二：屯如邅如，乘马班如。匪寇，婚媾。女子贞，不字，十年乃字。

前三句是讲：积聚了好大堆的人，在四周徘徊，进进退退，还有人骑马来加入到这些人群中。“匪寇婚媾”是讲这不是贼寇，而是壮观的相亲场面。接下来是最精采巧妙的描写：“女子贞，不字，十年乃字。”“贞”在这里既有“正固”的意味，更多的是卜问，即试探的意思。另一层意思是“征”，意欲进行的意思。“字”，古时候女子到一定年龄将头发用簪束起来，表示可以出嫁。这里是说，很正派的良家女子想嫁给其中一个小伙子，故意试探地对小伙子说：“不嫁，十年后再嫁！”

她所说的“不嫁，十年乃嫁”是她故意绕了个弯，如果说“现在不嫁，下半年或明年才嫁”也许才是真的不嫁。故意特别夸大到十年后再嫁，要注意十年是《周易》中所讲的最为久远的时间。过分夸大的话就是“不实”，“不实”就是否定，就是否定这个“不嫁”。所以“不字，十年乃字”实际是在讲相反的话，是非常含蓄、隐晦地在说：“我可以嫁给你!”但是女孩子如果直白地说“我可以嫁给你”这样的话，则表明这个女孩子很粗俗，头脑简单，没有涵养，不懂得遮掩（是“见金夫，不有躬”的表现）。现在她说：“不字，十年乃字”，话语转了个弯就显得特别聪慧，而且可以大大咧咧地说，不会难以启齿，还可以观察小伙子的反应。这是在当时的世俗环境下，在大庭广众的征婚场面里表现最聪明、最巧妙的回答。

六四：乘马班如，求婚媾；往吉，无不利。

这里是说如果你小伙子第二天再骑马去求婚一定成功，没有什么不利的因素。

上六：乘马班如，泣血涟如。

这里是指后来小伙子再次乘马去相亲时已经看不到女孩子了，心里好像流血一样，伤心，悔恨地痛哭了。

例6：

六二：屯如邅如，乘马班如，匪寇婚媾，女子贞不字，十年乃字。

白话：这条爻辞的意思是：祭坛陈列着祭品，人们乘马来到了祭场，不是为了求婚姻，而是为了求子。预测女子近期内不会有生育，十年以后才能生育。

上六：乘马班如，泣血涟如。

白话：这条爻辞的意思是：很多人泣不成声，乘马奔丧。

例7：

卦辞：元亨，利贞。勿用有攸往，利建侯。

从包含有“利建侯”句看，这条卦辞是针对君主而言。前四字就是乾卦卦辞，我以为意思应是一样的。“有攸往”也已在坤卦中见过，“勿用”则同乾卦中“潜龙勿用”句说的“勿用”不同，这里显是用来对“有攸往”作否定性表态，故是“不宜于”、“不应该”的意思。这卦辞的实际含义是：要停止向外用兵，应把心思、工作重点转到搞好国内事务方面来，这样，只要今后坚持走正道，你的事业就会开始亨通起来。马上就会看到，爻辞的意思也正是如此。

初九：磐桓。利居贞，利建侯。

由于“磐桓”堵住的是向外征伐、扩张的道路，所以它给出的“形象”同时是暗示：应该转向国内建设了，所以又加一句明确一下：“利建侯。”

按我以上的理解，这初爻和卦辞的后八个字的意思是一样的，“磐桓”就是指示“勿用有攸往”——不可再往前走了，即不能再那样干下去了。

六二：屯如邅如，乘马班如，匪寇婚媾。女子贞不字，十年乃字。

这是在进行“求子活动”。女人出嫁或生育，古时都叫“字”。“女子贞不字，十年乃字”，显是解释说：女人们多不生孩子了，十年才能生一个，因此，人们常常举行求子的祭祀活动，这就是一次这种活动的场面。

女人们为什么不生育了？同上一爻联系起来就能得到回答：因为男子都被征去打仗了，简直没有男人来娶她们，或者她们的丈夫被征去打仗了，好多年才能回家团聚一次，她们又严守妇道（贞），所以难得怀孕生子。由此可知，上一爻是为这一爻打埋伏，这一爻则是解释磐桓（此路不通了）的根本原因，同时显示了坚持走穷兵黩武之路的严重后果。

六三：即鹿无虞，惟入于林中，君子幾不如舍，往吝。

这一爻是向君主说话，告诉他，面临向外用兵搞扩张造成了女子不孕、国内人口大减这种严重后果，以至此路很难继续走下去的局面时，就该及时回头，调整政策。鹿是古人狩猎的主要对象，所以被用来比喻天下政权，今天还把争夺天下说成“逐鹿”。

六四：乘马班如，求婚媾。往吉，无不利。

“求婚媾”前没有了“匪”（非）字，可见这一爻是讲改变了不断招兵向外扩张的政策，转而从事国内建设后的国泰民安、人丁兴旺的景象，“屯如邅如”的求子祈祷场面，变为骑马相亲的热潮了。这热潮预示的“往吉，无不利”，当然主要是对国家而言，因而其实是对君主而言，从这是在作教诲看，是对听话者而言。

九五：屯其膏，小贞吉，大贞凶。

这一爻应这样翻译：要力求节约，不可滥用资源，但这个道理只能用在小事上，用在大事上就不对了。

上六：乘马班如，泣血涟如。

联系前几爻看，大概是说：不对外打仗了，应征入伍的人回来了，所以有许多“复员军人”“乘马班如”去“求婚媾”，但也有许多人死在战场上，尸骨都没有运回来，故而人们在度过欢庆回家、结婚的日子后，难免伤心地怀念起那些死在前线的战友们，特别是那些人的家属，看到别人的儿子、丈夫回家了，结婚了，就更为自己的亲人不能归来而无限悲痛。就是这些人在“泣血涟如”。前面加句“乘马班如”，是交代人们打听不知下落的征人的生死情况，多是骑马去的。这既表达了他们急切的心情，也状写出了他们下马得悉死讯后，就立刻“泣血涟如”起来的令人悲痛的场面。用这样两句话结尾是意味深长的，引人深思，给人启发。这里自然不需要再加预言吉凶的词语。这两句话反映了《周易》作者的反战思想，更说明他们具有很高的语言表达能力。

编者说明：例 1 见书末参考书目⑰，例 2 见⑯，例 3 见⑱，例 4 见㉓，例 5 见⑳，例 6 见㉒，例 7 见㉑。

第四卦　蒙卦 ䷃ 艮上坎下

（一）原文

（卦辞）蒙，亨，匪我求童蒙，童蒙求我。初筮告，再三渎，渎则不告。利贞。

（爻辞）初六：发蒙，利用刑人，用说桎梏，以往吝。

九二：包蒙吉；纳妇吉；子克家。

六三：勿用取女，见金夫，不有躬，无攸利。

六四：困蒙，吝。

六五：童蒙，吉。

上九：击蒙，不利为寇，利御寇。

（二）解读

卦辞：蒙，亨，匪我求童蒙，同蒙求我。初筮告，再三渎，渎则不告。利贞。

解读：“蒙”，卦名。“蒙”为蒙昧幼稚，愚昧无知。“亨”是蒙昧者用启发式教育可以亨通。“匪”通非、不是。“筮”（shì 音是）：古时用蓍草或竹签占卜、算卦，在此寓意教学时告诉学生。“渎”（dú 音读）：亵渎，轻慢不尊重。

卦辞说，蒙昧的童蒙，用启发式教育方法可以亨通。不是我去求不想学习的童蒙来学习，而是想学习的童蒙应主动求我。启发式教育方法是，初始已把问题讲清楚，又来问，又回答了。若同一个问题再三来问，那是不知道老师用心良苦；不回答，若再回答，妨碍独立思考。

这种教学把问题既讲清晰明白，又要培养童蒙之类的学生独立思考的能力。此启发式教育方法是正确的，因此亨通，“利贞”是坚持正确教育。

初六：发蒙，利用刑人，用说桎梏，以往吝。

解读：“发蒙”是启发式教育童蒙。“刑”：法也。“刑人”是对童蒙严格管束的规章制度。“说”（tuō 音脱）通“脱”，是解脱、除掉之意。“桎梏”是刑罚所用的枷锁。

爻辞说，要用启发式教育童蒙。要对童蒙用严格的规章制度进行管理，废除体罚。若不这样，很难往前进行、“以往吝”。

九二：包蒙吉；纳妇吉；子克家。

解读：“包”是包容。爻辞说，为人师表，师者应具备宽阔的胸怀，不仅包容像童蒙之类的愚昧的人，而且妇女若参加学习也应接纳（纳妇）。古代封建社会轻视妇女，不许走出家门学习，只可请师作家教。“克”不是“尅”，《说文》讲“克，肩也”，是肩负、担当之意。“子克家”是教育孩子肩负起家务的使命感，引申为大家即国家，爱国教育。

六三：勿用取女，见金夫，不有躬，无攸往。

解读：“取”通“娶”。“金夫”是有金钱的男人。“躬”：身体，弯曲身体有礼貌之意。

爻辞说，不要娶这种女人为妻，见到有金钱的男子，不是按礼节规矩行事，随意就以身相许，这种女人自幼没受过启发式教育，成年品德不好，娶则不利。

六四：困蒙，吝。

解读：启蒙教育不能脱离现实，若教育方法是教条、单调、呆板，会使接受教育者困惑（困蒙），令人惋惜、遗憾。

六五：童蒙，吉。

解读：童年开始就应接受启蒙教育，这样会吉祥如意。这符合当今说教育从儿童抓起。

上九：击蒙，不利为寇，利御寇。

解读：“击”是打击。“御”是防备，抵制。初九爻里启蒙教育已废除枷锁体罚，用严格的规章制度来管束童蒙。但个别童蒙顽固不化，发展到上九层“为寇”了，侵犯了他人的人身安全，要“击蒙”，要有自我保护意识，不被寇伤害，要采取措施，抵制寇的暴行，以保人身安全。

用当代的语言说，该个例的童蒙，是少年犯罪，已触到法律底线，应“击蒙”，给予特殊“教育”。

小结：蒙卦把童蒙比作丛生的草木不明事理，是蒙昧无知之童，应接受启发式教育。要求老师具有师德，为人师表，深懂教育法则。同时还应有严格的规章管理制度，约束童蒙，不用体罚。教育范围还应包括妇女参加学习。教育孩子有责任感，承担家务，这个家可喻意国家。用一个女人作例子，没受过教育，品德不端，不能娶用她，说明教育的重要性。尽管如此，还有个例童蒙成长为寇，伤害他人的人身安全，要打击少年犯罪。通过蒙卦，可知周朝已强调教育的重要性。教育影响到子孙后代。当今一位名人说，为了当前的生活要发展经济，为了未来要发展科技，为了永远要发展教育。

（三）选录其他解读

例1：

九二：包蒙，吉。纳妇吉。子克家。

注释：包蒙吉：对蒙昧无知的儿童要包容，要耐心进行教育。纳妇吉：儿子长大了，娶妻则吉。克：作能够管理、能够治理解释。子克家：教育儿子继承家业，治理好家，管理好家。

例2：

九二：包蒙吉，纳妇吉，子克家。

解读：能包容资质不一的学生，所以吉祥；有雅量，所以娶妻吉祥，生子也能继承父志兴家立业。

上九：击蒙，不利为寇，利御寇。

解读：杖击蛮横无理的蒙昧之人，使之明白侵犯别人于己也不利，抵御别人的侵犯才于己有利。

例3：

六四：困蒙，吝。

陷入困境的愚昧之人是最可悲。这里所说陷入困境的人，是指那些自我封闭、安于蒙昧、不愿接受教育的蒙昧之人。

例4：

九二：包蒙，吉；纳妇，吉。子克家。

从这一爻开始，是讲教育方法了。“包蒙”，是说对教育对象——愚昧者，要采取包容的态度，就是说，性急不得，要在一定时间内容忍他们还有“蒙”的表现，这样，教育的效果会更好，即“吉”。后半句“纳妇，吉”，与前半句结构相同，是对前半句作解释：就像要容忍妇女的缺点一样。当时的人轻视妇女，认为妇女天生不如男人明事理，但男人又离不开妇女，所以对女人缺点只好容忍——“纳”，故而对“吉”作这样的比喻性说明。不少注家将这个“纳妇”翻译为“娶妻”，或者“娶（儿）媳妇”，完全是断章取义。

上九：击蒙，不利为寇，利御寇。

“击”，敲、打的意思，但作为翻译时最好抽象化为“惩罚”。对教育对象实行必要的惩罚，是教育的手段之一，前面各爻没有提到，所以最后补充这一条。足见《周易》作者对教育方法的认识是很全面的。接下的两句是说：惩罚的目的是让受教育者痛切的知道，决不可做“为寇”的事，只可以做“御寇”的事，即惩本身不是目的，因而有个限度，更不可滥用。

这一爻被注家们解说成什么样子，我不作介绍了，只摘引两个颇有名气的注家的解释，让读者看出注译《周易》的著作的一般水平如下：

①“猛击以启发蒙稚；不利于施用暴力过甚的方法，宜于采用抵御强寇的方式。”

②“促使蒙昧觉悟。主动攻取强寇不利，抵御强寇有利。”

例5：

卦辞：蒙，亨。匪我求童蒙，童蒙求我。初筮告，再三渎，渎则不告。利贞。

白话：用蒙昧的奴隶进行祭祀。不是我求助于这蒙昧奴隶，而是奴隶求助于我。为此事问蓍，筮人第一次演卦的结果很好，第二次，第三次演卦的结果不好，最后得到了利于问蓍的占断。

注释：童蒙：蒙昧的奴隶。初筮告，帛书作“初筮吉”。初筮吉：开始筮得吉占。

初六：发蒙，利用刑人，用说桎梏，以往吝。

白话：丢弃愚昧的奴隶，打开囚徒的枷锁，起用罪犯，用他们前往生产，看来困难。

注释：发蒙，即废蒙。废，丢弃。刑人：罪犯，受过肉刑，形体亏损的人。古代多以刑人充作服劳役的奴隶。用说桎梏：用以解脱枷锁。桎梏：木枷。戴在手上的枷锁叫做梏，戴在脚上的枷锁叫桎。说，通脱。

九二：包蒙。吉。纳妇。吉。子克家。

白话：保护愚昧的奴隶，问蓍得吉占；娶媳妇，问蓍得吉占；儿子能建立起美好的家庭。

注释：包蒙：保护奴隶，与“发蒙”相反。纳妇：娶媳妇。妇，儿媳妇。《尔雅·释亲》：“子之妻为妇。”子克家：子能成家。克，能也。

六三：勿用取女，见金夫，不有躬，无攸利。

白话：问蓍得到了不用娶媳妇的占断，这是因为这未过门的媳妇见了丈夫很长时间而不怀孕的缘故，娶过门来没有什么好处。

注释：金夫：很有金钱地位的男人。不有躬：没有怀孕。躬，身也。无攸利，无所利。攸，所也。

六四：困蒙。吝。

白话：把奴隶捆起来，问蓍得吝难之占。

注释：困：借为捆。

六五：童蒙。吉。

白话：为那获得或丢失的愚昧幼稚的奴隶问蓍，得吉善之占。

上九：击蒙。不利为寇，利御寇。

白话：打击奴隶，不利于做强盗，利于处治强盗。

编者说明：例 1 见书末参考书目⑰，例 2 见⑱，例 3 见⑲，例 4 见㉑，例 5 见㉒。

第五卦　需卦 ䷄ 坎上 乾下

（一）原文

（卦辞）需，有孚，元[1]亨，贞吉，利涉大川。

（爻辞）初九：需于郊，利用恒，无咎。

九二：需于沙，小有言，终吉。

九三：需于泥，致寇至。

六四：需于血，出自穴。

九五：需于酒食，贞吉。

上六：入于穴，有不速之客三人来，敬之，终吉。

注：（1）原文为“光”字是传抄错字，笔者同意邵乃读先生（以下简称邵氏）多方考证，应改为“元”字。

（二）解读

卦辞：需，有孚，元亨，贞吉，利涉大川。

解读：“需”，卦名。“需”是需要、需求。有二含义，其一人生最大需求是饮食，民以食为天。前五爻描述自力更生解决饮食过程：在郊区种植、在沙滩渔业、在肥沃泥地丰收、在荒野打猎、改善生活酿酒等，请看例1。其二需求是漂泊在外，希望回到温暖的家（上六爻的入于穴），卦辞描述回家归途坎坷的经历，需要在各种艰难环境里耐心思考如何达到目的地，经过了六爻才终于成功回到家。“孚”为信，“有孚”是要有信心。卦辞说，坚持走正确的路，前途是光明亨通。保持这正确的信心和决心，即使江河险阻，也能“涉大川”渡过河。（回到家）

初九：需于郊，利用恒，无咎。

解读：“需”为需要，需要在不同的困境里思考脱身回家。“郊”为郊区，郊野。爻辞说，身在郊野，需要在郊野思考脱身回家。要有耐心和恒心，才无过错。

九二：需于沙，小有言，终吉。

解读：身陷沙滩，需要在沙滩停留时思考回家。沙滩就在江河岸边，距江河更近了。追求目标到达目的地，就需过河，河是险阻的标记。“小有言”是别人对此“有议论”，但怀有信心最终会吉利的。

九三：需于泥，致寇至。

解读：身陷泥泞地，需要在在泥泞环境中挣扎，身上沾满淤泥，难于自拔，身临险境害怕，就像贼寇随时会来到。

六四：需于血，出自穴。

解读：深在险境以致受伤出血，需要在血泊中挣扎，表达身处危险的环境，需要想尽一切办法，才能走出这危险的漩涡之穴。

九五：需于酒食，贞吉。

解读：说明已脱离危险的穴窝，来到友人家，多日奔走，需要酒食，在有吃有喝的环境里思考，这毕竟不是自己的家，需要尽快赶路，若回到家才是持久吉祥。

上六：入于穴，有不速之客三人来，敬之，终吉。

解读：“三”不是数量词，而是形容词表示“许多”。爻辞没有“需”字，表示终于成功“入穴”回家了。许多平素没有交往的客人也来祝贺成功归来，畅饮庆功酒，结局是吉祥吉利。

小结：需卦告诫要想成功，需要在各种艰难的环境里磨练、思考摆脱困境回家。经历了“需于郊”、“需于沙”、“需于泥”、“需于血”、“需于酒食”，终于成功，“入穴”回到家里开庆功会祝贺。泛指胸怀正确目标，走正确道路，即使身陷各种困境，以坚韧不拔的毅力，以随机应变的智慧，最终会达到目的地，获得成功。

（三）选录其他解读

例1：

卦辞：需，有孚，元亨，贞吉。利涉大川。

注释：需：卦名。需：需要，生活必需品。

《序卦》说：“屯者，物之始生，物生必蒙，故受之以蒙。蒙者物之稚也。物稚不可不养也，故受之以需，需者饮食之道也”。需卦的主题是阐述古代人类如何解决饮食之道。孚同俘，有孚：有所俘获。此卦亨通，吉利，有利于涉大江大河。

初九：需于郊，利用恒，无咎。

注释：需于郊：是说所需的生活必需品在荒郊野外，在荒郊野外可采食野菜、野果，捕食野生动植物。

利用恒：是说要有恒心，持之以恒。

九二：需于沙，小有言，终吉。

注释：需于沙：“沙”是水边的沙滩或水中的沙洲。在这里，可以捕捉贝蟹鱼虾等来充饥。

小有言，终吉：最初这样做，有人有些意见，但最终是吉利的，是行得通的。

九三：需于泥，致寇至。

注释：需于泥，致寇至："泥"有水有土才能成泥。此处的"泥"字不可作污泥解释，而是指水土肥沃之地。在这里可从事畜牧和农耕，因而生活有了保障，有了剩余产品。在这种情况下，就容易招来强盗。没有剩余产品，是不会招来强盗的。

六四：需于血，出自穴。

注释：需于血，出自穴：这里的"血"字是指"茹毛饮血"的"血"。爻辞说，禽兽从巢穴中出来，被人捕获。血、肉、皮、毛、骨都成了人们生活必需品。

九五：需于酒食，贞吉。

注释：需于酒食：此时人类已从渔猎时代，进入畜牧和农耕时代。人们可以用粮食酿酒，可以取火用火，可以熟食。从此人类不再"茹毛饮血"，开始进入文明时代。

上六：入于穴，有不速之客三人来，敬之，终吉。

注释：入于穴，有不速之客三人来："穴"字是指半洞穴式房屋。不速之客：是未受邀请而突然到来的客人。"三人"，是泛指若干人。爻辞说，有不速之客若干人进入穴居之处，这些人可能是路过的，也可能是迷路的，也可能是投奔到这里来的。作为主人，对这些不速之客应恭恭敬敬，热情接待，这样做，最终是会有好处的。

例2：

卦辞：需，有孚，光亨，贞吉，利涉大川。

这里是说如果你有诚心想要找到一个很好的谋生、获利的位置，你就应该能看透世间事物、问题的实质，能明白你所要努力奋斗所会碰到的问题的关键。你这样去做才能克服事业上的大困难，干事业才能吉祥、顺畅；你这样去做才可以去干大事业、赚到很多钱。

初九，需于郊，利用恒，无咎。

"郊"是指比较偏远、偏僻之地。

这里是说在偏远、偏僻、土地贫瘠的地方种植谋生，付出的劳动很多，但收益却很少。如果你有恒心在这里干下去，不会有过错。

九二，需于沙，小有言，终吉。

沙地一般都近河边，比较近水，搞种植、种养比"郊"好一些，但还是很贫瘠，付出的劳动仍然很多，收获稍好一点。虽然有一点争执或口角，但最终还是平安无事而吉祥。

九三，需于泥，致寇至。

这里是说在泥地上搞种植、种养谋生，付出的劳动较少，收获较多。但这时就不是一些小口角、小争执了，而是会有人来争抢。

六四，需于血，出自穴。

这里是说在更好的地方谋生，或做生意能获得丰厚的财富，但经常争斗，有时会有流血事件发生，使人害怕，又不知道该怎么办，很不情愿地离开最好的谋生场所（“出自穴”）。

九五，需于酒食，贞吉。

这里是说他终于看出问题的关键所在。在最好谋生的地方虽有打斗争夺，那些外来的、来闹是非的不过是想来图谋一些酒食罢了。只要用酒食来招待、笑脸相迎那些不速之客，所有问题就都解决了，这样做事情很顺畅吉祥了。

上六，入于穴，有不速之客三人来，敬之，终吉。

这里是说：（那个人明白道理后）又重新回到最好谋生、最能获利的地方去经营（“入于穴”）。有三个不请自来的男子想要滋事寻衅，后被那个人以酒食敬奉、招待他们，最终没事，此后他能很好地经营发展下去。

例3：

卦辞：需，有孚，光亨。贞：吉，利涉大川。

白话：为举行大的祭祀活动而往来于大河捕鱼。问蓍得吉善之占，且得利于航行大河捕鱼之占。

注释：需：帛书作“襦”。襦读为《周礼》“作罗襦”之“襦”，假借为“繻”，细密的罗网。孚：帛书作“复”。复，往来反复的意思。

初九：需于郊，利用恒。无咎。

白话：捕鱼于郊，利于长久捕捞。为此问蓍得没有灾害之占。

九二：需于沙，小有言。终吉。

白话：因捕鱼劳累躺倒在沙滩上，几乎说不出话来了，但休息了一会儿之后，又喘过气来，终归吉善。

九三：需于泥，致寇至。

白话：在泥潭中捕鱼，招来了强盗。

六四：需于血，出自穴。

白话：从地穴中出来到大沟里捕鱼。

注释：血：借为洫。洫，大水沟。

九五：需于酒食。贞：吉。

白话：捕到了鱼便去饮酒宴欢。问蓍得吉善之占。

上六：入于穴，有不速之客三人来，敬之，终吉。

白话：捕到了鱼回家饮酒宴乐，突然出现了不请自来的三位客人，依然相敬如宾，最后终于吉善。

编者说明：例1见书末参考书目⑰，例2见⑳，例3见㉒。

第六卦　讼卦 ䷅ 乾上 坎下

（一）原文

（卦辞）讼，有孚，窒，惕，中吉，终凶。利见大人，不利涉大川。

（爻辞）初六：不永所事，小有言，终吉。

九二：不克讼，归而逋，其邑人三百户，无眚。

六三：食旧德，贞厉，终吉。或从王事，无成。

九四：不克讼，复即命，渝安，贞吉。

九五：讼，元吉。

上九：或锡之鞶带，终朝三褫之。

（二）解读

卦辞：讼，有孚，窒，惕，中吉，终凶。利见大人，不利涉大川。

解读：“讼”，卦名。“讼”：诉讼，打官司，争辩。“孚”：信，诚信。“有孚”是有诚信。“窒”是堵塞。“惕”是警惕。“有孚窒”是诚信被堵塞。

卦辞说，诉讼是诚信被堵塞，要警惕丧失理智。诉讼过程利于公正的“大人”调解、判断，若中途和解则“中吉”。若穷追不捨遇到艰难险阻，就像“不利涉大川”，可能会坠入深渊，最终凶。本卦九五爻，位中又正，是尊位，是仲裁者法官“大人”出现。

初六：不永所事，小有言，终吉。

解读：“事”指诉讼之事。爻辞说，不要长时间的争讼不休，不宜总是争辩纠缠下去，得饶人时应饶人，不要结成冤家对头，化解是“终吉”，不去理睬说三道四的“小有言”。

九二：不克讼，归而逋，其邑人三百户，无眚。

解读：“逋”（bū 音晡）：逃跑，躲避。“邑”（yì 音意）：古时受君主封之地。“眚”（shěng 音省）：眼睛疾病，灾祸。

爻辞说，打官司败诉，返回家乡后要逃跑，免得家族三百户邑人受牵连，这样可使家族邑人无灾祸。

六三：食旧德，贞厉，终吉。或从王事，无成。

解读：“食”是享用、继承。“食旧德”是享用祖先的遗产和遗德。“贞厉”是守正防错。“终吉”是终身吉祥。“或从王事，无成”是随从君王从政工作，不求有功，但求无过。“无成”是不会有成就。言外之意，此类人不会发生争胜好强的诉讼，所以六三爻辞没有“讼”字不需要“讼”，与世无争。

九四：不克讼，复即命，渝安，贞吉。

解读：“渝”是改变。打官司败诉了，恢复常态，不再去争讼，顺其自然，“听天由命”吧（这是自我慰藉）。“渝安”是由诉讼改变为安稳。“贞吉”是正态为吉祥。

九五：讼，元吉。

解读：这是九五爻。九五之尊，是正人君子是君王之位。在此“讼”字，是指主持公道的仲裁法官大人宣佈“讼”，伸张正义的诉讼者获胜。隐喻不是一概否定所有诉讼案件，伸冤呼唤正义的诉讼案件不应该否定。令人思考的是那些“不克讼”是否司法不公？

上九：或锡之鞶带，终朝三褫之。

解读：“锡”通赐，赏赐之意。“鞶”（pán 音盘），“鞶带”是古时用皮革做的绶带，表示身份、地位和荣誉。“褫”（chǐ 音齿）：剥夺、夺去。“终朝”是早晨到晚间，表示一日。

爻辞说，打官司胜诉了，被赏赐绶带。但是从早晨到晚间，一天多次又被剥夺。言外之意，诉讼赢了，却失掉民心，令人鄙视，喻意此案件不要争讼，赢了也不光彩，物极必反，将走向反面，《周易》作者特安排在上九爻描述不提倡争讼。

小结：讼卦基调不倡导诉讼，要安定团结，从“永不所事”开始，经过了“不克讼，归而逋”的场景，令诉讼者疲于奔命。中间出现了“食旧德”与世无争平静吉祥的生活。随后展现“不克讼，复即命”劝说不要再诉讼了。最后上九爻举例争讼胜者，也未获得益处，“锡之鞶带”、“三褫之”。仅在九五爻法官大人走过场说“讼”还是存在的。由上总结“和为贵”。

（三）选录其他解读

例 1：

九二：不克讼，归而逋，其邑人三百户，无眚。

解读：争讼失利，逃避到只有三百户人家的小村僻壤隐居起来，便无灾殃。

例 2：

九二：不克讼，归而逋，其邑人三百户，无眚。

这里是说如果认为官司打不赢，不再主动打官司了，逃到三百户人家的小村镇里躲藏起来，这样就避免了灾祸。打不赢官司但躲得起官司。

例3：编者选此卦解读不是诉讼。

卦辞：有孚窒，惕。中吉，终凶。利见大人，不利涉大川。

这样解释：一个人自己的诚信被堵塞了，他就不会相信别人对他会以诚相待，因而常怀警惕之心。这不但很合理，可说道出了关于诚信的基本规律，又不必假想出一个“争讼”来作为“语境前提”，还能更好地贯通下文：一个人对别人总是不信任，时时防一手，这当然可能使他避免上当受骗，少吃许多“眼前亏”，但从长远看，正是他的这种处世态度使他不可能成气候，发大业。这就是“中吉终凶”。

依我上面的理解，后两句就是说：这种人必须克服自我窒息诚信的弱点，表现出大人风度来，才能真正有所作为，这之前他是不宜从事有大风险的大事的，因为只有胸怀广阔的人才能成就大事。

初六：不永所事，小有言终。吉。

这一爻是说：（有时候）不把所做的事无限期地拖延下去，稍有收获就停下来，是较好地也即最可取的态度（将导致“吉”的态度）。

例4：

卦辞：讼，有孚，窒惕，中吉，终凶。利见大人，不利涉大川。

白话：为水利问题争讼，因此而问蓍，筮人报以“中吉”、“终凶”之占。并占断这样的事情最好是双方同去谒见大人，大人会断以公理的，千万不能去渡大河。

注释：有孚：帛书作“有复”。有复：报告占筮的结果。

九二：不克讼，归而逋，其邑人三百户无眚。

白话：爻辞的意思是：［此人］输了官司，回到家中便逃跑了，他所居住的那座城中三百户居民却无一人发现他逃走。

六三：食旧德，贞：厉，终吉，或从王事无成。

白话：修养功垂千古之吉德，问蓍得可以行动与终归吉善之占，又从君主不违法行事就一定能够成功。

九四：不克讼，复即命，渝安。贞：吉。

白话：得到因为不克讼而逃的报告后立即命令安乱。为此问蓍得吉善之占。

注释：复即命：得到不克讼归而逋逃的报告后，立即命令。渝：变也。

九五：讼，元吉。

白话：讼事结束，问蓍得大吉之占。

上九：或锡之鞶带，终朝三褫之。

白话：国君赐予这位听讼官大般带，他视若珍宝，一个早晨的时间内就藏了三个地方。

编者说明：例1见书末参考书目⑱，例2见⑳，例3见㉑，例4见㉒。

第七卦 师卦 ䷆坤上坎下

（一）原文

（卦辞）师，贞，丈人吉，无咎。

（爻辞）初六：师出以律，否藏凶。

九二：在师中，吉，无咎，王三赐命。

六三：师或舆尸，凶。

六四：师左次，无咎。

六五：田有禽，利执言，无咎。长子帅师，弟子舆尸，贞凶。

上六：大君有命，开国承家，小人勿用。

（二）解读

卦辞：师，贞，丈人吉，无咎。

解读：“师”，卦名。《说文》：“二千五百人为师”，表示众多；师，出兵或指挥部队打仗。“丈人”：德高望重、英明长者。“贞”：正也。

卦辞说，出兵打仗，要有正义感，有德高望重的指挥统帅，不会有过错。

初六：师出以律，否藏凶。

解读：“藏”：善，好。爻辞说，军队出兵打仗，要纪律严明，否则，将被战败，下场凶。

九二：在师中，吉，无咎。王三赐命。

解读：统帅指挥军队有勇有谋，吉利，无差错。获得君王多次奖励。

六三：师或舆尸，凶。

解读：指挥官帅师作战若指挥失利，战争失败，用车往回运尸体，凶险。

六四：师左次，无咎。

解读：“左”：古人以右为上、为主；以左为下、为辅。“次”：驻扎。指挥官令部队驻扎在后勤辅助的地方，不是主战场，这是军情的需要，没有过错。

六五：田有禽，利执言，无咎。长子帅师，弟子舆尸，贞凶。

解读：用田间打猎比喻打敌人。田间来了禽兽（敌人）。“长子帅师”是英明的指挥员帅师战斗，“利执言”是有利于擒获俘虏并加以询问，无过失。“弟子舆尸”是没经验的指挥员导致战争失败，用车往回运尸体，凶祸。

上六：大君有命，开国承家，小人勿用。

解读：战争胜利结束，君主颁布命令，以功颁奖。立大功的封为诸侯，可建诸侯国（开国）；立小功的封比爵低些的卿大夫之类的官职，可以世袭“承家”；对军中败类分子小人不要用。

小结：师卦特别强调指挥官在战争中的重要性。要为正义而战，军队要纪律严明。战争中若指挥不当，会造成惨痛代价。战争结束，君主要对战争中有功人员颁奖，封官晋位，对战争中不利人员小人不再用，赏罚分明，这些具有现世意义。

（三）选录其他解读

例1：

六三：师或舆尸，凶。

师，是指出兵打仗。舆尸，用车运载尸体。爻辞说，出兵打仗，不论胜负，都要死人，此乃凶事。出兵要很慎重，不可轻启战端。

例2：

六三：师或舆尸，凶。

解读：统帅轻举妄动，载尸败阵，其凶无比。

六五：田有禽，利执言，无咎。长子帅师，弟子舆尸，贞凶。

解读：如同消灭害稼之禽而打猎一样，两军对仗时应先向对方晓以大义，这样即可压抑对方的锐气，又可助长己方为正义而战的斗志。军队只能交付一个统帅，全权指挥，如果让一些志大才疏的人分权干扰，必然载尸而归，即使正义之师也难逃厄运。

例3：

六三：师或舆尸，凶。

这里的“舆”是众、多的意思，如舆论的舆；这里的“尸”是执掌，主持的意思，如尸盟主持盟会等。

六三爻的意思是说，军队如果由众人指挥而形不成一个强有力的核心与权威，就难以成功。众人指挥，必然会令出多门，军队无所适从，怎么能打胜仗呢？由此也不难看出，解读《周易》，切忌望文生义。

六四：师左次，无咎。

“左”，后面、退后，古代兵家以右为前、以左为后，这和古人尚右，以右为上、以左为下是一个道理。“次”，古代军队驻一夜叫宿、驻两夜叫信、三夜及以上叫次。

战争并不意味着一味地进攻。带兵打仗自然应该是当进则进，当退则退。作为军队的统帅，要进退有据，行驻有常。“师左次”需要的时候退后休整，当然没有什么错误，自然是无咎了。

例4：

初六：师出，以律；否藏，凶。

“师出，以律”相当于今天说的“师出有名”，其实是说，要进行战争，首先要具有正义性。“否藏，凶”乃是承接上文说：如果战争是非正义的，即本来是不该进行的，那么无论是打败的或打胜了，都意味着“凶”。这里，“否藏”前当有“不然的话”这样的意思，因为估计读者会领悟得到，文字就略而不说了。这在《周易》乃是常规。

六四：师，左次，无咎。

如果没有战胜的把握，就退兵驻扎，暂不出战，这样也不会受责备的。

例5：

九二：在师，中，吉，无咎，王三赐命。

“在师，中”，是一语双关，其一是指九二爻位居中，其二是指统帅在军中要坚守中道的原则。“王三赐命”是指在军中的将帅得到帝王很多奖赏。一命受爵，二命受服，三命受车马。

这里是说将帅在军中持中正之道、不偏不倚、胜不骄败不馁、有勇有谋，这样就不会有过错，才会吉祥，这样会得到帝王很多赏赐。

六五：田有禽，利执言，无咎。长子帅师，弟子舆尸，贞凶。

“田有禽”直译是打猎获得禽兽。这喻指打了胜仗，获得了战利品。“长子帅师”中的“帅”在这里用作动词，同时又当着形容词，是指长子带领军队打了胜仗，整个军队很威武，有雄风帅气。

这里是说只要他打了胜仗回来，不管如何，说明他所执行的谋略都是对的，他发表的言论大家都愿意听，大家都信服，这样就不会有过错。行兵打仗必须由经验老到的长子来担任主帅，这样才能打胜仗，使整个军队具有雄风气。如果起用年轻没经验的弟子来治理军队是要打败仗的，这样做就很凶险。这里强调要知人善任。

编者说明：例 1 见书末参考书目⑰，例 2 见⑱，例 3 见⑲，例 4 见㉑，例 5 见⑳。

第八卦　比卦 ䷇ 坎上坤下

（一）原文

（卦辞）比，吉。原筮元亨[(1)]，永贞无咎。不宁方来，后夫凶。

（爻辞）初六：有孚比之，无咎。有孚盈缶，终来有它，吉。

六二：比之自内，贞吉。

六三：比之匪人，凶。

六四：外之比，贞吉。

九五：显比，王用三驱，失前禽，邑人不诫，吉。

上六：比之无首，凶。

注：（1）原文无此字是传抄错掉，笔者同意邵氏多方考证，应添加“亨”字。

（二）解读

卦辞：比，吉。原筮元亨，永贞无咎。不宁方来，后夫凶。

解读：“比”，卦名。《说文》讲，“比，密也，二人为从，反从为比。”“比”是二人肩并肩并列行进，喻为靠近，亲密，团结。“原筮”是重复占卜，即原来求占卜和再次占卜。“元”是开始，“贞”是正道。“元亨，永贞”是开始亨通走正道，永不变。

卦辞说，原来占卜和再占卜都是吉，都是走正道永不变，不会有过错。“不宁方来”是，原来远方的不安宁的邦国也来做比邻友好。“夫”是男人，比喻邦国。“后夫凶”是后来参与友好者若是别有用心，则要警惕防范凶险。

初六：有孚比之，无咎。有孚盈缶，终来有它，吉。

解读：“有孚”是有诚信。“盈”：满也。“缶”（fǒu 音否）：陶瓷制品，瓦罐，古时用来盛酒。

爻辞说，有诚信的人与人，或国家与国家，应联合团结，无坏处。“有孚盈缶”是喻意诚心诚意，就像盛满罐的酒情意浓浓开杯畅饮。

“终来有它”是这般诚意联合团结，最终会有意外的收获，吉祥。

六二：比之自内，贞吉。

解读：“内”有双重意义，为人诚信要发自内心，以心比心才能善交；另一含义是要求一个团体或一个国家，要搞好内部团结，团结就是力量，坚守正道吉祥。

六三：比之匪人，凶。

解读：“匪”通非、不。爻辞说，与居心莫测之人搞团结，要警惕凶险。

六四：外之比，贞吉。

解读：对外要睦邻友好，和平共处，共同发展，共同坚守正道，则吉祥。

九五：显比，王用三驱，失前禽，邑人不诫，吉。

解读：“显比”是处事光明正大。无论是人与人，或团体与团体，或国家与国家处世要光明正大，彰显无私气魄。在此是用君王狩猎作比喻，古代君王狩猎带领一群人，从左、右、后三个方面驱赶猎物（三驱），供君王狩猎，唯前方留给猎物逃走，俗称“网开一面”，表示君王胸襟开阔，因此被君王策封的邑人，见此情此景对君王不存戒（诫）心了，吉利吉祥。

上六：比之无首，凶。

解读：“首”是首领。人与人，团体与团体，尤其是国与国，友好团结联盟时，总得有个首领，主席之类，定期召开协商会议，共谋发展。即使是轮流为首，也应有首，若无首是一片散沙，无法协商制订方针政策，没有凝聚力，会发生不利的后果，凶。

小结：比卦重点讲人际之间的关系，以及王国与诸侯国睦邻友好的关系。都要诚心善意，彼此团结起来才有力量，走和平和谐共同发展之路，对当今也有现实意义。

（三）选录其他解读

例1：编者选作者在卦辞“元永贞”另加一“亨”字为“元亨永贞”。

卦辞：比，吉。原筮，元亨，永贞，无咎。不宁方来，后夫凶。

注释：卦辞说：原来占筮是元亨，这次占筮又是元亨。永远坚守正道就不会有大的过错。

叛乱的消息刚刚传来，如不及时果断处理，后果严重。

上六：比之无首，凶。

注释：爻辞说，无视君王首脑地位，不服从政令，必遭凶祸。

例2：

九五：显比，王用三驱，失前禽。邑人不诫，吉。

解读：相亲相助的原则是宽宏，就像天子狩猎，网开一面，凡不愿投入网中一味潜逃的猎物一概不追。有这样的仁义宽宏，父老乡亲不会产生戒惧惶恐之心，因而吉祥。

上六：比之无首，凶。

解读：相亲相助，没有好的开端，必然凶险。

例3：

卦辞：吉（原筮：元永贞，无咎）不宁方来，后夫凶。

将“元”训为“开始”就行了，从而“元永贞”是说从此永远持守正道。这样就“无咎”。“不宁方来，后夫凶”，中的“方”字，与《诗·周礼·汉广》“江之永矣，不可方思”中的“方”同义，是指渡河用的木筏，亦即坤卦第二爻“直方，不大习不利”句中的“方”，坐这种木筏渡河，颠簸大，所以说“不方宁”。故这句是说，用木筏渡河时，坐在后面的人较安全（“夫”可指成年男子，也可以泛指众人）。这实际上是在作教诲：你和别人是坐在这样的木筏上一起渡河的人，只是遭遇的危险可能不一样大，所以必须互相帮助，彼此亲爱。这正是本卦的主题。

初六：有孚，比之无咎；有孚盈缶，终来有它。

前半句话是说：心怀诚意去亲近他人，那是决不会有坏处、受责难的。后半句的意思很明白，是说：要是诚心充满了“缶”，即表现到非常充分、诚恳，那更一定会得到意想不到的好结果。“终来”表示时间，相当于“终究”、“毕竟”。

例4：选用六三爻删掉“凶”字的例子。

六三：比之匪人。

“匪”通非。但“匪”人并不是“不是人”，而应该是指和自己志不同，道不和的人，或者和自己有不同意见，不同政见的人，或者和自己不是一条战线的人，或者不是自己一伙的人。对于这些人，我们也要亲近。为什么呢，用现代的语言说，就是要努力构建最广泛的统一战线。

例5：

卦辞：比，吉。元永贞，无咎。不宁方来后，夫凶。

白话：军民亲善和睦就吉祥，初筮得“元永贞，无咎”之占。“不宁方来后”则是不亲善相从的表现，这就要受到惩罚。

初六：有孚，比之，无咎。有孚盈缶，终来有它，吉。

白话：听从命令，往来相从，问蓍无有灾咎。反复往来不停地把装得满满的酒倒酒池里去，这样就能受到上司的嘉奖。故断以吉祥。

六二：比之自内。贞：吉。

白话：内部亲密无间，团结一致，问蓍得吉占。

注释：比之自内：从国内做到和睦团结。

六三：比之匪人。

白话：无人与之相过从，孤独一人。

注释：比之匪人：即不与国内人亲近，亦不同国外人结成同盟，谓无人亲比也。“比之匪人”，即“匪人比之”倒装语。

六四：外比之。贞：吉。

白话：与国外结成亲善关系有利于国家建设事业。问蓍得到吉善之占。

九五：显比，王用三驱，失前禽，邑人不诫。吉。

白话：王在田猎时三驱猎兽均未如愿，不仅不杀邑中从人，反而同从人更加亲善。这是君主宽容大度的盛德，问蓍得吉占。

注释：王用三驱，失前禽：王失去了三次逮捕禽兽的机会。照道理说当恼羞成怒杀人以解其愤。“邑人不诫。吉。”不杀邑人，不生气，更加与众人相亲善，是谓显比。诫：唐石经、帛书均作“戒”。戒：杀。

上六：比之无首。凶。

白话：众人跟随君王田猎而突然不见了君王，大家惊惧忧恐，乱成一团。问蓍得凶占。

编者说明：例 1 见书末参考书目⑰，例 2 见⑱，例 3 见㉑，例 4 见⑲，例 5 见㉒。

第九卦　小畜卦 ☴☰ 巽上 乾下

（一）原文

（卦辞）小畜，亨。密云不雨，自我西郊。

（爻辞）初九：复自道，何其咎，吉。

九二：牵复，吉。

九三：舆说辐，夫妻反目。

六四：有孚，血去惕出，无咎。

九五：有孚挛如，富以其邻。

上九：既雨既处，尚德载。妇贞厉，月几望，君子征，凶。

（二）解读

卦辞：小畜，亨，密云不雨，自我西郊。

解读：“小畜”，卦名。“畜”通“蓄”，积蓄，储蓄。“小畜”是小有积蓄。

本卦显示，人在社会中要积蓄财与才，即物质财富和精神财富。卦辞“亨”声明可以亨通到小畜，会降甘雨滋养万物，因为乌云已遮天（密云），从我的西方来，虽然暂时没下雨（不雨）寓意将会降雨，乌云密布下雨可能性大。诗辞中也说：“东边日出，西边雨。”喻意条件具备走正确道路会成功。

初九：复其道，何其咎，吉。

解读：“复”：恢复，返回。走错路了，改正，重走自己的正确的路，何必自我责备，应往前看是吉祥。

九二：牵复，吉。

解读：误入歧途，受到别人帮助，手挽手一起又走上正确之路，获得吉祥。

九三：舆说辐，夫妻反目。

解读：“舆”：车子。“说”通“脱”。“辐”：车轮子辐条。“舆说辐”是说车身与车轮脱开分离了，车坏了不能启动，就像“夫妻反目”为敌、分崩离兮。“夫妻反目”家不和，万事不兴。喻意都是由于不和睦不团结造成的。

六四：有孚，血去惕出，无咎。

解读：“孚”：诚信。“血”通“恤”（xù），担忧，忧虑。“惕”：警惕，危险。

“小畜”提倡“有孚”，“有孚”是相互彼此信任，这样才能团结共事，就没有什么需要担忧（血去），也没什么危险之事（惕出），如此做是正确的。没有过错（无咎）。

九五：有孚挛如，富以其邻。

解读：“挛”（luán 音峦）：联系，联结。《说文》“挛，牵系也。”“有孚挛如”是把诚信的人更亲密地联系在一起，比六四爻“有孚”情感更浓，团结的力量更大，帮助邻人共同富裕。

上九：既雨既处，尚德载。妇贞厉，月几望，君子征，凶。

解读：“既”：已经。“处”：停止。“德”同得，《帛书易》为“得”。“载”：用车装载。“几”是既；几乎。望月是满月。

从卦辞“密云不雨”等到上九已经下雨了（既雨）。甘雨滋养万物，有收获、积蓄。但雨已经停止了（既处）只能有小蓄。若继续下雨，会有大蓄。“尚德载”是尚需要继续获得（德）大收获用车载运。“妇贞厉”是妇女占筮求预测，结果“厉”害有危险，时间是在几乎月圆时，丈夫将出征，凶。“月几望”在此有两层含义，一是表示出征时间，另一是夫妻月圆应该团圆、却被拆散的伤感色彩。两层意义都“凶”，都不能大蓄。在小畜卦的最顶层上九爻展显出“物极必反”月圆必有月亏的自然规律。告诫不要积蓄过盛，适可而止。

小结：小畜卦主题是，小到人际关系，大到国际关系，要想有所成就有小蓄，这和所走的路线以及与周边关系密切相关的，道路是曲折的，也是艰辛的。全卦都用比喻来形容，从开始“密云不雨”有“亨”了，“复其道”改邪归正。“牵复”又走上正道；中途遇到麻烦，“舆说辐，夫妻满目”；之后，心怀诚信“有孚”交往，避免灾害；又进一步“有孚挛如”共同富裕；终于“既雨既处”下雨了，雨又停，有收获，虽然是“小畜”，知足常乐，没必要再让君子出征争取大蓄，那样凶。

（三）选录其他解读

例 1：

六四：有孚（俘），血去惕出，无咎。

注释：战争有所俘获。流血战争已经过去，不再恐惧忧虑。

九五：有孚（俘）挛如，富以其邻。

注释：把俘获的人畜用绳子绑起来，连成一串。由于俘获了临近部落的人畜和财物，所以富起来。

上九：既雨既处，尚德（得）载。妇贞厉，月几望，君子征凶。

注释：处：止也（见《古代汉语词典》）。载：指乘车，运载。爻辞说，雨时下时停，道路难行。幸好有车，可以帮助运载。

妇贞厉是说，妇女在下雨的情况下外出，搭上陌生人的车，则有危险。

月几望，君子征凶：是说月亮就要圆了，但还未圆。意思是说条件尚不成熟，准备工作尚不够充分，在此情况下，急于出征，则凶。

例2：

本卦卦名“小畜”的“畜”字，应读xù，一般认为通“蓄”，“畜聚”的意思。畜聚什么？

本卦主题是讲君子“畜德”问题，告诫既不可性急，又不能以非道德的方法去畜德。

卦辞：亨。密云不雨，自我西郊。

明确了本卦的主旨，就可以对这条卦辞的喻义作这种设想了：含雨之云畜积得还不够，故而尽管看来密集了，但不会就下雨，未言之意是：你若希望下雨，就还要等待云层更加浓密起来。从末一爻说“既雨既处，尚德载”看，本卦是把下雨比喻为道德修养达到一个较高境界的。

初九：复自道，何其咎？吉。

肯定本卦是讲“畜德”，这“复自道”就只能理解为“回复到自己原先认定的正道上来”，而不能理解为“从来时的道路返回”。“复”意味着曾经离开，离开正道就是走上了邪路，就是犯错误。所以“复自道”等于说抛弃错误。这错误是道德上的，最好叫过失。

九二：牵复，吉。

这一爻是对前一爻作补充：只要是回归正道就好，哪怕是受人强迫，勉强地回复，也“吉”。

六四：有孚，血去惕出。无咎。

这一爻是说：只要有诚信，就是说，你表示决心坚决改正错误，保证回到正道上来，又能言而有信地真正这样坚持下去，那么，你将再也不会经常忧心忡忡，惊恐不安。

九五：有孚挛如，富以其邻。

这可说道出了一条道德规律：对人诚信是为了别人对自己诚信，也只有诚信待人，才能让别人诚信待己。这条规律起作用的结果是：诚信的人富有了，会带动他的邻人，即同他交往的人一起富起来。

上九：既雨既处，尚德载。妇贞厉，月几望，君子征凶。

“雨”放在副词“既”后面，自是作动词，指下雨。从卦辞和全卦看，下雨是喻指德性畜积得够浓密了，终于达到了一个新的境界。我对后一句“尚德载”（这是本卦最难懂的一句）作这样的解释：这个“载”通“烖”，就是“灾”的意思。“尚德载”是对“既雨既处”作评论，等于说：“这对于增进道德修养来说乃是灾难”。

接下说的“妇贞厉”和“君子征凶”都好懂。古人轻视妇女，妇女只是搞家务，不是干国家大事，所以对妇女的道德要求低很多，认为她们在德行修养上不“坚复”，只会危及她们自己，无伤国家大事，所以说“妇贞厉”——女人这样下去是危险的；要是君子，即官员、侯王、君主这样表现，那就会误己误国，即“征凶”——前途凶险了。

例3：

卦辞：小畜，亨。密云不雨，自我西郊。

白话：将种植农作物的问题提到议事日程上来；为天旱禾苗长得不好而祀天祈雨以保丰年，从我西部一带的上空聚集着密云，然而仍然没有下雨。（这条卦反映了我国古代农业生产情况。）

初九：复其道，何其咎？吉。

白话：老天爷不下雨，我们从田间归来，有什么罪呢？难道老天爷要惩罚我们吗？不，不是的！天晓得我们没有罪。问蓍得到了吉占。（这反映了古人天人感应、天人合一思想。）

九二：牵复，吉。

白话：牵着牛马赶着车从田间归来。问蓍得吉占。（上爻言复自道，谓归复之始。此爻言牵复，谓归复之行，上下爻紧密相连。）

九三：舆说辐，夫妻反目。

白话：车下缚脱掉了，因此夫妻俩产生了矛盾。

六四：有孚，血去惕出，无咎。

白话：夫妻又复归与旧好，忧愁和恐惧心理都已消失。问蓍得到了无有灾祸的占断。

九五：有孚挛如，富以其邻。

白话：夫妻重修旧好有如初恋之情人，和气生财，家庭富有，是因为有友好善良的邻居鼎力帮助。

上九：既雨既处，尚得载。妇贞：厉，月几望，君子征，凶。

白话：老天爷下了一阵大雨很快便停了。正好得以栽种庄稼。家妇问蓍得不吉之厉占，月近望之日，夫君便被抓走了，送上了征伐敌国的战场。

编者说明：例1见书末参考书目⑰，例2见㉑，例3见㉒。

第十卦　履卦 ☰☱ 乾上 兑下

（一）原文

（卦辞）履，履虎尾，不咥人，亨。

（爻辞）初九：素履，往无咎。

九二：履道坦坦，幽人贞吉。

六三：眇能视，跛能履，履虎尾，咥人，凶。武人为于大君。

九四：履虎尾，愬愬，终吉。

九五：夬履，贞厉。

上九：视履，考祥其旋，元吉。

（二）解读

卦辞：履，履虎尾，不咥人，亨。

解读：“履”卦名。“履”（lǚ 音屡）有二意。一是履行，实行，实践，践踏；二是礼，(《尔雅·释言》说“履，礼也。”“咥”（dié 音叠）：咬。“不咥人”是不咬人。

卦辞说，按照礼仪行事，既使践踏到老虎尾巴，老虎也不会咬你，可以亨通而过。言外之意，老虎屁股也可以摸，就看用什么方式去摸。

初九：素履，往无咎。

解读：安着平“素”人之常情礼仪交往，用不着刻意的格外举动行事，不会有过错。

九二：履道坦坦，幽人贞吉。

解读：“坦”是平坦。“道”是道路，道德。“履”在此有双重含义，为名词是“礼”，“履道”是礼道，明辨善恶的礼节之道，是平坦的正道；“履”为动词是行走，君子坦荡荡行走在此道路，吉祥。还比喻此道路既使在“幽”暗的环境里行走的“人”，也会吉祥。

六三：眇能视，跛能履，咥人，凶。武人为于大君。

解读：“眇”（miǎo 音渺）：一只眼瞎。“跛”（bǒ 音簸）：腿或脚有毛病，即瘸子。

爻辞说，独眼看东西，看不清楚；瘸子走路不稳。就像走路踩着老虎尾巴，被咬伤，有凶险。又像不懂治国理念的武夫，当上了君王那样不正常。这些反面比喻，这些行为，是不遵守“履道”常规，搞不好人际关系，若作为上层领导，岂能安邦治国。

九四：履虎尾，愬愬，终吉。

解读：“愬”（sù 音素）：谨慎小心，惊惧不安。

爻辞说，跟在老虎屁股后走，只要小心谨慎，别踩上虎尾，最终会吉祥。

九五：夬履，贞厉。

解读：“夬”（guài 音怪）：决，坚决，果断。“夬履”是与履道决裂，不走正道，很危险。

上九：视履，考祥其旋，元吉。

解读：“旋”：旋转，回旋。

爻辞说：重视礼仪，考虑周到圆满，必然大吉。

小结：履卦讲人的行为要按礼仪行事，走正道，在践行的过程中，要陶冶情操，提高道德修养。不能胆小怕事，也不能过于急燥，要随机应变，表现在履历的几个阶段："素履"、"跛履"、"夬履"、"视履"等，尤其表现在"履虎尾"，有时凶，有时吉，值得深思。

（三）选录其他解读

例1：

九二：履道坦坦，幽人贞吉。

译文：行走在平坦的道路上，被幽禁之人占卜吉祥。

上九：视履考祥，其旋元吉。

译文：上九，审视行走的历程，考察其吉凶祸福，返回来非常吉利。

例2：

六三：眇能视，跛能履，履虎尾，咥人，凶。武人为之大君。

注释：眇：偏盲，一只眼瞎。跛：腿脚有毛病，行走不平衡。

爻辞说，本来视力不好，却逞强能视物。本来腿脚不好，却逞强能走路。因为视力不好，在老虎后面走，踩上了虎尾。因为腿脚不好，来不及跑掉，结果被老虎咬伤或吃掉。故凶。

例3：

九二：履道坦坦，幽人贞吉。

“幽人”是指性格温柔、彬彬有礼的人，相反的是性格刚烈、六三爻指性格粗鲁的武人。

这是说温柔有礼貌的人懂得尊重别人，会深受人们的喜爱，在社会上做事会减少很多颠簸，他做事会很顺畅（道路很平坦）。

九四：履虎尾，愬愬，终吉。

“愬愬”是惊惧，诉说的意思。

这里是说当偶尔不慎有过失（踩到了老虎尾巴）时，你表现得诚惶诚恐，很愧疚地主动向人家赔礼道歉，最终会吉祥。

例4：

卦辞：履虎尾，不咥人。亨。

这卦辞说完全了，应该是：如果你能够做到三思而后行，做事慎之又慎，那么，你将一生亨通，即使偶尔踩到了虎尾，老虎也不会伤害你，就是说，遭遇到大的危险，也不会有太大的损失。

初九：素履，往无咎。

从好的方面理解就是谨慎、多思，包括多作调查研究，务求有把握了再采取行动。所以这一爻的真义和卦辞的意思一样，也是说三思而后行，多做调查研究，前途才会少有祸害。

九二：履道坦坦，幽人贞吉。

多加思考，谨慎行事，自然设定了“世事艰难，前途坎坷”。这个“幽人”，是指生活在黑暗中不见光明的人（“幽”与“明”相对），“贞”是按老样子形势一点不予改变的意思。注家们有释“幽，囚也”，将“幽人”译为“囚犯”的，也有翻译为“幽静安适的人”、“幽暗之人”、“隐士”、“幽隐之士”等等的，《周易》中一个明白好懂的词语，在注家们这里竟变得如此难懂了！

六三：眇能视，跛能履，履虎尾，咥人。凶。武人为于大君。

这一爻是承接前二爻的意思，先进一步发挥说：要是事前不调查研究，而是急功逞能，鲁莽行事，那么，就像瞎子偏要说他看得见，瘸子偏要想快跑一样，终将犯大错（履虎尾），吃大亏（被虎咬伤），到那时事情就难办了，不好收场了（凶），末后又追加一句：这就如同武人想做大君，是自不量力——“武人”相当于“武夫”，带有贬义，指谓只会逞一时之勇而无智谋的人。

九四：履虎尾，愬愬。终吉。

这一爻乃是又从正面肯定“素履”的好处，是说：（只要能够做到“素履”）那么即使偶尔踩到了老虎尾巴，亦即遇到了麻烦，甚或危险，也不会惊慌无措，仍然能够头脑清醒地加以应对，终于化险为夷，渡过难关。

九五：夬履，贞厉。

“夬”在这里不是通“决”，而是通“趹”，或“赽”，“行疾之貌也”。这句爻辞是说：急于求成，行事过快，长此下去必有危险——“贞”在这里也是“坚持不改地这样继续下去”的意思。

上九：视履考祥，其旋元吉。

“视”和“考”都有仔细观察、考察，以求有所发现的意思。前一句说白了，就是今天所谓的“要认真总结经验教训”。“旋”有“转动”、“返回”义，又有“不久”、“随即”义。“其”为与语气词，没有意义。所以后句或者是说：以后再做同类的事情就得心应手，大为顺利吉祥了。

例5：

卦辞：履，虎尾不咥，人亨。

白话：用假虎尾去礼神祭祀（表示了对神灵的虔诚），祭祀者因此而吉善亨通。

注释：这条卦辞，帛书作“礼虎尾不真人亨”。《说文》：“礼，履也。”礼、履，义近而有别，“礼”是仪式，“履”是行为。前者为宗教迷信形式，后者是道德实践。虎尾不真：假的虎尾巴。不真：假的。

初九：素履，往，无咎。

白话：设案礼神［而后行动］，无有灾咎。

注释：素履：帛书作“错礼”。错、素，旁纽、叠韵。错礼：设案礼神。错：通措，置也。

九二：履道坦坦，幽人贞吉。

白话：礼神之道唯诚为大，只要忠厚诚信以礼神，即令是因失礼而被幽禁之徒问蓍也得吉善之占。

注释：履道坦坦：帛书作“礼道亶亶”。礼道：礼神之道。《说文》：“道，所行道也。”亶亶：忠厚诚信。幽人：囚徒，幽闭禁锢之人。

六三：眇能视，跛能履，履虎尾咥，人凶；武人为十大君。

白话：眼睛有毛病而观察力却特别强，腿脚不方便却非常会走路，礼神用真正的虎尾巴，人们见到这些反常的情况后吓得要死，卫兵则迅速前去向大君报告。

九四：履虎尾，愬愬，终吉。

白话：礼神用虎尾，头脑清醒，终归吉善。

注释：履：礼也。愬愬（sù）：帛书作“朔朔”，清醒貌。

九五：夬履，贞厉。

白话：决定礼神，礼神前问蓍得到了可以行动之占。

注释：夬履：夬礼，决定礼神。夬（guài）：决也。

上九：视履，考祥其旋，元吉。

白话：考察审视礼神之道，能自始至终善良、祥和，则能大吉。

注释：履：礼也。考：巧也，善也。祥：祥和、吉祥、安详。旋：自始至终。

编者说明：例1见书末参考书目⑯，例2见⑰，例3见⑳，例4见㉑，例5见㉒。

第十一卦　泰卦 ䷊ 坤上乾下

（一）原文

（卦辞）泰，小往大来，吉，亨。

（爻辞）初九：拔茅茹，以其汇，征吉。

九二：包荒，用冯河，不遐遗朋亡，得尚于中行。

九三：无平不陂，无往不复，艰贞，无咎。勿恤其孚，于食有福。

六四：翩翩，不富以其邻，不戒以孚。

六五：帝乙归妹，以祉元吉。

上六：城复与隍，勿用师。自邑告命，贞吝。

（二）解读

卦辞：泰，小往大来，吉，亨。

解读：“泰”，卦名。“泰”：顺利，亨通，安宁，安泰。卦辞说，国泰民安，小的过去，大的到来，即得到的大于失去的，利大于弊，吉利，亨通。

初九：拔茅茹，以其汇，征吉。

解读：“茅”：茅草。“茹”：草根，根系相连。“以”：以及（分词）。“汇”：种类，汇集。

爻辞说，拔茅草连根都拔出来了，而且根部连结在一起，斩草除根，比喻出征吉利。

九二：包荒，用冯河，不遐遗朋亡，得尚于中行。

解读：“包”：一种瓜，瓢瓜、葫芦。“荒”：荒废。“冯”（pīng 音平）：涉、渡。“包荒”是把葫芦瓤掏出来，“瓤”（ráng 音壤）：内部包着种子。用掏空的葫芦扎在身上渡河时增加浮力不下沉，即“用冯河”。“遐”：远，远离。“不遐遗朋亡”是渡河时不要远离、不要放弃面临死亡边缘的朋友，要帮助一起渡河，同舟共济是得尚于中庸之道。

九三：无平不陂，无往不复，艰贞，无咎。勿恤其孚，于食有福。

解读：“陂”（bēi 音杯）：坡，陂度，倾斜，斜坡。

爻辞说，没有平地就没有山坡，没有往就没有来，说明帮助别人必得回报。即俗话说“来而不往非礼也”。帮助别人，即使再艰辛，也不会有过错。勿须担心助人得不到回报，助人为乐心广体胖有福气。

六四：翩翩不富，以其邻，不戒以孚。

解读：“翩”（piān 音偏）：轻飘飘的。

爻辞说，虽然钱财不多不富裕，但仍帮助邻居，不介意对方是否给以回报。

六五：帝乙归妹，以祉元吉。

解读：古代归为嫁，妹指少女，“帝乙归妹”是说商纣王的父亲帝乙，把自己的小女嫁给周文王。那时周是商朝下属的一个小邦国。“帝乙归妹”的目的是和亲友好，稳定局面。即“以祉元吉”祈求大吉利。“祉”：求、祈求。和婚想保持“泰”的局势。

注：“帝乙归妹”是历史上著名的故事，用作寓意，其目的“以祉元吉”。但下一代开战了。即帝乙的儿子商纣王，周文王的儿子周武王，两者开战，周灭商。对商朝来说是“泰”尽“否”来，下一卦是“否”卦。

上六：城复于隍，勿用师。自邑告命，贞吝。

解读：“城”：城墙。“复”同覆，颠倒。“隍（huáng 音皇）：城墙下的壕沟，有水为池（城池即护城河）；无水称隍（城隍）。“邑”：城市，都城；县城。

爻辞说，城墙倒塌在护城壕沟里，不祥之兆。地方向君王请命，不要出兵打仗了，避免损失。

上六爻是泰卦发展到顶层，物极必反，盈则亏，盛则衰，这是辨证哲理。展显城墙倒了，出征不利。

小结：泰卦由单卦乾卦和坤卦组成。乾为天、阳、上升；坤为地、阴、下沉。泰卦是坤上、乾下。坤阴下沉，乾阳上升，如此阴阳相迎相合，天地相交，亨通，这是卦辞“小往大来”。

泰卦呈现万物亨通，国泰民安的景象，大的象征是国家太平，小的象征是人们心胸开阔，搞好团结，助人为乐，前途泰然，这都是艰苦奋斗获得的。但要居安思危，不能麻痹大意，事物发展不会是一帆风顺的。泰卦从开始排除障碍“拔毛茹”，才能走出去。在危险困境中，不抛弃朋友，携助友人生死与共，共度难关，即“包荒，用冯河，不遐遗朋亡。”表现了高尚的品德。在前进的道路上，“无平不陂，无往不复”，总会有坎坷，只要艰苦奋斗就会取得成功（无咎）。有助人为乐，乐观向上的精神，虽然自己不富裕，还帮助邻居不计较个人得失“不戒以孚”。为了渲染与维持“泰”的局面，插入“帝乙归妹，以祉元吉”的故事。最终在上六爻，由于城墙年久失修倒塌了“城复于隍”。说明辨证的哲理，盛极必衰，“泰”去“否”来。

（三）选录其他解读。

例1：

六四：翩翩，不富以其邻，不戒以孚。

译文：六四，来往翩翩，不富因为不和邻人和睦相处，不以诚信相告诫。

上六：城复于隍，勿用师，自邑告命，贞吝。

译文：上六，城墙倒塌在护城河里，在城邑里向上天祷告，不可动用军队，占问不利。

例2：

卦辞：泰，小往大来，吉，亨。

注释：泰：卦名。泰：太平，安定，吉利，亨通。

小往大来：得大于失。

六四：翩翩，不富以其邻，不戒以孚（俘）。

注释：翩翩：此处作欣然自得，沾沾自喜，安于现状。

爻辞说，由于麻痹大意，欣然自得，被邻人掠走不少财物，因而不富。

六五：帝乙归妹，以祉元吉。

注释：帝乙归妹，以祉元吉：此处的帝乙当指武乙。归妹："妹"字是古时的一个地名。即妹邦，妹邑，也叫沫邦、沫邑。商代是迁都最多的一个朝代，从成汤到武乙曾迁都十几次。到了武乙，才在妹邑定都，不再迁走。定都后改为朝歌。从此国泰民安，因而得福，大吉大利。

例3：

初九：拔茅茹以其汇。征，吉。

白话：用茅草编织相连成屋盖（茅屋顶），是因为不编织而盖屋的茅草能为风所吹走。如今编织好了，故问著得吉占。

九二：包荒，用冯河，不暇遗，朋亡得尚于中行。

白话：没有渡河工具，因而趟水涉河，没有遗失宝马。[这是因为]没有忘记渡河前得赏于中军。

六四：翩翩，不富以其邻不戒，以孚。

白话：往来不停地谋求有福而恰恰不富，原因是没有防止邻居在自己家门口搞鬼捣乱，所以只好复归于家中以备不虞。

六五：帝乙归妹以祉。元吉。

白话：帝乙嫁女以年龄大小为次序。筮得大吉之占。

注释：祉：帛书作齿。

上六：城复于隍，勿用师。自邑告命。贞：吝。

白话：城墙被攻破，崩倒在城濠里，本来可以通行无阻了，但是从邑里传来了命令，要停止前进。筮卦得吝难之占。

例 4：

初九：拔茅茹，以其彙。征吉。

前一句改成白话文就是“拔茅根（来）吃”，顶多可以说“拔茅”被倒装了，该是“茅根被（人）拔出来吃”。

在帛书中，“彙”作“胃”，显是同音假借。据此，我更怀疑二者都是“荟”的借字。“荟”指草木茂盛，（《诗・曹风・候人》：“荟兮蔚兮，南山朝隮。”）“以其荟“就该是说“因为它长得茂盛”。这样，“拔茅茹，以其荟（彙）”就是陈述一个极其简明的经验事实：人是因为看到茅草长的茁壮了，才去拔茅根吃的；或者从茅根方面说：茅根长得很大了，就会招人拔了去吃。“以”是“因为”义，说是“连及”的意思十分勉强。“其”无疑是指代“茅”，认为是指茅草的根，没有语法上的根据。这样理解，这一爻的寓意更是明白，对人而言是：看到事物的某种表现，就该想到它对自己有什么价值；就事物而言，则是：自身有什么性能、表现，就会引起他物相应的反应态度。究竟重在哪方面，应联系后文来确定，但人认识到了任一方面，对于行事都有指导意义。因此接下来说“征吉”。

九二：包荒，用冯河，不遐遗朋，亡得，尚于中行。

为了让读者有所比较，我抄三个有名注家的翻译：

①“厨房空了，于是渡河去寻找食物，不依赖别人的馈赠，因为邻居也没有食物，果然在半路上得到了食物。”

②“有笼括大川似的胸怀，可以涉越长河，远方的贤者也无所遗弃，同时不结党营私，能够佑助行为持中的君主。”

③“包容广远，徒步过河，不因远而遗失，失去朋友，中正行进受到崇尚。”

六四：翩翩不富，以其邻不戒，以孚。

“翩”是形容飞的速度快，（《诗・鲁颂・泮水》：“翩彼飞鸮，集于泮林。”）叠成“翩翩”，意思不变，程度加大，用来形容“不富”，只能理解为由富有很快地向不富以至贫穷的方向变化。这是为什么呢？下句就是说明原因：因为财产不断地被邻人偷窥——“以”是“因为”，“其邻不戒”是“不戒其邻”的倒装，全句直接说的是：因为对邻人不加戒备；言外之意是：因此对他们的偷窃活动长期不能觉察，这等于怂恿了他们的偷窃行为。为什么对邻人这样地不存戒心呢？最后二字就是又对这原因的原因加以交代：因为心怀诚信，即“以孚”。自己心怀诚信的人，必也愿意相信别人的诚信，因此总不把别人往坏处想，对别人不存戒心。《周易》作者对人性的观察是多么细致，深刻！在第四爻说这意思，不仅是要又举一个例子，以加强上述一般性题目（是自身的原因使得自己走向自己的对立面）的论证性，同时也是作一个补充：那么导致自己走向反面的品性，并非都是坏的，也可能是好的。

也引几个有名注家的翻译，供读者参考：

①"轻飘飘地，与邻居一同不富足，不戒备，心存孚信。"

②"洋洋得意，不欲与邻居一同富裕，因为卦兆的缘故，所以毫不戒惧。"

③"连翩下降，虚怀不有富实，与近邻未相告诫都心存诚信。"

上六：城复于隍，勿用师。自邑告命：贞吝。

头句是说城墙倒塌到下面干涸的壕沟里去了。敌方的防守工事没有了，自然不必再行强攻，所以接下说：不需要用兵征伐了。这是从攻城国一方说的。下句是从守城国一方面说：从京都传来的君主的诰命说，还继续坚持把战争进行下去，那只会使你将来后悔不已——这个"贞"明显不过地是继续坚持把战争进行下去，那只会使你将来后悔不已——这个"贞"明显不过地是继续坚持原先的行事方式的意思。所以这一爻是说，一个城池也即一个国家的灭亡，其实不一定是被外部势力推翻的，而是其内部的自身的原因导致的结果。这是前面一般原理的应用，更是本卦的主旨，前面各爻只是为逐步达到这个主旨而作的铺垫，即准备理论前提。所以本卦颇典型地显示了《周易》作为献给侯王君主的"进言集录"的性质。

对于这条爻辞，历来的注家都未体会到前部分是就攻城方而言，后部分是就守城方而言，所以没有一家说对了。

编者说明：例 1 见书末参考书目⑯，例 2 见⑰，例 3 见㉒，例 4 见㉑。

第十二卦　否卦 ䷋ 乾上坤下

（一）原文

（卦辞）否，否之匪人，不利君子贞，大往小来。

（爻辞）初六：拔茅茹，以其汇，贞吉，亨。

六二：包承，小人吉，大人否，亨。

六三：包羞。

九四：有命，无咎，畴离祉。

九五：休否，大人吉，其亡其亡，系于苞桑。

上九：倾否，先否后喜。

（二）解读

卦辞：否，否之匪人，不利君子贞，大往小来。

解读：“否”（pǐ 音痞），卦名。“否”字是否定，闭塞，隔离不通。“匪人”：小人，没有道德的人，坏人。

卦辞说，昏庸的君王时代，闭塞的大环境，小人得势，不利于有道德修养的正人君子做事，国家“大往小来”，即因小失大。

初六：拔茅茹，以其汇，贞吉，亨。

解读：“拔茅茹，以其汇”也是泰卦初爻的爻辞，拔出杂草观察其根连成一片，喻意小人得势结帮成群，“人以群分，物以类聚”。君子处在此境界，仍要坚持自己正确的信念，未来会吉利、亨通。

六二：包承，小人吉，大人否，亨。

解读：昏君包容阿谀奉承的小人，小人吉，君子（大人）不利，此道理古今一样（亨）。

六三：包羞。

解读：昏君比六二爻“包承”更进一步，包容不知羞耻的人和事。

九四：有命，无咎，畴离祉。

解读：“命”是父母赋予的个性；先天之命，天赋。“畴”（chóu 音筹）：同类。“离”即丽，依附，附着。“祉”：福祉。

爻辞说，君子之命是天赋，在昏君时代，刚直不曲，无过错。君子团结志同道合的群众，共谋人民的福祉。

九五：休否，大人吉，其亡其亡，系于苞桑。

解读：“休”：止也。“苞”：草木的根茎。“桑”：桑树。“休否”是说恶人恶事得到遏止。对君子（大人）有利。九五爻多指君王之位，此指昏君。这时昏君获知反抗的声浪，悲叹难道要灭亡，灭亡吗？君王的命运就像系在脆弱的“苞桑”上，形势危机。

上九：倾否，先否后喜。

解读：“倾”：倾倒，昏君政权倾倒了，人民的“否”时代已过去，获得欢喜。

小结：否卦由单卦乾卦、坤卦组成：乾上、坤下。乾在上为天，天的阳气往上升；坤在下为地，地的阴气往下沉。天地之气相反而行，天地不能相交，阴阳二气，隔离而闭塞成“否”。否卦是泰卦的覆卦、反卦，因此其意义也相反。泰是平安康泰，否是昏暗闭塞。泰卦是“小往大来”的利大于弊；否卦是“大往小来”的弊大于利。否卦是昏君执政“包承”、“包羞”，是政治黑暗“否”的时代。君子在初爻已经观察到小人得势、勾结成群，即“拔茅茹以其汇”，在九四爻君子团结正义的人共谋福祉，终于在上九爻使昏君政权“倾否”，物极必反，留下成语：“否极泰来”。

（三）选录其他解读

例1：

卦辞：否之匪人，不利君子贞，大往小来。

这里是说小人当道、小人当权、小人当上了帝王时代，不利于德才兼备的君子出来干事业。人们做了很大努力、付出了很多，但真正收获却很少。

九五：休否，大人吉，其亡其亡，系于苞桑。

“休”是休止的意思。

“苞”有三种解释：一是指草名；二是指草木的根茎；三是指丛生的草。

“桑”有三种解释：一是指桑树；二是指民间、世间的意思，如沧海之桑田；三是指家乡，如桑梓。

“苞桑”，结合对“苞”和“桑”的理解，故认为“苞桑”是指下层的老百姓。是现代语言“草根”的代名词。

这里是说休止“否”的时代（终于来到了），正人君子、有作为的大人则吉星高照。但还有点担心，会有危险吗？会有为难吗？不！稳稳地系在全国老百姓身上（全国人民会支持你的！）。

例2：

九五：休否，大人吉，其亡其亡，系于苞桑。

译文：九五，阻塞休止而通畅了，大人获得吉祥。（时刻自警）将要亡啊，将要亡啊，幸亏被系结于丛生的桑树阻拦而（安然无恙）。

例3：

六二：包承，小人吉，大人否亨。

“包承”是说包容也即接纳别人的奉承。“承”在这里是指对人的顺从，恭维，吹捧。《诗·大雅·抑》：“子孙绳绳，万民靡不承”。其中的“承”就是这意思。因此，“包承”实际上就是说只愿意听附和自己的话，奉承的话，拍马屁的话，并且只信任、亲近、提拔说这种话的人，排斥相反的话和人。君主如果是这样的人，国家政治局面自然是小人得势，君子（大人）受冷落。所以接下说“小人吉，大人否亨”，这与其说是占断、预测，不如说是对“包承”的评论。“否亨”在帛书中作“不亨”。

对本爻的“包承”，有译为“被包容并顺从尊者”的，有译作“厨中有生肉的”。

六三：包羞。

“羞”与上爻的“承”相对待，故是“羞辱”的意思。所以“包羞”是说包容，也即不计较更不回击别人对自己的羞辱性言论或行为，像蔺相如对待廉颇一样。不言而喻，君主能够“包羞”，是必然导致“大人吉，小人否亨”的。所以这话就不予明说了。可见这一爻的一般教诲意义和上一爻完全相同。

九四：有命无咎。畴离祉。

“有命”的“命”当就是师卦第二爻说的“王三赐命”的“命”，指天子、君主给予臣下的赏赐——或封爵位，或授官职，或赠实物。但这个“有”和师卦末一爻说的“有命”的“有”，意思正好相反，不是施予义，而是获得、接受义了。

侯王得到天子赏赐，这说明他立了大功劳，又得到了天子的承认，自是大好事。

“畴离祉”是说：凶恶附丽在福祉上，即二者常常是分不开的，可以转化的。

九五：休否，大人吉。其亡？其亡？系于苞桑。

前一句乃是一个假言命题，是针对当前的政治情况，向当权者说：如你结束（“休”）这个否塞不通的局面，对你只是有好处的（“大人吉”）。这种局面是当权者只能“包承”不能“包羞”造成的，“休”掉这局面意味着他必须“包羞”，广开言路、招纳贤才，他当然会担心这样一来他将失去权利和江山。于是接下针对统治者的这种心理，用反意问句的语气，非常肯定地告诉他：你这样做难道就会完蛋吗？不会！不会！这只会让你的政权更加牢固，像是牢牢地系在桑树的主干之上——两个“其”为表示反诘的副词，相当于“难道”。

对本爻后几句，一般都因袭王弼和朱熹的观点，认为是警戒为君者要“心存将乃得固”，“有戒惧危亡之心，则便有苞桑系固之象，盖能戒惧危亡，则能系于苞，坚固不拔矣”。这作为感想，自然很好，作为对《周易》原文的注释，则是错误的。

上九：倾否，先否后喜。

“倾”就是“斜”、“倒向”。“倾否”是说思想上倾向于否，也即希望维持甚或造成“否”的局面。这与上一爻说的“休否”恰好相反。这结果会怎样呢？那就是“先否后喜”，即先会真的造成了一个“否”的局面，后来就安于、喜欢、爱好这个局面而不知其弊端了——喜即是乐。这一爻的言外之意是：你君主要是存心“倾否”，那你将会沉溺于“否”的局面，那么“否”也就真的不可能“休”了，那后果你应该想得到。这一爻的意思如此明白，我真不知道，注家们为何竟翻译成这样子：“扭转否塞局面。开始困而闭塞，最终喜而亨通。”“倾闭否塞局势；起先犹有闭否，最后通泰欢喜。”“否塞的状况要倾覆，先否塞后喜悦。”

例4：

卦辞：否之，匪人，不利君子。贞：大往小来。

白话：妇人如果不成其为人的话，则不利于君子。为此问蓍，得到了“大往小来”的占断。

注释：否之：帛书作妇之。妇、否，旁纽、叠韵。王念孙《读书杂志》：“负妇二字，古皆读如‘否泰’之‘否’。”之字凝是人字之讹。妇人，作为卦名犹如“同人”之作为卦名。

六二：包承，小人吉，大人否，亨。

白话：用完整的牛做牺牲去祭祀，问蓍得小人吉大人不吉之占。

注释：包：帛书作“枹”。枹：借为“抱”，引申为“用”。《六十四卦经解》：“承，一日脀，牛牲也。”《说文解字》：“牲，牛完全也。”枹承：用完全的牛牲进行祭祀。

六三：包羞。

白话：抱着从容不迫的态度［去进行祭祀］。

注释：包羞：帛书作“枹忧”。忧：从容行走，引申为从容从事。

九四：有命。无咎，畴。离祉。

白话：有令太卜祷祠龟策占兆、审卦吉凶之命。祷祠结果没有灾害。于是捕捉罪犯，严刑正法。

九五：休否，大人吉。其亡其亡，系于苞桑。

白话：美好善良的妇人对于大人来说是非常幸福的。危险啊！危险啊！治理国家必须像恭守父亲所植之桑梓一样尽心尽职方能化险为夷。

注释：帛书“否”作“妇”，“系”作“击”，“苞”作“枹”。休妇：美妇人，与非之妇人相对。休：美。《尔雅·释诂》：“休，美也。”其亡其亡：将亡将亡，极言危急。枹桑：守桑。桑：桑梓。《诗·小雅·小弁》：“维桑与梓，必恭敬止。”郑玄《笺》：“父之所树，已尚不敢不恭敬。”

上九：倾否，先否后喜。

白话：头不正的妇人，开始不高兴，后来却很欢喜。

注释：帛书“倾否”作“顷妇”，“先否”作“先不”。顷妇：头不正之妇人。《说文解字》：“顷，头不正也。”先否后喜：先不高兴而后欢欣。

编者说明：例 1 见书末参考书目⑳，例 2 见⑯，例 3 见㉑，例 4 见㉒。

第十三卦　同人卦 ☰☲ 乾上离下

（一）原文

（卦辞）同人，同人于野，亨，利涉大川，利君子贞。

（爻辞）初九：同人于门，无咎。

六二：同人于宗，吝。

九三：伏戎于莽，升其高陵，三岁不兴。

九四：乘其墉，弗克攻，吉。

九五：同人先号咷而后笑，大师克相遇。

上九：同人于郊，无悔。

（二）解读

卦辞：同人，同人于野，亨，利涉大川，利君子贞。

解读：“同人”，卦名。《辞海》讲“同人”是“志趣相同的或共事的人”。过去以修建的城墙为基准，城墙以内是城，城的外围修建的城墙称为廓，廓以外称为郊野。“同人于野”是争取团结的人群最终能扩大到郊野那样广泛。“亨”是发展亨通，可以“利涉大川”，对君子有利。

初九：同人于门，无咎。

解读：“门”派别，俗称门派，比郊野范围小，比宗派范围大。例如：孔门弟子，佛门弟子等。“同人于门”是说团结的人相当的多，无过错。

六二：同人于宗，吝。

解读：“宗”是宗族，宗亲，宗派。爻辞说，仅在有血统关系的宗族范围搞团结，实在是太有局限性，范围较小，令人遗憾。

九三：伏戎于莽，升其高陵，三岁不兴。

解读：“戎”（róng 音荣）：军队，士兵。“莽”（mǎng 音蟒）：茂密的草。“三岁”：喻很多年。爻辞说，军队埋伏在茂密的草木中，登上高山瞭望敌情，见敌情防御较严，不敢轻举妄动，多年不敢兴师进攻。积蓄力量，继续扩大“同人”，以利进攻。

九四：乘其墉，弗克攻，吉。

解读：“乘”：登上。“墉”（yōng 音庸）：城墙。

爻辞说，终于进攻了，已登上城墙，“弗克攻”是没继续进攻。为减少流血牺牲，和敌方和平谈判成功，进军城里，吉祥。

九五：同人，先号咷而后笑，大师克相遇。

解读：“咷”（táo 音淘）：哭喊。

爻辞说，不料，敌方假投降，进军城里而后被围困在城里，大声哭喊求救援。援军攻“克”敌军而进入城里，解救被围困的“同人”，与“同人”相遇，哭脸变成笑脸。

上九：同人于郊，无悔。

解读：卦辞定的目标是“同人于野”，上九爻已到达郊野，达到了广泛统一战线、一视“同人”的目标，无悔恨。

小结：同人卦是讲团结可以团结的一切力量，五湖四海皆兄弟，组成统一战线，目的要取得战争的胜利，还要用好战略战术。一、二爻是团结力量，三至五爻是战争。团结的“同人”范围由小到大，经过“同人于宗”、“同人于门”以及数场战争，最后达到“同人于郊”的最终目标，结成广泛的统一战线，凝结了强大的力量，以利再战。

（三）选录其他解读

例 1：

初九：同人于门，无咎。

译文：与人同聚在门口，没有灾祸。

六二：同人于宗，吝。

译文：与同宗族的人聚合出征，（行动）艰难。

例 2：

九三：伏戎于莽，升其高陵，三岁不兴。

解读：伏兵于草丛中，却有登高观察形势，以致对方发觉击溃，三年之内不能重振军威。

九四：乘其墉，弗克攻，吉。

解读：已经登上敌人城头，忽然省悟到攻掠城池的行为不好，便停止攻击，其结果必定吉祥。

例 3：

九三：伏戎于莽，升其高陵，三岁不兴。

“戎”是指军队。这里是喻指心中的怒火。“莽”是指茂盛的草木。

这句话直译是把军队伏藏在茂盛的草木间，站在高处山陵上，三年都不要打他。其实这是在作比喻。是说你长期和人家打交道、与人交往，难免和人家有些磕磕碰碰的事，会发生一些矛盾和争执。如果你和人家发生很大的争执、矛盾时，你一定要把怒火压抑在心里，摆出高姿态，将自己正确的道理讲清楚，永远都不要去打人家，永远都不要和人家结怨。这就是《周易》的处世哲理。

九四：乘其墉，弗克攻，吉。

“墉”是指城墙。这句话直译是说军队登上对方的城墙，也不要去打他，这样吉祥。喻指即便以后占有绝对优势，道理完全在我们一边，也不要去打他，给对方一种威慑的感觉，显示出强劲的力量给对方知道，我随时都可以轻易地打败你，但我是以和为贵的，不打你，这样就很吉祥如意。

九五：同人，先号咷而后笑。大师克，相遇。

这里思路要紧接上一爻“乘其墉，弗克攻”才能完整理解。

在大兵压境的形势下对方被吓得号啕大哭，对方后来认识到我们并不想打他，而是想向他表示友善时破涕为笑了。这就是威慑他、感化他、同化他，以达到比用军队打赢他更好的效果，而实际行动只是和对方相遇、接触、和解、化敌为友。这才是最为上乘，最高思想境界的做法。

例4：

卦辞：同人，于野，亨。利涉大川，利君子贞。

白话：聚众于牧外进行祭祀。问蓍得“利涉大川、利君子贞”之占。

初九：同人于门，无咎。

白话：聚众于庙门问筮，得“无咎”之占。

六二：同人于宗，吝。

白话：聚众于祖庙之中问筮，得不吉之占。

九三：伏戎于莽，升其高陵，三岁不兴。

白话：穿着莽苍色的容服，登上高大的加陵，［发誓］三岁不动［干戈］。

注释：帛书“伏戎”作“服容”。服容于莽：容服如莽苍草野的颜色。服容：容服，即容衣。

九五：同人先号咷而后笑，大师克相遇。

白话：先遣部队被敌军打的溃不成军，呼号逃跑，主力军及时赶来顶住敌军，转危为安，转败为胜，大家欢笑庆祝胜利。

编者说明：例1见书末参考书目：⑯，例2见⑱，例3见⑳，例4见㉒。

第十四卦 大有卦 ䷍ 离上 乾下

（一）原文

（卦辞）大有，元亨。

（爻辞）初九：无交害，匪咎，艰则无咎。

九二：大车以载，有攸往，无咎。

九三：公用亨于天子，小人弗克。

九四：匪其彭，无咎。

六五：厥孚交如，威如，吉。

上九：自天佑之，吉，无不利。

（二）解读

卦辞：大有，元亨。

解读：“大有”是卦名。“大有”是丰收有了财富。“大有”之后怎样与人交往对社会做贡献，是本卦的主题。

初九：无交害，匪咎，艰则无咎。

解读：“匪”通非。爻辞说，自己富足大有了，与人交往不能盛气凌人伤害人，这样做人无过错。勿忘艰苦时期与人交往那样随和无过错。

九二：大车以载，有攸往，无咎。

解读：即使财富积累用大车运载，也要对人“无交害”，继续与人友好往来、往前行，不会犯错误。

九三：公用亨于天子，小人弗克。

解读：“大有”之后，应对社会公益事业做贡献，相当效忠于“天子”。没有财富的“小人”做不到。

九四：匪其彭，无咎。

解读：“彭”，通“澎”，澎涨。“大有”之后，思想不要澎涨昏愚忘乎所以。应不骄不躁，继续走正道，才能无过错。

六五：厥孚交如，威如，吉。

解读：“厥”：其，他的，是代词。“孚”：信用，诚信。“交”即交往。“威”

是威望，威信。

爻辞说，“大有”之后以诚信交往为本，才能树立起威信、威望。获得吉祥。

上九：自天佑之，吉，无不利。

解读：所以能“大有”，古人反思没做亏心事，顺从天道，获得上天保佑才“大有”，因而吉祥吉利。

小结：本卦是说丰收“大有”之后，怎样处世为人对社会做贡献。对人“无交害”，富有“大车以载”对社会做贡献，“公用亨于天子”。“大有”之后不要得意忘形思想澎涨、“匪其彭”。要以诚信为本“厥孚交如”，以天德行事“自天佑之”，获得吉祥。

（三）选录其他解读

例1：

初九：无交害，匪咎，艰，则无咎。

“无交害”是指普通的老百姓没有财物上送，自己没有奉献也没有索取。这里是说作为一个贫困的老百姓没有财物上送用于公益事业，没有过错。你自己都很艰难，则没有不对的地方。如果你比较富足、比较殷实就应该有所奉献。

九四：匪其彭，无咎。

“彭”，盛多貌。“匪其彭”，不是很多的意思。

这里是说用大车运载送上了财物后谦逊地说，不很多。他这样无过错。

六五：厥孚交如，威如，吉。

“厥”，代词，其也。

这里是说像这样诚挚的交往，（“大车以载”在无交害的一般人看来，）他是多么有威望啊，他是多么吉祥如意！

上九：自天佑之，吉无不利。

这里是说你有这样的作为，上天自然会保佑你，庇护你，这样就吉祥，没有什么不利。

例2：

初九：无交害，匪咎艰，则无咎。

这条爻辞是说：（你居上位者）不为骄奢淫逸之祸，那等于没有了（去掉了）灾祸的根源，这样自然不会受责难。我这样理解自然预设了一个前提：这是在对侯王、君王进言。

九三：公用亨于天子，小人弗克。

上两爻是向君主作告诫，这一爻则是讲在“大有”的情况下，下面的人会怎样对待他。“天子”实是指君主。“公”在这里是泛指诸侯，“小人”和诸侯并提，应是指谓所有还没有爵位的人。“公用亨于天子”是说在“大有”之年，诸侯们才有财力向你君主进献礼物。“小人弗克”是说，即使在这大有之年，一般的人，即没有爵位的人，仍然没有能力购置进献给你的礼物。

这条爻辞，如果只按字面意思翻译出来，就显示不出同上文的联系，读来就不可理解。可注家们多是采取直译法。有人也变通了一下，但因为没有真正领会到它同上文的关系，就反而译错了，例如译成了这样子：“公侯受到天子的宴亨，小人不能。”或“王公向天子献礼致敬，小人不能担当大任。”前者正好讲反了，后者则给原文添加了它没有的意思。

九四：匪其彭、无咎。

这个“彭“是状写盛多的用词。上一爻只是陈说即使“大有”之年也只有诸侯才有财力向天子进献礼物这样一个事实，故而谈不上吉凶咎吝的问题，这一爻就针对“公用亨于天子”的事补充说，只要进献的礼物不过于盛多，以至必须说是“交害”了，那么他们就不应受到追究，你作为天子也可以接受，不会受到责难的。

六五：厥孚，交如威如，吉。

由于误把这个“交”当作“交往”、“交接”的“交”，将“威”理解为“威严”或“威信”，注家们对这一爻的解释就错的更远了。在帛书本中，“威如”作“委如”。是“威”假作“委”了，还是“委”假作“威”了？这一爻是和初爻的“无交害”句相呼应，指出人君要是去除了“交（骄）”，代之以“诚”，他就会进入到一个新的境界，和悦安详、随和自得的境界，那时，他领导、治理的社会不但“无交（骄）害，匪咎艰（根）”，还必将走向兴旺发达，他自己更将获得圣名君主的美誉。所以这一爻后面的评断词是“吉”。这显然是通过表彰这样一个好君主的方式来教育现在的君主。试看两位注家对这句爻辞的翻译：“用诚信交接上下，威严自显，吉祥。”“交往有诚信，具有威望，吉祥。”这同原文相去有多远！

上九：自天佑之，吉，无不利。

句首的“自”当为连词，表示原因，相当于“因为”。因为有上天保佑，所以才必定吉，绝无不利。

例3：

卦辞：大有，元亨。

白话：丰收之年举行大规模的祭祀典礼。

注释：元亨：大亨。大亨：大祭祀。

初九：无交害，匪咎艰，则无咎。

白话：没有战争的祸害，就断绝了一切祸害的根源，这样一来就不会有祸害了。

注释：无交害：没有战争的祸害。匪咎艰：没有灾祸的根源。艰：帛书作“根”。

九二：大车以载，有攸往。无咎。

白话：大车子载着人们向预定的地点驰驱，一路上车軨马介浩浩荡荡。问蓍得无有灾咎之占。

九三：公用亨于天子，小人弗克。

白话：公侯施行给天子献宴的礼仪，而小人则不能给天子献宴，甚至连接近天子的权利和机会都没有。（这反映了当时的等级制度相当森严）

九四：匪其彭。无咎。

白话：仪式并不隆重。问蓍得无有灾咎之占。

六五：厥孚、交如、威如，吉。

白话：天子登上楼观，以委随之态度以通天人之交，终归大吉。（这说明天子在上天面前也要委随，盖以天命不可违抗。这是殷周天命论的思想反映。）

注释：厥孚：帛书作“阙复”。阙复：复阙，重上阙楼为观天象，以阅臣下。复：重也。阙：古代宫殿、祠庙和陵墓前的高建筑物。

上九：自天佑之。吉，无不利。

白话：听从天命，天则帮助他。问蓍得吉与无不利之占。（这反映了古人的天命观）

编者说明：例 1 见书末参考书目⑳，例 2 见㉑，例 3 见㉒。

第十五卦 谦卦 ䷎ 坤上 艮下

（一）原文

（卦辞）谦，亨，君子有终。

（爻辞）初六：谦谦君子，用涉大川，吉。

六二：鸣谦，贞吉。

九三：劳谦，君子有终，吉。

六四：无不利，撝谦。

六五：不富以其邻，利用侵伐，无不利。

上六：鸣谦，利用行师征邑国。

（二）解读

卦辞：谦，亨，君子有终。

解读：“谦”卦名。卦辞说，谦虚者，诸事顺畅，君子能保持始终。“谦”时能做什么？应怎样做？要看下面爻辞。

初六：谦谦君子，用涉大川，吉。

解读：谦而又谦的君子，能度过难关“涉大川”，吉祥。

六二：鸣谦，贞吉。

解读：有名望而又谦虚，若能保持常态则吉祥。

九三：劳谦，君子有终，吉。

解读：有功劳而又谦虚，只有君子能保持始终，故吉祥。

六四：无不利，撝谦。

解读：“撝”（hūi 音挥）：指挥、发挥；谦逊。爻辞说，发挥谦逊的美德，对为人处事没有不利的。

六五：不富以其邻，利用侵伐，无不利。

解读：因为邻国侵犯来掠夺财物，造成不富。不应因谦虚而无动于衷。谦虚是有原则的，应利用正义去讨伐，没有什么不对的。

上六：鸣谦，利用行师征邑国。

解读：不应以有声望而又谦虚就不顾诸侯小国叛乱，应名正言顺出军征服。

小结：六十四卦唯“谦”卦六爻皆吉祥，表明“谦”是中华民族崇高的美德。“谦”在各个时期有哪些状态，从爻辞的描述中得知其经过是：谦而又谦的“谦谦”、有名望而又谦虚的“鸣谦”、有功劳而又谦虚的“劳谦”、发挥谦虚美德的“撝谦”。在“谦”德具备的六五爻和上六爻时，因受到伤害，也应出征讨伐敌方。

（三）选录其他解读

例1：

六五：不富以其邻，利用侵伐，无不利。

译文：六五，不与邻人同富，宜出征讨伐（对抗侵略），无所不利。

例2：

六五：不富以其邻，利用侵伐，无不利。

“富”这里不是指财富，而是指道德、知识层面，是学富五车的“富”。“不富以其邻”的喻意是，不向他人炫耀自己的才干，也是谦虚的做法。

“侵伐”不是指攻打别人，而是喻指批判（骄傲自满的行为）。

这里是说利用一些知识渊博的人不炫耀自己的功德、才智等谦虚的事迹来口诛笔伐、教育那些骄傲自满、自以为是的人，不会有不对的地方。

上六：鸣谦，利用行师征邑国。

“行师”在这里同样不能理解为用军队来攻打，而是喻指利用舆论来批判。“邑国”在这里只能是喻指某些团体、某些组织。

这里是说颂扬谦虚的德行，同时利用舆论口诛笔伐某些团体骄傲自满的做法。这里是先颂扬大家公认是正确的（谦虚的德行），进而作为对比来批判不正确的行为，批判骄傲自满的错误言论。

例3：

初六：谦谦，君子用涉大川，吉。

《周易》中的“涉大川”都是克服大困难的比喻说法，人要克服事业中的大困难，必须得到他人的配合、支持、帮助，这就需要有好的人际关系，主要靠谦虚的品质。谦虚乃是君子借以克服事业中的困难的好品质。人有这种品质，意味着他能得到帮助，工作顺利，所以后面又用“吉”字指点出来。

六二：鸣谦，贞吉。

“鸣谦”可以翻译为“虽然美名远扬，但待人仍然谦恭有礼”。一个人能够坚持这样，自然人缘很好，办事顺利，即“贞吉”了。

九三：劳谦，君子有终，吉。

现在知道了，“劳谦”是“虽然劳，仍然谦”的压缩说法，可翻译为“劳苦功高，但仍然谦虚自处。”这是对君子说的，也只有君子能够做到，所以接下说“君子有终，吉。”

六四：无不利，撝谦。

以前的注家，包括王弼、朱熹等，对这条爻辞大多语焉不详，我估计是自知没有读懂的缘故。当今注家倾向于认为这个“撝”是“挥”义，所以将“撝谦”翻译为“发挥谦虚的美德”。我查了一下字典，发现“撝”的“挥”义是指挥的“挥”，不是“发挥”的“挥”。而且“发挥美德”，似乎搭配不当。但从“撝”的指挥义，我想到“撝谦”很可能是“虽然权力在握但仍待人谦恭有礼”的意思，因为能够指挥别人的人必是在位的当权者。“撝”的这种用法与用“鸣”表示因才能、成就突出而名声远扬，用“劳”表示因付出了辛苦立下了功劳而受人尊敬，是完全一致的。而且，“鸣谦”、“劳谦”是讲“不恃才”、“不居功”，把“撝谦”解释为“不专权”，才既有逻辑上的缜密性，还有事理上的全面性——谦虚的美德不就表现在这三方面吗？

六五：不富以其邻，利用侵伐，无不利。

已经从三个方面讲了应该“谦”，按说该讲一下什么情况下不能“谦”了。

这条爻辞是说：你遭到了别的国家的侵略，蒙受了损失，你也就有了进攻它的充足理由，这时就谈不上“谦”，而是应该侵伐它，就是说，予以反击，这样没有什么不利的。不知为什么，有些注家竟翻译成了这样子：“不与邻国共富的国家利于去侵略它，无所不利。”“虚怀不有富实，与近邻一起都利于出征讨伐，无所不利。”

上九：鸣谦，利用行师征邑国。

这条爻辞似乎只能理解为：上一爻没有把话说完，就放在这一爻继续说了（《周易》的体例是六爻，每一爻下都要配有爻辞，这就难免有五爻本可说完的话硬扩展为六爻的情况），所以这是说：在出兵反击侵略者国家的时候，“鸣谦”是很有利的。这个“鸣谦”与第二爻说得“鸣谦”意思相同，但在这个语境中，自然具体化了，即“鸣”乃指“反侵略”的名声大震，“谦”表现为反击得有理有节，不得理不让人。

编者说明：例 1 见书末参考书目：⑯，例 2 见⑳，例 3 见㉑。

第十六卦　豫卦 ䷏ 震上 坤下

（一）原文

（卦辞）豫，利建侯行师。

（爻辞）初六：鸣豫，凶。

六二：介于石，不终日，贞吉。

六三：盱豫，悔，迟有悔。

九四：由豫，大有得，勿疑，朋盍簪。

六五：贞疾，恒不死。

上六：冥豫，成有渝，无咎。

（二）解读

卦辞：豫，利建侯行师。

解读：“豫”是卦名。“豫”有多重意义：安乐，安逸；预备，计划；防备，防御。

卦辞说，在安乐时期，有利于封公侯高级官员，还要居安思危，防备骚乱时行师出征。“豫”卦令人思考安乐与危机相依并存、互相转化的辩证观点。

初六：鸣豫，凶。

解读：得意忘形的享乐，必遭凶险。

六二：介于石，不终日，贞吉。

解读：“介”：刻画之意，《新华字典》：“介”，放在心里，如介意。“不终日”是不能从早到晚。爻辞说，不能从早到晚心里总想着寻欢作乐。守正规才吉祥。

六三：盱豫，悔，迟有悔。

解读：“盱”（xū 音需）：《说文》：“盱，张目也。”即张大眼睛。

爻辞说，“盱豫”是睁开眼就寻欢作乐，会后悔的，越迟悟，越后悔。

九四：由豫，大有得，勿疑，朋盍簪。

解读：“由”：由来，缘由。“朋”：朋友。“盍”：同合，聚合。“簪”（zān 音咱）：是发针，把头发束缚在一起。爻辞说，由于给大家带来欢乐，大有收获，毫无疑问，朋友们团聚在一起共享欢乐，俗话“有福同享，有难同当。”

六五：贞疾，恒不死。

解读：“贞”：坚定。“疾”在此指缺点、毛病。爻辞说，坚守常规走正道，既使自身有缺点，也不会丧失前途。

上六：冥豫，成有渝，无咎。

解读：“冥”：昏暗。“成”：成功。“渝”：改变。

爻辞说，醉生梦死的欢乐，要想成就大事业，必须改正，才能有成就，无过错。

小结：豫卦展现欢乐与危机、正反两方面的对立统一。处理不好，会乐极生悲。得意忘形“鸣豫”为“凶”，睁开眼就寻欢作乐会后悔的“盱豫悔”，有福同享的“由豫大有得”为好，欢乐中走正道才能“恒不死”，“冥豫”时改正错误才能“无咎”。

（一）选录其他解读

例1：

六二：介于石，不终日，贞吉。

注释：介：耿介正直之状。于：如。

译文：六二，正直如磐石，不用一天就悟知欢乐必须适中之理，守正则吉。

六五：贞疾，恒不死。

注释：贞：守正。疾：疾病。恒：长久。

译文：守正以防疾病，长久不死。

例2：

卦辞：豫，利建侯行师。

“豫”的意思是预先做好准备。要做“建侯”、“行师”这样的大事，最好要好好地预谋策划一下，这样对事情最为有利。

初六：鸣豫，凶。

“豫”有预先谋划筹备的意思，也就是有什么想法要早做准备。

“鸣豫”就是早早地泄露了自己的打算，所以“凶”。

六三：盱豫，悔，迟有悔。

干瞪着眼去谋划，什么事也谋划不好，一旦有情况，何止是“悔”？后面还“迟”“迟”地不去“豫”，不去好好谋划，定然会是“悔之又悔”！

九四：由豫，大有得。勿疑，朋盍簪。

“由豫，大有得”的最大的得，就是使大家、使周围的人“勿疑”，再怀疑什么，从此有了信心，进而聚拢在一起，团结在你的周围，和你一起信心满满地“建侯，行师”，做事业了。

六五：贞疾，恒不死。

“疾”，灾祸，危难。“恒不死”，永不会灭亡。爻辞意思是“豫”则“贞疾，恒不死”，就是坚持豫则立，能常备不懈，即使是出现一些灾祸和危难也不会灭亡。

上六：冥豫，成不渝，无咎。

“冥”有点暗暗、暗中的意思，因此“冥豫”可以理解为暗中早做谋划、打算和准备。很多事情原比当初设想的要复杂，这就需要因时因事而宜，对方案有所调整，这就是“成有渝”。

“成有”是有现成的预案，“渝”则是改变的意思。通过“冥豫”而有所成，根据需要而随机应变，这有什么错呢？

例3：

九四：由豫，大有得，勿疑朋盍簪。

白话：适当豫乐（娱乐）是很有好处的，不要怀疑朋友们在说自己的坏话。

六五：贞：疾恒，不死。

白话：因为病了很长时间了，怕死掉，于是乎只好求神助。问蓍得到了不会死的占断。

例4：

初六：鸣豫，凶。

“鸣豫”就当是因为有了点名气而沾沾自喜的意思了。这像是在说小人得志。小人是不会老是得志的，所以预言说：“凶”。

六二：介于石，不终日，贞吉。

“介于石”是说比石头更坚固、耿介。“介”有这意思吗？有的，只是仅用在比喻人的认识、品性的场合。后一句“不终日”是说：那么，对于自己声名的欣赏（豫）就必然是短暂的——“不终日”的主语是“豫”，省略了。言外之意自然是：高兴一阵之后，就会处之泰然，继续谦虚谨慎地努力工作，争取更大的成功。因此评价为“贞吉”——长此以往，必定顺利吉祥。

六三：盱豫，悔；迟有悔。

“盱”字应从帛书，作“杅”（读 yú），是一种盛汤浆或食物的器皿。所以“盱（杅）豫”是说因有好的吃喝而“豫”，也即沉溺于饮食的意思。这就可以与“鸣豫”呼应了。一个人无所事事，满足肚满肠肥，一般不会长久，总有自我反省、觉得老这样下去不行的时候。这就是“有悔”。但一般也不会立刻就完全改掉，往往是悔了几天以后又依然故我，待到真下决心幡然悔悟时，一定会叹息失去了太多的宝贵时光。这就是“迟有悔”。

九四：由豫，大有得，勿疑朋盍簪。

这个“由”乃是“游”的借字，“交往”的意思。今天还有“交游”一词。与人交往，能够增长见识，交往的若是德才兼备的人，更能加速道德、才能的进步。“盍”与“嗑”同音，又就是其偏旁，而“嗑”的基本含义就是“话多”，更可以相信，这个“盍”是多言、饶舌的意思。“簪”与这意思的“盍”连用，一定是“谮”的借字，指说坏话诬陷别人。由此可知，“勿疑朋盍簪”是说：不要怀疑交往的朋友会老是说坏话诬陷你。

六五：贞疾，恒不死。

整个这一卦，是教诲人决不可以沉溺于玩乐，尽管苦口婆心，但听的人终于不耐烦了，就会觉得是不准他有一点快乐（豫），只能时刻正经八百地做事（贞），于是可能在心里反驳说；这样乐一下也不行，那样乐一下也不行，一点快乐也没有，这不会憋出病来？这就是“贞疾”——因死守“豫道”而得疾（“疾”古代是特指小病）。这样，“恒不死”就是教诲者的回答：生这样的病是决不会死人的！

上六：冥豫，成有渝，无咎。

“冥”本义是指昏暗，由此引申出睡眠、迷糊、愚昧等意思，故而今天还有“冥顽不灵”的说法。所以“冥豫”是指由于智力低下，分不出是非善恶，在大祸临头之时还感觉不到危险，仍然只会傻乎乎地乐着的那种人的“豫”。这状态如果不是生理上的残疾使然，自然不会持续很久，“豫”者终于会觉悟、改变的。提出“贞疾”的人——注意：《周易》教诲的对象主要是侯王、君主——更决不愿总处于这种状态，享受这种“豫”。因此才接下说“成有渝”。“渝”是改变义。由于糊涂、愚昧而贪图安逸一阵子，又很快改过来了，自然不必再加责难，所以评断说：“无咎”。

编者说明：例 1 见书末参考书目㉔，例 2 见⑲，例 3 见㉒，例 4 见㉑。

第十七卦 随卦 ䷐ 兑上 震下

（一）原文

（卦辞）随，元亨，利贞，无咎。

（爻辞）初九：官有渝，贞吉，出门交有功。

六二：系小子，失丈夫。

六三：系丈夫，失小子。随有求得，利居贞。

九四：随有获，贞凶。有孚在道，以明何咎。

九五：孚于嘉，吉。

上六：拘系之，乃从维之。王用亨于西山。

（二）解读

卦辞：随，元亨，利贞，无咎。

解读：“随”，卦名。“随”：随从，随和，追随。《广雅·释诂》：“随，顺也。”

随卦讲的应跟随君子，学习君子优良品质，对人生事业有利，这样开始就能亨通，坚持正道走下去，不会有过错。

初九：官有渝，贞吉，出门交有功。

解读：“官”指官方、形势。“渝”：改变。“门”指家族门户。

爻辞说，客观形势在改变，要与时俱进，坚守正道则吉利。要打破门户观念，广交朋友会有功效的。

六二：系小子，失丈夫。

解读：若跟随小人交朋友，将失去君子的帮助，因小失大。

六三：系丈夫，失小子。随有求得，利居贞。

解读：追随君子，就会远离小人。跟随君子的目的是有所求，学习君子的优良品质和美德，利于走正道。

九四：随有获，贞凶。有孚在道，以明何咎。

解读：若追随别人是为了获得私利，会有灾祸的。心怀诚意走正道，才能明白这个道理。

九五：孚于嘉，吉。

解读：“孚”：诚心。“嘉”：善，美。爻辞说，诚心诚意跟随他人做善事，会吉祥如意。

上六：拘系之，乃从维之。王用亨于西山。

解读：“拘”：拘捕，拘留。“系”：捆绑。“从维”：释放。

爻辞说，第六爻通常物极必反，追随君王者成了反面人物，被拘留之后，又释放了，君王让他一起到西山祭祀。言外之意，此人不愿追随君王而被拘留，反省改正后被释放，随从君王去西山祭祀。

小结：随卦主题是跟随，要明确跟随的原则和目的。跟随君子要学习君子高尚的情操和对事业的进取心，不可追随目的是为了个人私利。本卦经历曲折反复，开始是客观形势变化的“官有渝”；“系小子”时觉察不对；后“系丈夫”走正道；谋私利“随有获”是凶险；跟随他人走正道“孚于嘉”才吉祥；但最后走向反面被拘留，悟改又走上正道去西山祭祀。如此曲折反复，值得吸取经验教训。

（三）选录其他解读

例1：

初九：官有渝，贞吉，出门交有功。

注释：此处的“官”字，指感官，引申为思想观念。渝：改变。交：交往。有功：有好处、有功劳。

爻辞说，思想观念应随着客观情况变化而变化。守正则吉。要走出去与人交往，可开拓视野，增长知识，大有益处。

上六：拘系之，乃从维之。王用亨于西山。

注释：拘系之：被拘留囚禁。“从”同“纵”，放纵。维：系物的绳子。王，当指周文王。亨，祭祀。西山，即歧山，是周族的发祥地和祖庙所在地。

爻辞说，周文王被纣王囚禁在羑里，长达七年之久，后被释放，文王回到岐山祭神祭祖，感谢神主保佑。

例2：

上六：拘系之，乃从，维之，王用亨于西山。

“拘”是拘留、拘捕。“系”是捆绑。“维”也是捆绑。

这里是说，你就像被你的帝王捉住一样，紧密地跟随他，好像你和帝王捆绑在一起一样，形影不离，连帝王去西山祭祀，也要你作为祭祀的主持人。

例3：

初九：官有渝，贞吉。出门交有功。

官家能做到知过必改，自然大受民众欢迎，可以更好地取信于民，所以当国家需要时，比如需要“出”兵“交”战也好、出门交友也罢，就可以取得成功。

九四：随有获，贞凶。有孚在道，以明，何咎？

你追随别人，后来又有人追随你，这就是“随有获”。这时候所要做的，就是要“贞凶”、要守正防凶。你从善如流地“系丈夫，失小子”、亲君子远小人，一直追随着别人，自己的修养和素质因而越来越高，于是就有人向你看齐，向你学习，这是多么好的事情呀，为什么还要“贞凶”呢？“凶”从何来？从何说起？

上六：拘系之，乃从维之。王用亨于西山。

任何人都应该真诚地信心十足地追随善，“拘系之”，紧紧地追随不变，像用绳索牵系着，不离善的左右。这还不够，还要再用绳索把自己和善紧紧捆在一起，这样才能够最终修成正果、成为至善之人。这样的人才能得到帝王的信任，委派到西山去主持祭祀。

例4：

卦辞：随，元亨，利贞。无咎。

白话：这条卦辞的意思是：守祧把剩余的祭品藏起来。开始通达，适合问蓍。问蓍得到了没有灾害的占断。

注释：随：卦名，帛书作隋。隋：残余的祭品。

初九：官有渝：贞吉、出门交有功。

白话：春官告谕大家问蓍得占的结果：吉善而且出门都有功。

六二：系小子，失丈夫。

白话：捆住了小的，跑了老的。

六三：系丈夫、失小子。随有求得。利居贞。

白话：捉到了成年奴隶，又跑了少年奴隶。像这样被抓回来的奴隶就要肢解躯体用以祭祀先公先王，这样才能可以安居问蓍。

九四：随有获。贞：凶。有孚在道，以明何咎。

白话：肢解所抓获的奴隶，问蓍得凶占。有从道上返回的奴隶，已经明白大祸临头了。

九五：孚于嘉。吉。

白话：从有嘉国归来。问蓍得吉善之占。

注释：孚：帛书作复。嘉：即有嘉国。

上六：拘系之，乃从维之，王用亨于西山。

白话：把小子和丈夫结结实实地捆绑好，严格地看管好，带到西山去，周文王把他们祭献给先公先王。

编者说明：例1见书末参考书目⑰，例2见⑳，例3见⑲，例4见㉒。

第十八卦　蛊卦 ䷑ 艮上 巽下

（一）原文

（卦辞）蛊，元亨，利涉大川，先甲三日，后甲三日。

（爻辞）初六：干父之蛊，有子，考无咎，厉，终吉。

九二：干母之蛊，不可贞。

九三：干父之蛊，小有悔，无大咎。

六四：裕父之蛊，往见吝。

六五：干父之蛊，用誉。

上九：不事王侯，高尚其事。

（二）解读

卦辞：蛊，元亨，利涉大川，先甲三日，后甲三日。

解读：“蛊”，卦名。“蛊”是象形字，是器皿里食物腐乱生“虫”子，即腐败，弊端，过失。“甲”是古代用来记时间的十个天干之一，“甲三日”表示多日。

卦辞说，治理弊端要整治得当，开始时就认真才能顺利。如同要渡过险滩大川，先要多日调查弊端的实际情况，采取措施，行动以后，再用多日总结经验教训。

初六：干父之蛊，有子，考无咎，厉，终吉。

解读：“干”：行动，干预，干掉，引申为清除。

爻辞说，儿子承担清除父辈的错误弊端。“考”是古代称为父亲，“妣”是古代称为母亲，例如父母亲已去世，称为“先考、先妣。”“考无咎”是不要过多去追究父辈的过错，虽然这样做不妥（厉），但最终家业会吉祥的。

九二：干母之蛊，不可贞。

解读：古代男尊女卑。父主家业、主外，影响面大；母主家务、主内，次要任务。整顿母辈的家务弊端过失，就不必那样太认真严肃了。

九三：干父之蛊，小有悔，无大咎。

解读：整治父辈的弊端有些过分，想起稍有后悔，但没有原则性大错误。

六四：裕父之蛊，往见吝。

解读：“裕”：宽容。整治父辈的弊端错误很宽容，若不彻底，往前进还会犯同样的错误。

六五：干父之蛊，用誉。

解读：父辈的事业有功有过，整顿的是父辈的弊端过失，还应保留功跡，维护父辈的荣誉。

上九：不事王侯，高尚其事。

解读：前五爻都有“蛊”，有主角“有子”。最后一爻上九要突出不提“蛊”，也无主角。按《周易》六十四卦第六爻惯用“物极必反”。也就是整治弊端过失的主角有功，被王侯发现并被召见，主角说“不事王侯”，不为五斗米折腰，以高尚的气质隐退了。

小结：把“随”卦的两个单卦颠倒过来，便是“蛊”卦，是“随”卦的反卦、综卦，意义正好也相反。“随”卦是随和、随从，而“蛊”卦却是整治弊端错误。整治弊端过失要掌握原则，要有分寸。不能过分，也不要不彻底而“裕父之蛊”，要肯定以往的成绩“用誉”。干蛊的目的是改邪归正，治病救人。“蛊”卦以父辈的事业作为比喻，可以扩大为团体组织，甚至为国家。

（三）选录其他解读

例1：

上九：不事王侯，高尚其事。

这里是说眼下的王侯不听你的，王侯的“蛊”没有办法去整治了，又看不惯这些“蛊”的事。因而只能不在王侯身边做事而隐退，这是很高尚的行为。

例2：

卦辞：蛊，元亨，利涉大川。先甲三日，后甲三日。

译文：“蛊”卦，非常顺利，利于渡大河。在甲日前三天，甲日后三天（为宜）。

初六：干父之蛊，有子考，无咎。厉，终吉。

译文：初六，操持父亲的家业，有能干的子女，（父亲）没有灾祸。虽有危险，最终是吉祥的。

九二：干母之蛊，不可贞。

译文：九二，操持母亲的旧业，不利占卜。

此爻反映了古代男尊女卑的社会现实，妇女一般无业，所以不利占卜。

九三：干父之蛊，小有悔，无大咎。

译文：九三，操持父亲的家业，稍有小困厄，但没有大的灾祸。

六四：裕父之蛊，往见吝。

注释：裕：光大，扩大。一说为宽容。往见吝：往前将出现困难。

译文：六四，光大父亲的家业，往前发展就会有困难。

六五：干父之蛊，用誉。

译文：操持父亲的家业，得到赞誉。

上九：不事王侯，高尚其事。

译文：不为王侯效力，以高洁自守。

例3：

卦辞：蛊，元亨，利涉大川。先甲三日，后甲三日。

白话：问蓍得大吉亨通之占，从辛日到丁日这七天内利于大河航行。（此乃古代气象预报之记录）

注释：蛊：帛书作“个”。“个”本指筮占所用的工具——策的计数单位。此借为筮占之代称。

初六：干父之蛊，有子考，无咎，厉，终吉。

白话：有聪明灵巧的儿子继承父亲画卦记爻占筮的事业，完全符合占筮的要求，自然无有灾咎，终归吉善美好。

九二：干母之蛊，不可贞。

白话：继承母亲的占筮事业，要不得，不可以占问吉凶休咎。

注释：反映母系氏族社会向父系氏族社会过渡时期男女地位在发生变化。从这条爻辞我们看到，一方面尚存“干母之蛊”的现象；另一方面则不以“干母之蛊”为吉善，而以“干父之蛊”为无咎终吉。过渡时期母权、父权并存而母权已经开始丧失转让给男性。这一爻与前一爻反映的正是这样一种情况。

九三：干父之蛊，小有悔，无大咎。

白话：向父亲学习、继承父亲占筮卦画卦的事业，心中不会有多少怨恨，也没有大的灾咎。

注释：小：帛书作“少”。

六四：裕父之蛊，往见吝。

白话：抛弃父业，处处碰壁遇难。

注释：裕：帛书作“浴”。浴、裕，古音同。浴：洗澡，这里引申为冲洗，去掉。

六五：干父之蛊，用誉。

白话：继承父亲画卦占筮之业，因此得到赞誉。

上九：不事王侯，高尚其事。

白话：学成了筮占的本领，而不为王侯所用，超然遨游以修其德。小人望而生畏，以为这将是大祸临头之兆。

注释：事：帛书作“德”。帛书“德”后多一“凶”字。

编者说明：例1见书末参考书目⑳，例2见⑯，例3见㉒。

第十九卦　临卦 ䷒ 坤上 兑下

（一）原文

（卦辞）临，元亨，利贞，至于八月有凶。

（爻辞）初九：咸临，贞吉。

九二：咸临，吉，无不利。

六三：甘临，无攸利，既忧之，无咎。

六四：至临，无咎。

六五：知临，大君之宜，吉。

上六：敦临，吉，无咎。

（二）解读

卦辞：临，元亨，利贞，至于八月有凶。

解读："临"卦名。"临"有三意，一为：至，到；二为由上往下看，即居高临下；三为《说文》："临，监也。"引申为监视，治理。

卦辞说，作为君主对待百姓不应居高临下，应到群众中来，了解民情，为百姓办实事，才能"元亨，利贞"。八月是雨季自然灾害多发期（凶），要注意安全。

初九：咸临，贞吉。

解读："咸"：全，都。爻辞说，全心全意到群众中去，了解民情办实事，如此才吉祥。

九二：咸临，吉，无不利。

解读：到群众中去，都为百姓着想，这做法吉祥无不利。

六三：甘临，无攸利，既忧之，无咎。

解读："甘"：甘甜。爻辞说，到群众中去说些甜言蜜语哄骗群众，是有害无利的。既然感悟到忧伤，知错必改无遗憾。

六四：至临，无咎。

解读：不应居高临下只听汇报，应亲自深入群众调查研究，听百姓的呼声，则无过失。

六五：知临，大君之宜，吉。

解读："知"：知识，又同智、智慧。大君要用知识和智慧教化群众。"宜"：适当，适宜。这是大君适宜的做法，吉祥。

上六：敦临，吉，无咎。

解读："敦"：敦厚。要以忠厚之心管理国家，以德治国，吉祥，无过错。

小结：作为一国之大君，要掌控管理好国家。国以民为本，应深入群众调查研究，了解民情，做到"咸临"、"至临"。要有智慧治国的"知临"，又强调以德治国的"敦临"。

（三）选录其他解读

例1：

六三：甘临，无攸利，既忧之，无咎。

"甘"是指安逸、舒适、富足的生活。

这里是说官员到民众中去时没有和民众同甘共苦，而是过着一种安逸富足的生活，这样不利于工作的开展。但是如果他能意识到这是有危害，能改正，那就好了，就没有过错了。

例2：

卦辞：元亨，利贞，至于八月有凶。

只能这样推测："元亨"和"利贞"都是说的人事，"八月有凶"是说的天灾；人事上的正确、努力只是有助于减少天灾造成的损失，但不能完全预防、制止天灾，而根据长期的经验，每年到了八月，天灾是必然会来的。只须确认所谓的"有凶"是预告天灾就行了。

初九：咸临，贞吉。

通观本卦六条爻辞，每爻中的"临"都应是"治理"的意思，并且是特指"治民"。而本卦初九云："咸临，贞吉。"九二云："咸临，吉，无不利。"旨趣不殊。知二咸字必有一讹也。疑此爻咸当作威，形近而讹。我以为这说的极为中肯。分析一下全部六条爻辞就会发现，它们依次分为三组，一、二爻，三、四爻，五、六爻各为一组，同一组中两爻的内容都是反对关系，而且都是把作者不鼓励、不提倡的"临民态度"放在前一爻讲，把他推荐、教诲的态度放在后一爻讲。据此，我认定这初爻是说"威临，贞吉"，这个"威"不是"威严"、"威风"的"威"，而是刑罚的意思。孙星衍疏引郑玄曰："作威，专刑罚也。"所以"威临"乃是说以刑罚治民。"贞吉"——如能依循"刑治"的正理去施治，还是好的。"贞吉"暗示了"不贞，凶"。

九二：咸临，吉，无不利。

这个“咸”是和“威”相对，故应是和洽、诚恳的意思，可看作“諴(xián)”的借字。在《周易》作者看来，这样施治的效果比“威临”更好，根本不存在“贞不贞”的问题，即这样施治本身就是正道公理，就是“贞”。所以直说“吉”，而不是“贞吉”。后面加一句“无不利”，明显是针对统治者只懂得用刑治即压服人民的方法进行统治，不懂“咸临”的作用，因而担心“咸临”将会使人民不服他的统治而追加的一句强调性的话，等于说：决不会导致任何不好的结果。

对于本卦第一、二爻中的两个“咸”字，多数注家都因袭王弼的注释：“咸，感也。”所以多将“咸临”翻译为“以感召来领导”，或“感应于尊者而施行监临”，对於两个“咸临”为什么得到了并不全同的评价，就只好求助于爻位说了。

六三：甘临，无攸利，既忧之，无咎。

“甘临”直接是说以迎合人民、说起来很动听的方式治理人民，言外之意则是说，制定的政策不过虚有其辞，难于贯彻执行，采取的措施华而不实，不能带给人民实惠，多似我们今天说得“形象工程”、“政绩工程”。这样施治自然收不到民心，对统治者没有真正的好处，即“无攸利”。“既忧之”是承接这意思说：后来明白到了这一点，开始为此感到忧虑。“既”可表示时间，相当于“后来”。后两句应这样翻译：如果随后就为此感到忧虑，表示希望有所补救，也不会受到责难。

六四：至临，无咎。

“甘临”是施政上的华而不实，与之相反的该是实而不华。“至临”就是踏踏实实地、不图虚名讲求实效地为政施治，也即治民。这用我们今天的话说，就是给老百姓办实事，这样自然能够真得民心。

六五：知临，大君之宜，吉。

这个“知”通“智”，在《周易》时代，“智”一般都写作“知”。“智”在当时常带贬义。从这一爻的“知临”是与下一爻的“敦临”相对而言看，这个“知(智)”也应带有贬义。但从后文是“大君之宜，吉”看，又似乎不是在贬义上使用的字。考虑了这些之后，我认定：后面的“大君之宜”给这个“知临”作了个界定。“宜”就是“适宜、合适的事。”这句爻辞的字面意思是说：“知临，这是天子（或圣明君主）才适宜于实施的治民方式，当然吉。”

上六：敦临，吉无咎。

“敦”有“勤劳”、“厚道”、“诚恳”等义。“敦临”说白了，就是勤劳执政，老实、诚恳、厚道地对待人民。反过来说，就是为政施治中不贪图安逸，不玩弄权术，不阳奉阴违。这样治民，自然效果好（“吉”），即使未显露出大智大慧来，也不会受到责难的（“无咎”）。

例3：

卦辞：临，元亨利贞，至于八月有凶。

白话：山林树木安全太平无事，至八月天旱季节灾害就多起来了。（这是对看护森林的直观经验的总结）

注释：临：卦名。帛作“林”。本指山林。借为林麓、林衡等掌管山林的职官。

初九：咸临。贞：吉。

白话：禁止胡乱砍伐森林，斧斤以时入山林，材木不可胜用也。问蓍得吉占。（反映了古人保护生产资源和要求生态平衡的思想）

注释：咸临：帛书作“禁林”。禁、咸。见匣旁纽，侵部叠韵。林、临，古今音均同。禁林：禁止胡乱砍伐木材破坏森林。

九二：咸临。吉，无不利。

白话：这条爻辞复述《初九》之禁林（即“咸临”），强调禁林的重要性，不仅是吉善，而且会带来更多的利益。说明禁林包含了义、利两方面的好处。

注释：咸临：帛书作“禁林“。见本卦《初九》爻辞注释。

六三：甘临，无攸利；既忧之，无咎。

白话：即便小量的砍伐森林，也没有好处。既然已经看到了这个问题，那就也没有什么关系。问蓍得到了没有灾害的占断。

注释：甘：通戡，小砍也。无攸利：无所利，没有什么利益。

六四：至临。无咎。

白话：巡视山林到达山林，问蓍得到没有灾害的占断。（这一爻的爻辞盖反映了古代巡视山林的制度）

注释：至临：帛书作“至林”。至：至于，到达。

六五：知临，大君之宜。吉。

白话：为大君之事，管理山林，非常重要和光荣。问蓍得吉占。（这条爻辞反映周初已经设有专职人员管理山林。与《周官》所载合）

注释：知临：帛书作“知林”。知林：管理山林。知，主持。管理。

上六：敦临。吉，无咎。

白话：知林者管理山林卓见成效，山林茂密，材木不可胜用，当受赏奖。问蓍得吉善与无咎之占。

注释：敦临：帛书作“敦林”。敦：厚也。

编者说明：例 1 见书末参考书目⑳，例 2 见㉑，例 3 见㉒。

第二十卦　观卦 ䷓ 巽上坤下

（一）原文

（卦辞）观，盥而不荐，有孚顒若。

（爻辞）初六：童观，小人无咎，君子吝。

六二：窥观，利女贞。

六三：观我生，进退。

六四：观国之光，利用宾于王。

九五：观我生，君子无咎。

上九：观其生，君子无咎。

（二）解读

卦辞：观，盥而不荐，有孚顒若。

解读："观"，卦名。"观"：观察，考察，观看，观光。"盥"（guàn 音灌）：洗手用的器皿。"荐"：祭祀用的祭品。"顒"（yóng 音喁）：仰慕，恭敬。"若"：如、像。卦辞说，祭祀前仅洗手，没供上祭品，诚心诚意恭仰，有同样效果。

初六：童观，小人无咎，君子吝。

解读："童"即"小人"。爻辞说，幼童观察事物是浮浅的，是表面现象，因为幼稚无知，没有过错。若是君子大人这样则羞耻。

六二：窥观，利女贞。

解读："窥"：从缝隙中看，偷着看。古代男尊女卑，女子关在家里从门缝中看外边事物，不出门不惹是非，利于女子贞洁。喻意观察事物有局限性，是贬义词句。

六三：观我生，进退。

解读：回顾以往的经历，总结出经验与教训，采取进或退。

六四：观国之光，利用宾于王。

解读："光"：光景，情况。"宾"：宾客，君王的宾客。

爻辞说，观察民间情况，了解实际情况，有利于宾客向君王汇报。

九五：观我生，君子无咎。

解读：此爻"观我生"与六三爻"观我生"意义不同，此爻九五是尊位，是君王。“观我生”是君王下到百姓间亲自考察民生，君王此做法无遗憾。

上九：观其生，君子无咎。

解读： 君子考察别人管辖地区的民情，以便借鉴管理经验，君子此做法无过失。

小结： “观”卦阐述君子或君王如何观察明辨民情，不能幼稚的“童观”，不要坐井观天的“窥观”，应到民间观察的“观我生”，还应到他人管辖区取经“观其生”。如此才能总结并吸取对事业的成功经验与失败的教训。

（三）选录其他解读

例1：

六二：窥观，利女贞。

“窥观”就是不能够全面地观察审视事物与问题，这种观瞻的方法与态度“利女贞”，言外之意是“不利君子贞”，意思是女人或者小人这样看问题也就罢了，但君子、大男人就不这样看问题。《易经》里，“女”与“小人”其实都是同样的概念，有时用“女”、有时用“小人”，还有时用“阴阳”的“阴”，道理都是一样，与它们对应的，都是以君子为代表的“阳”，之所以有时用“女”、有时用“小人”、有时用“阴”甚至有时还有其他表述方式，目的只是为了更加抽象、代表性更加广泛而已。

例2：

六二：窥观利女贞。

白话： 细心地观察那和蔼可亲的女子是否有贞固的品德情操。

例3：

六三：观我生，进退。

注释： 生：通姓，庶民百姓。

译文： 考察我的百姓，进用贤能，罢黜不肖。

九五：观我生，君子无咎。

译文： 九五，考察我的百官，君子得此卦，没有灾祸。

上九：观其生，君子无咎。

译文： 观察别的国的百姓，君子得此卦，没有灾祸。

例 4：

六四：观国之光，利用宾于王。

这里是说回忆、分析、总结历史上国家兴亡成败的经验和教训，而省悟出治国的方略、为官之道。这有利于士大夫们为国家做事、为帝王效劳。

九五：观我生，君子无咎。

这里是紧接上爻。主角、第一人称是指“宾”，指“尚宾”。就是说回忆、反省、总结、反思自己在当官时有哪些做得好的、有哪些做得不够的、有哪些做得有偏差的，以探求为官的哲理。这样的君子不会有过错。

编者说明：例 1 见书末参考书目⑲，例 2 见㉒，例 3 见⑯，例 4 见⑳。

第二十一卦 噬嗑卦 ䷔ 离上震下

（一）原文

（卦辞）噬嗑，亨，利用狱。

（爻辞）初九：屦校灭趾，无咎。

六二：噬肤灭鼻，无咎。

六三：噬腊肉，遇毒，小吝，无咎。

九四：噬干胏，得金矢，利艰贞，吉。

六五：噬干肉，得黄金，贞厉，无咎。

上九：何校灭耳，凶。

（二）解读

卦辞：噬嗑，亨，利用狱。

解读：“噬嗑”，卦名。“噬”（shì 音适）：咬。“嗑”（hé 音合）：合也，合口，闭口。“噬嗑”：咬合，嘴里咀嚼吃东西。

六十四卦中讲刑罚共有两卦，“讼卦”和“噬嗑”卦。“讼”卦是讲诉讼的，“噬嗑”卦是讲审理案件轻重和治狱的卦。为了社会的安全与稳定，“利用狱”对犯罪者进行审理与惩治，对社会对百姓有利，故能亨通。

初九：屦校灭趾，无咎。

解读：“屦”（jù 音句）：同“履”、鞋。“校”（jiào 音教）：古代木制刑具。“灭”：覆盖、遮盖。

爻辞说，罪犯很轻，仅戴上木制刑具把脚还覆盖上，怕别人看见，仅限制走路，无大妨碍。

六二：噬肤灭鼻，无咎。

解读：“肤”软的肉，寓意煮烂的肥肉。“灭鼻”：把鼻子遮盖了。

爻辞用比喻犯罪程度来审理案件轻罪或重罪，在以下爻辞中还用：“噬腊肉，遇毒”，“噬干胏，得金矢”，“噬干肉，得黄金”等作比喻。

六二爻辞说，审案者对此案很易判断，就像一块大烂肉大到往嘴里吃时，把鼻子都遮盖住，在嘴里很易“噬嗑”吞下肚里，很顺畅，罪情轻，无大灾祸。

六三：噬腊肉，遇毒，小吝，无咎。

解读：“腊肉”：干肉。审理此案较难，因干肉需用力细嚼，还夹杂发霉的毒素，对此案审理有些辛苦，案件虽然复杂些，实质罪情并不重，较轻，无大过错。

九四：噬干胏，得金矢，利艰贞，吉。

解读：“胏”（zǐ 音姊）：带骨头的肉。“金矢”：金属箭头。

爻辞显示，此案情比六三爻难断案，此爻是啃骨头，又故意夹杂进去金属箭头制造难度，经艰苦判断实质案情不算重，对判案人员来说还算顺利。

六五：噬干肉，得黄金，贞厉，无咎。

解读：吃干肉，又加进去比干肉还硬的黄金，历经层层困难，分辨出罪情轻与重，无过错。

上九：何校灭耳，凶。

解读：“何”：荷，担负荷，扛着。“何校”：肩扛着木制刑具。

爻辞表示，此罪情毋庸置疑，当机立断，必须戴上把耳朵都盖上的枷锁，凶险。

小结：为了社会的安定，为了百姓生活安全有保障，需要以法打击刑事犯罪，“利用狱”来惩罚罪犯。审理案件判断罪刑的轻重程度，决定处罚使用何种刑具。用“噬嗑”形容难易程度来比喻罪行的轻重。初爻开始，罪情很轻，易判，当场“屦校灭趾”。然后逐渐加大难度，即“噬肤灭鼻”、“噬腊肉遇毒”、“噬干胏得金矢”、“噬干肉得黄金”，最后罪大恶极者上来就“何校灭耳，凶。”

（三）选录其他解读

例1：

六三：噬腊肉，遇毒，小吝，无咎。

注释：腊肉：干肉，坚硬的肉干。毒：味道浓烈。

译文：实施刑罚就像吃坚硬的而味道浓烈的腊肉一样不顺，小有不适，但无祸害。

九四：噬干胏，得金矢，利艰贞，吉。

注释：胏：肉中有骨。“干胏”比腊肉还要坚硬。金矢：此指罪犯强硬。

译文：实施刑罚就像吃带骨肉干时，吃到了铜箭头，（这预示着）宜于艰苦中守正，则吉祥。

六五：噬干肉，得黄金，贞厉，无咎。

注释：干肉：干硬的肉脯。

译文：六五：实施刑罚就像吃干硬的肉脯时，吃到了黄金（这预示着）宜于守正以防危，没有祸害。

例2：

六二：噬肤灭鼻，无咎。

译文：吃肉遮盖了鼻子，没有（其他）灾祸。

此爻说明以柔克刚。

六三：噬腊肉，遇毒，小吝，无咎。

注释：噬腊（xī 音西）肉，遇毒：吃干肉中毒，干肉中发现生锈的铜箭头。腊：干肉。

译文：六三，吃干腊肉时中了毒，稍有不适但没有灾祸。

此爻说明，刑罚须排除挫折。

九四：噬干胏，得金矢。利艰贞，吉。

译文：九四，在吃带骨头的干肉，遇到并取回铜箭头。利于占问艰难曲折之事，吉祥。

此爻说明，熬过艰难的官司，最终胜诉。

六五：噬干肉，得黄金；贞厉，无咎。

注释：得黄金：官司胜诉取回金黄色铜币。黄金：黄铜，商周时期，以铜为金。古代打官司前双方要用黄铜抵押，胜诉后才可取回。

译文：六五，啃吃干肉，官司胜诉取回黄铜币；占问（之事）有危险，但没有灾祸。

此爻说明必须刚柔并济。

上九：何校灭耳，凶。

译文：上九，脖子上负戴刑具遮没了耳朵，有凶险。

此爻说明要小惩大诫。

例3：

卦辞：噬嗑，亨，利用狱。

解读：上下颚咬合将食物无情的嚼碎，肠胃便亨通，这种方法有利于治狱。

初九：屦校灭趾，无咎。

解读：罚带脚镣，还把脚趾割掉，从此不再犯罪。“屦”即履；“校”是枷。

六二：噬肤灭鼻，无咎。

解读：因偷吃肉而被罚割掉鼻子，从此不再犯罪。

六三：噬腊肉遇毒，小吝，无咎。

解读：咬食变质的肉干时不幸中毒，经过一番小小的磨难，总算没能酿成灾祸。

九四：噬干胏，得金矢，利艰贞，吉。

解读：啃食带骨的兽肉时，发现肉中不仅有骨头，还有折断的铜箭头。艰难复杂的治狱经历，对于坚持履行正道的人总是有利、吉祥的。胏，有骨头的肉。

六五：噬干肉，得黄金，贞厉，无咎。

解读：吃干肉时发现肉中嵌有细粒黄金，稍不小心咽下去便有生命之危。秉公断狱时同样要保持惕怵之心，方可避免错误。

上九：何校灭耳，凶。

解读：罪大恶极的囚犯，肩荷枷锁，耳朵被割去，结局凶险。

例4：

六三：噬腊肉，遇毒，小吝，无咎。

“毒”不是简单的理解为“毒药”的“毒”。这里全都是比喻，要和“得金矢”、“得黄金”联系起来理解。这里是指法官接受了贿赂，被坏人拉下水了，心灵中毒了。

这里是说像咀嚼腊肉（腊肉又干又韧，咀嚼起来又慢又费力）一样慢慢审理案件，慢慢地磨这个案件，但是犯罪服刑人受不了这样的折磨，暗中托人送点财物给办案法官，这点财物对于法官的精神来说是很大的毒害，但服刑的犯人只送一点财物，虽未免太小气一点了，但无过错。

九四：噬干胏，得金矢，利艰，贞吉。

“金矢”是金的箭头。“干胏”是比腊肉更难啃、更干、更硬的肉。“贞”这里是指卜问，引申为意识到这样做会得到钱财。

这里是说这时法官办理的案件更加艰难，且缓缓、慢慢地磨，法官就得到了金的箭头。因为法官意识到他越折磨犯人、让犯罪人受苦，得到的钱财就会越多。

六五：噬干肉，得黄金，贞厉，无咎。

这里是说果然法官像啃干肉一样更加艰苦地折磨犯人，他得到黄金。这时他意识到这样做不太恰当、这样做是危险的，但是他又想收受黄金，其他人是不知道的，不可能出问题。所以法官还是收受了黄金。

上九：何校灭耳，凶。

这里是说脖颈上戴上大大的枷锁，连耳朵都看不到了。这里的关键是谁戴着这个大枷锁？应该是办案的法官他自己脖颈被戴上枷锁，因他知法犯法，罪不可赦。

例5：

卦辞：噬磕，亨。利用狱。

白话：为吃喝的事情筮问，得到亨通与利于断狱的占断。

注释：噬磕：吃喝，用口咬食物的动作。

初九：屦校灭趾。无咎。

白话：罪犯被贯上刑具（脚镣）遮盖了脚趾。为此问蓍得到的没有灾害的占断。

六二：噬肤灭鼻。无咎。

白话：吃着大块肥美的肉，连鼻子也被肉给遮住了。

注释：噬：食，吃。肤：肥肉。

六三：噬腊肉遇毒。小吝、无咎。

白话：因吃腊干肉而食物中毒，为此问蓍得到了“小吝”与“无咎”的占断。

九四：噬干胏得金矢。利艰贞吉。

白话：吃干肉时发现干肉里面有铜箭头。为此问蓍得到了利于度过艰难困苦而获吉善的占断。

六五：噬干肉得黄金，贞：厉、无咎。

白话：吃干肉的时候发现干肉里有铜箭镞。为此问蓍得到了虽然危厉但没灾咎的占断。

上九：何校灭耳、凶。

白话：拿着刑具遮盖了耳朵，为此问蓍得到凶恶之占。

例 6：

卦辞：亨。利用狱。

“利用狱”的“狱”字，既不是指“诉讼”，也不是指“刑狱”，而是“过失”的意思。“用”在这里是“处置”、“看待”的意思。《墨子·贵义》：“今士之用身，不若商人之用一布之慎也。”其中两个“用”字就是这个意思。

初九：屦校灭趾，无咎。

“屦校”直译是脚上戴着木制刑具。“灭”有“去除、消灭”义，也有“掩盖、埋没”义，从后文还有“灭鼻”、“灭耳”看，这里应该是“盖住”的意思。戴刑具自然说明犯了罪，被处刑罚了，但只是戴个脚枷，走路不方便点而已，而且，刑具戴在脚上并不引人注意，丢脸的可能性很小，所以又说明犯的罪行不大，处罚很轻。因此最后的评语辞是“无咎”——这“无咎”可翻译为“这还没有什么了不得的”。可见这一爻其实是要说，犯了小错，即使受到法律的制裁，也并不要紧的。用这个意思开头，显是为了引出如何看待人的过失的话题来，所以接下来就用四爻来讲各种不同的过失。

六二：噬肤灭鼻，无咎。

“噬肤灭鼻”是说大块地夹肉吃，因为肉大，把鼻子都给淹没了。这种吃相是难看的，说明吃者穷而馋，在有钱的贵族人看来，很是丢脸，或同时还意味着这个人不懂礼貌，没有教养，甚或贪心、自私、目中无人，等等。但不管怎样说，这个过失都只有这么大，总谈不上判刑吧。所以也评价为“无咎”。——没有什么了不起的，不必太加责备。

六三：噬腊肉遇毒，小吝无咎。

“噬腊肉遇毒”不过是陈述一个普通的经验事实。但变质的腊肉的毒性并不很大，吃了一般只是小病几天，不会造成大害的。所以说“小吝无咎”。这评说得非常恰当。联系上一爻看，这一爻讲的过错稍为大一点了，不仅有了实际的危害，还涉及了人的生命。但评定过错的程度，毕竟是着眼于它造成的后果，既然后果并不严重，也就不可夸大。这就是本爻要教诲的意思。

九四：噬干胏得金矢，利艰贞，吉。

“胏”一般认为是指带骨头的肉。“金矢”是什么？有人直解为“金属箭头”。吃有骨头的肉为什么得到金属箭头了？高亨先生解释说：“盖古人射兽，矢著兽体，镞折而钳入骨肉中，未剔出，故噬胏而得金矢也。”这倒还合乎事理。但如果是这样，这条爻辞就是讲一件很偶然的事了，与上下文语境完全不合，而且对这件事评价说“利艰贞”，也很费解。更多的注家认为“金矢”不过是比喻作者对治狱的看法：“‘金矢者’刚直也，噬胏虽难，终得审其刚直也。”上面提到的注家给“金矢”句作的翻译就是：“具备金质箭矢似的刚直气魄。”

其实，“矢”在古代通“屎”，司马迁就说廉颇老时“一日三遗矢（屎）”。“金”，在这里乃是由“金属”引申而来的“坚硬”义。“噬干胏得金矢”说白了就是：“吃带骨头的肉，拉又干又硬的屎。”这过错比上一爻讲的过错又稍为大一点，即递进了一步。吃腊肉遇毒的后果多半是拉肚子，这里说便秘，正好相反，所以对上文承接得很好。啃骨头上的肉，体现的是节俭的品质，这就使下一句“利艰贞”（这“艰贞”和泰卦三爻说的“艰贞”同义，在帛书也作“根贞”）的评价有了着落：便秘不是大病，节俭却是很好的品质，因此最后预言“吉”，也不失公允性。

六五：噬干肉遇毒，贞厉，无咎。

“遇毒”在通行本中作“得黄金”，在帛书中作“愚毒”。“噬干肉得黄金”，高亨先生的解释仅一句话：“啮干肉而发现其中有黄金粒也。”他未作说明，大概是因为讲不出这里的缘由来。其他注家也讲不出。在帛书中，第三爻的“遇毒”也作“愚毒”，据此，我改从帛书，将“得黄金”改为“遇毒”。于是这一爻十分明白了：“干肉可能是指未经加工制作而自然变干但尚未腐臭的肉，故而不同于腊肉，其毒性和吃了它中毒的可能性都要更大，因此从过失方面看，这是更大的过错；但人去冒这个险，显是由于家贫，或更具节约品质，所以评价说：虽然经常这样会有危险（“贞厉”），但毕竟不该给予惩处（“无咎”）。

中间四爻明显是以吃肉这件普通的事，说明人是很容易犯错误的，而错误、过失有大有小，而且同处事的对象不同很有关系。这样依次说下来，结论，或说给人的启示，是不言自明的了，那就是：对别人犯下的过失，要多加体谅，不必处置得太严；对自己，则要多加警惕，力求少犯错，更要避免因忽视小错而酿成大错，以致别人不肯加以原谅。这就是卦辞所说的“利用狱”。

上九：何校灭耳，凶。

“何校灭耳”是说：颈项上戴着个又大又高的木枷，把耳朵都遮住了。说这样一句，从文章上说，是为了和初爻的“灭趾”相呼应，从义理上说，则是最后挑明地告诉听者：初爻说的仅是“灭趾”的“无咎”之过，可能经过若干中间阶段，发展到“灭耳”的大过、罪过，就像不注意吃相这种小过，也可能发展为危及生命的大错一样。因此，这一爻后的断语是“凶”。

编者说明：例1见书末参考书目㉔，例2见⑯，例3见⑱，例4见⑳，例5见㉒，例6见㉑。

第二十二卦　贲卦 ䷕ 艮上离下

（一）原文

（卦辞）贲，亨，小利有攸往。

（爻辞）初九：贲其趾，舍车而徒。

六二：贲其须。

九三：贲如濡如，永贞吉。

六四：贲如皤如，白马翰如，匪寇婚媾。

六五：贲于丘园，束帛戋戋，吝，终吉。

上九：白贲，无咎。

（二）解读

卦辞：贲，亨，小利有攸往。

解读：“贲”，卦名。“贲”（bì 音必）：《说文》“贲，饰也”。装饰，修饰，打扮，文饰。人或物、或文章，为了美观悦目，可以适当装饰，适当包装，但不能过度，不能掩盖了本质，造成虚假现象。

卦辞说，适当的装饰，可以获得“小利”，尚能“亨”通，利于交往。

初九：贲其趾，舍车而徒。

解读：“趾”：脚趾。“舍”：放弃，拾弃。“徒”：步行。

爻辞说，把脚都修饰了，为了宣耀能让别人看到，不坐车而步行。

六二：贲其须。

解读：“须”：胡须。把面部的胡须修饰了，美容。

九三：贲如濡如，永贞吉。

解读：“如”语气助词。“濡”（rú 音如）：浸湿，滋润，润色。

爻辞说，修饰打扮得光泽华丽，光彩照人。言外之意为何？没有答案，暗喻劝戒应“永贞吉”、永久坚持走正道才吉祥。

六四：贲如皤如，白马翰如，匪寇婚媾。

解读：“皤”（pó 音婆）：白色。“翰”：高飞。

爻辞说，打扮的高雅洁白出众，骑着白马奔跑，不是贼寇，是来求婚。

六五：贲于丘园，束帛戋戋，吝，终吉。

解读：“丘”：丘陵，土坡。“丘园”：山坡上的园子，家园。“束”：捆、包扎。“帛”：丝织品。“戋”（jiān 音尖）：小，少。“戋戋”即“残残”，小小的，数量不多。

爻辞说，为了娶亲，把家园简单装饰，送给女方一捆丝织品为聘礼，显得有些吝啬。如此是节俭，最终会吉利。

上九：白贲，无咎。

解读：“白”指素色。

爻辞说，人或物简单些修饰打扮，说得过去就行了。寓意不要浪费。

小结：“贲”卦是“噬嗑”卦的综卦，反卦，意思也相反。“噬嗑”卦是恶要罚，“贲”卦是善要饰，但修饰要适度，这样吉。不能过度掩饰了本质，不能饰得面目全非，搞成虚假包装骗人，目的不纯，凶。

（三）选录其他解读

例 1：

九三：贲如濡如，永贞吉。

“濡”是湿润的意思。“濡”又是河北省一条河的名字。“贲”和“濡”都作动词。因而“濡”引申为用水清洗的意思。

这里是说把全身清洗得干干净净，衣服也干净整洁。这种修饰才是你真正本质的美，才是永远守正吉祥的象征。由此可见《周易》所追求的美是健康质朴的美，它所要求反映的是一个人整洁质朴的精神风貌，而不是外在华丽的打扮。

上九：白贲，无咎。

“白”就是无色，就是素雅。“白贲”就是九三的整洁质朴，这里是说保持自己本色，这样不会有过错。

例 2：

卦辞：贲，亨，小利有攸往。

白话：把祭品装饰得很好看才进行祭祀。为此问蓍得不利有所往之占。

初九：贲其趾，舍车而徒。

白话：穿好鞋装饰保护好脚趾，然后下车徒步行走。

六二：贲其须。

白话：把胡须刮干净。

九三：贲如濡如。永贞吉。

白话：人们汗流满面地奔跑。为此问蓍得长久吉善的占断。

注释：贲如：奔跑的样子。濡如：汗流满面的样子。

六四：贲如皤如，白马翰如，匪寇婚媾。

白话：人们骑着高头白马火热地飞驰奔跑，不是去做强盗而是去娶亲。

注释：皤（pó 婆）：假借为燔。燔：焚烧，烤。翰：长而硬的羽毛，引申为飞。

六五：贲于丘园，束帛戋戋。吝。终吉。

白话：来到女家的丘园，送上束帛浅小薄礼。礼虽薄，仁义重。问蓍得吝难与终于吉善之占。

上九：白贲。无咎。

白话：送上白色的大肥猪。问蓍得没有灾害的占断。

注释：贲：假借为豮，大肥猪。

编者说明：例 1 见书末参考书目⑳，例 2 见㉒。

第二十三卦 剥卦 ䷖ 艮上 坤下

（一）原文

（卦辞）剥，不利有攸往。

（爻辞）初六，剥床以足，蔑贞凶。

六二：剥床以辨，蔑贞凶。

六三：剥之，无咎。

六四：剥床以肤，凶。

六五：贯鱼以宫人宠，无不利。

上九：硕果不食，君子得舆，小人剥庐。

（二）解读

卦辞：剥，不利有攸往。

解读：“剥”，卦名。“剥”：剥落，剥蚀，剥灭。

卦象是坤下艮上，六爻有五爻皆阴，阴盛阳衰，小人得势挡道，不利有攸往。

小人能得势，必然是昏君执政，小人阳奉阴违，逐步剥蚀君王而垮台。用剥床作比喻。

初六：剥床以足，蔑贞凶。

解读：“蔑”（miè 音灭）：轻视，不重视。

爻辞说，剥蚀床足，若轻视，将有凶险。

六二：剥床以辨，蔑贞凶。

解读：高亨先生说，辨是床的框架。

爻辞说，剥蚀到床的框架，床将垮塌。还不重视，凶祸临头。

六三：剥之，无咎。

解读：继续剥，还认为无咎。

六四：剥床以肤，凶。

解读：“肤”：本意是指皮肤，又指与人皮肤接触的床面，在此双指。

爻辞说，剥蚀到床面，床倒塌了，君王不能在床上寻欢作乐了，凶祸。

杨志沐先生在六二爻“剥床以辨”说，“辨”为“辮”的异体字，指毛发。六二爻已剥蚀到君王的毛发，还不以为然。六四爻的“肤”若指皮肤，君王皮肤被剥，毛发连根拔掉，喻意君王体无完肤、完蛋了，不仅仅寻欢作乐的床被剥蚀垮台，故凶恶。

六五：贯鱼以宫人宠，无不利。

解读：“贯”：穿，串也。“宫人”：嫔妃。

爻辞说，与往常一样，嫔妃以受宠的身份，一连串的有次序等待进入君王寝室供君王床上作乐，宫人与往常一样感觉无所不利，并不知床倒塌了，君王体无完肤垮台了。剥卦的卦象由初爻到六五爻都是阴爻，都是小人得势，直到六五爻君王位被剥落垮台。

上九：硕果不食，君子得舆，小人剥庐。

解读：“庐”（lú 音炉）茅舍。“舆”：舆论。“硕果不食”是指大好河山君王没掌控好，垮台了。剥卦最后一爻即上九爻是阳爻，君子英雄豪杰起义得到百姓舆论的支持，为人民造福，惩罚小人，连茅舍也不给小人居住。

小结：剥卦六爻，前五爻皆阴。用比喻的方法形容小人得势，昏君寻欢作乐，荒淫无耻，只过床上生活。国家状况用床作比喻。初爻“剥床以足”，从基础的脚先腐蚀，君王轻视。六二爻“剥床以辨”，由床脚已往上腐蚀到床的框架，又暗示腐蚀到君王的毛发，还不重视。六三爻继续腐蚀“剥之”。六四爻“剥床以肤”即剥蚀到床面，无法床上作乐，床倒塌了。又暗喻剥蚀到君王的皮肤，体无完肤，垮台完蛋了，由量变到质变。六五爻“贯鱼以宫人宠”，用古诗词形容：“宫女不知亡国恨，隔江犹唱后庭花”。上九爻“硕果不食”即君王大好河山丢失，剥卦顶层上九是阳爻是君子，君子英雄豪杰起义得到群众舆论的拥护。造反者为人民造福，惩罚小人，连茅舍也不给小人居住。

（三）选录其他解读

例 1：

六五：贯鱼以宫人宠，无不利。

注释：贯鱼：鱼在水中游，首尾衔接，排成一串。宫人，指皇宫里的人。宠：宠爱。

爻辞说：在大厦将倾的危机时刻，六五居中守正，不同小人同流合污，率众宫人效忠君王，受到君王宠爱。故无往而不利。

上九：硕果不食，君子得舆，小人剥庐。

注释：硕果：指大的果实。舆，指车。得舆，是说受到人民群众的爱戴和拥护。庐，指住的房子，引申为安身之处。

爻辞说，上九这个唯一的阳爻，好比一个硕大的果实，未被吃掉。上九位高，刚正不阿，受到人民群众的拥护和爱戴。而小人坏事做尽，生无安身之处，死无葬身之地。

例2：

卦辞：剥，不利有攸往。

白话：阳刚脱落，不利于有所举措在行。

初六：剥床以足蔑。贞：凶。

白话：阴爻剥脱阳爻就像剥脱床一样从下面床足开始剥灭。问蓍得到凶恶的占断。

六二：剥床以辨蔑。贞：凶。

白话：阴爻剥脱阳爻剥到了第二爻，就像剥床剥到床干上一样。问蓍得凶恶之占。

注释：辨：床干。

六三：剥之。无咎。

白话：阴爻剥脱阳爻到了第三爻。问蓍得到没有灾害的占断。

注释：之：到达。

六四：剥床以肤。凶。

白话：阴爻剥脱阳爻到了第四爻，就像剥床剥到了床身的表面上一样。问蓍得凶恶之占。

注释：肤：身之外，比喻床面。

六五：贯鱼，以宫人宠，无不利。

白话：阴爻剥脱阳爻到了第五爻，就像宫人射中鱼取宠一样顺利畅通，从第一爻直剥第五爻，没有受到阻碍。

注释：贯鱼：射中了鱼；穿鱼。

上九：硕果不食，君子得舆，小人剥庐。

白话：阴爻剥脱阳爻从第一爻剥脱到第五爻，到了第六爻便不剥脱了，君子得众人所拥戴，小人则连住房都被剥脱了。

注释：硕果不食：很大的果实却没有吃掉，比喻《剥》卦下面五阴爻尽剥阳爻，只剩下上九爻没有被剥掉。

例3：

本卦是教诲侯王、君主不要贪恋糜烂的“后宫生活”，对之要有点“君子气度”。

六三：剥之，无咎。

前二爻的“凶”是针对与剥的对象（床）有关系的人而言的，即“凶”对他而言的“凶”，不是说“剥者”即“剥”的主体有凶。这里既然与对象无关了，那么“无咎”是对谁而言呢？“剥”的主体在这里并不明确（“剥床以足［辨］”等于说“床足［辨］被剥”，完全不问“剥者”是谁），并且肯定不是人，因而根本谈不上有咎或无咎。看来，要对这“无咎”作出合理的解释，只好从这条爻辞里没有“蔑”字着手了，而只要想到了这一点，问题就解决了。原来，上二爻的“凶”，虽然是相对于同剥的对象——“床”有关的那个人说的，但“凶”的原因乃是他对“剥”抱着“蔑”的态度，而不就是剥的存在。这一爻就是挑明这一点。所以这一爻是说：仅就“剥”本身而言，你确也无咎。展开来说就是：你的“凶”不在于一定有人来“剥”你，那是你的地位决定的，你可以不受责备；你如果受到责难，那是因为你对“剥”不予重视，不加控制，以致造成了“凶”。沿这个思路读下去，后几爻就很好解释了。

六四：剥床以肤，凶。

“肤”的本义是指人体的表皮，即皮肤，与“床足”、“床辨”并言，这里应该是指床面了。人睡在床上，身体接触到的是床面，现在剥到床面，就直接危及到身体了。所以不再是“贞凶”，更不可作预言“蔑，贞凶”，该直接说“凶”了——这个“凶”已是陈述事实，只好也当做兆辞。

本卦同样是在向侯王、君主说话，是告诫他们不可迷恋于同嫔妃们在一起的后宫生活：“剥”是暗喻这种生活对人具有剥蚀作用；“以足”、“以辨”、“以肤”是由低到高，故是喻指这种腐蚀作用越来越大；将“床”作“剥”的直接宾语，显然是因为最能代表“后宫生活的”，是他们和嫔妃们一起进行的“床上活动”。第一、二爻意在指出，当这剥蚀的范围仅在床足、床辨，亦即程度不高时就必须引起警惕，否则会发展至于“凶”，并同时暗示，这时就加以控制、拒绝，还来得及的，不会真地致“凶”。第三爻就是明确地交代这一点。所以这第四爻不仅是陈述“剥”到“肤”，已经“凶”了这个事实，更在于指出：这是你以前“蔑”，即不重视这种“剥”，因而不能主动自觉地正确处置它而造成的结果。

六五：贯鱼以宫人宠，无不利。

这是开始明说了。“宫人”，高亨先生解释最为明确：“宫人，宫中妃妾之属也。”“鱼贯”是以鱼为主体，强调的是有次序，不紊乱；“贯鱼”是以鱼为客体，主体即“贯者”是君王，强调的是“贯”的对象之多——成串的。“宠”在这里是“荣耀”的意思。这条爻辞是说：君主拥有众多宫人，以能够挨个地宠幸她们为荣耀，这本来也没有什么不好的。言外之意自然是：问题在于你怎样对待这件事，能不能自觉地拒绝这种荣耀可能有的剥蚀作用。

上九：硕果不食，君子得舆，小人剥庐。

这是在讲完君主不可淫逸纵欲、以至受剥蚀越陷越深之后，来一句鼓励的话，以结束全文。“硕果”是喻指美好的生活，在这里自然是特指享有众多宫人的糜烂生活，所以“硕果不食”就是说不去享受那种生活，主动放弃那种生活。这当然说明人有意志，有毅力，另有更加伟大的目标和追求。所以评价说“君子得舆”。这个“舆”明显是“誉”的借字，也只有认作“誉”的借字，这话才足以使放弃那种生活的人得到鼓舞和安慰。我不知为什么竟没有一个注家作这种解释，而把“得舆”解释为：“谓君子得舆马裘服之封赐”，或者“得乘大车、喻济世获吉”。

小人剥庐，即是说明就小人而言，“硕果不食”又意味着什么，以与君子不食硕果相对照。因此，这一句可能是说，小人穷且志短，他们自然不可能做到“硕果不食”，他们要是有硕果而不食，那就会连破茅屋都没有住的了。这自然蕴涵着一个意思：你做君主的人当不会不食你的“硕果”就活不下去了吧？你要是有硕果就必食，那你就把自己降为小人了。

编者说明：例 1 见书末参考书目⑰，例 2 见㉒，例 3 见㉑。

第二十四卦　复卦 ☷☳ 坤上震下

（一）原文

（卦辞）复，亨，出入无疾，朋来无咎。反复其道，七日来复，利有攸往。

（爻辞）初九：不远复，无祇悔，元吉。

六二：休复，吉。

六三：频复，厉，无咎。

六四：中行，独复。

六五：敦复，无悔。

上六：迷复，凶。有灾眚。用行师，终有大败，以其国君凶，至于十年不克征。

（二）解读

卦辞：复，亨，出入无疾，朋来无咎。反复其道，七日来复，利有攸往。

解读："复"，卦名。"复"：恢复，改错。"疾"：毛病，过错，缺点。

卦辞说，改正错误要有恒心，在家里或外出都要如此，朋友来了也不要沾染恶习。有错误要知错必改，返回正道，七日复来，每周七日，有利于循环往来。

初九：不远复，无祇悔，元吉。

解读："祇"（zhī 音知）：通抵，抵触。"不远复"是犯了错误不久就改过来了，恢复原状，没有抵触情绪，愿意这样做，大吉大利。

六二：休复，吉。

解读："休"：休止；一说喜悦。"休复"是知错必改，吉祥。一说错了高兴地改错。

六三：频复，厉无咎。

解读："频"：频繁，多次。

爻辞说，频繁地犯错误，改了又犯错，错了又改。虽然不太好（厉），却做对了，无遗憾。

六四：中行，独复。

解读：心怀错误观念远行办事，中途醒悟了，独自改正。

六五：敦复，无悔。

解读：“敦”：高亨先生解译为“考察”。经过了调查研究知道错了才改正，无后悔。

上六：迷复，凶，有灾眚。用行师，终有大败，以其国君凶，至于十年不克征。

解读：“眚”（shěng 音省）：眼疾，引申为灾祸，过错。

爻辞说，执迷不悟，迷途不知走正道，将遇凶祸，有灾难。若是行师打仗必大败。若是国君如此，将更凶险，甚至多年出征都会失利。

小结：上一卦是剥卦讲剥落、腐蚀。剥卦的综卦、反卦是复卦，与剥卦用义相反，复卦是犯了错误要改错，要恢复走正道。复卦改错举了若干例子：“不远复”是错了很快就改过来，“休复”是知过必改，“频复”是屡犯屡改，“中行独复”是半途醒悟改错了，“敦复”是调查研究才改错。虽然情况各不同，但改错都无凶。只有上六爻“迷复”是执迷不悟，做各种事都凶。

（三）选录其他解读

例1：频复，厉，无咎。

注释：此处的“频”字作“颦”字解释。“频”通“颦”，皱眉。（见《古代汉语词典》）

爻辞说，皱着眉头，不甘心情愿的回到正路，这样是有危险的，但无大的过错。

六五：敦复，无悔。

注释：敦：敦促、敦厚、诚恳。

爻辞说，六五居中守正，诚心诚意返回正路，而且敦促别人同自己一起返回正路，无怨无悔。

例2：

卦辞：复，亨。出入无疾，朋来。无咎。反复其道，七日来复。利有攸往。

白话：有人出门做生意，不仅没有病倒在外，而且还发了大财赚了大钱回来了，这一趟来回只花了七天时间，其利可见。这样的生意做得，故断以“利有攸往”。（这反映了古人的经济效益和经济价值思想。利与不利，其判断标准既要看朋贝赢利多少，又要看所花的时间多少。价值与时间的关系密不可分。）

注释：复：卦名。复，归，回，返，还。《音义》：“复，音服，反也，还也。”此卦谓一阳爻返回卦图之中。无疾：没有生病。朋来：赚了大钱。朋，古代的一种货币形式。

初九：不远复，无祇悔。元吉。

白话：不远出而归则无悬持之悔。问蓍得大吉之占。（这反映了父母在不远游的孝顺思想）

注释：祇（zhī）：恭敬。帛书作“提”。无提悔，意思是没有提心吊胆之悔。父母在不远游，远游则有悬持之悔。儿行千里母担忧。

六二：休复。吉。

白话：欢喜归来。问蓍得吉占。

注释：休复：高兴欢喜而归。休，喜也。《尔雅·释诂》“休，喜也。”

六三：频复。厉，无咎。

白话：频繁地往复。问蓍得厉与无咎两占。

六四：中行独复。

白话：只有完全符合道德行为规范的人才能复归于人的本性善良。注释：中行：符合行为规范。中，符合。行，规范。

六五：敦复。无悔。

白话：怒而归。问蓍得无悔之占。

注释：《说文》：“敦，怒也。”

上六：迷复，凶，有灾眚。用行师，终有大败。以其国君凶至，于十年不克征。

白话：军队不熟悉地形迷路而归，真是灾难深重，出师就不利。用这样的军队打仗是注定要失败的。这是国君荒淫所致。因此十年内不能用兵，必须训练部队才能打仗。（这反映了编者的军事思想）

编者说明：例 1 见书末参考书目⑰，例 2 见㉒。

第二十五卦　无妄卦 ☰乾上 ☳震下

（一）原文

（卦辞）无妄，元亨，利贞，其匪正有眚，不利有攸往。

（爻辞）初九：无妄，往吉。

六二：不耕获，不菑畬，则利有攸往。

六三：无妄之灾，或系之牛，行人之得，邑人之灾。

九四：可贞，无咎。

九五：无妄之疾，勿药有喜。

上九：无妄，行有，眚无，攸利。

（二）解读

卦辞：无妄，元亨，利贞，其匪正有眚，不利有攸往。

解读：“无妄”，卦名。“妄”：妄想妄为，胡思乱想。（《说文》：“妄，乱也。”）

卦辞说，不妄想妄为，干正事才能亨通吉利。心怀不正，不走正道，将有灾祸，不利于事业发展。

初九：无妄，往吉。

解读：不妄想妄为走正道，往前行则吉。

六二：不耕获，不菑畬，则利有攸往。

解读：“菑”（zī 音资）：初次开荒的田地。畬（yú 音鱼）：已耕耘数年的熟地。

爻辞说，自己不耕种而想收获，不去开荒就想变成熟地，这是妄想，想不劳而获，这样能利于所往吗？

六三：无妄之灾，或系之牛，行人之得，邑人之灾。

解读：不妄想妄为偶尔还有意外之灾，村里（邑）人把牛系在树干，过往的人顺手把牛牵走了，村人受到损失。

九四：可贞，无咎。

解读：无妄才能坚守正道，无过错。

九五：无妄之疾，勿药有喜。

解读：不胡思乱想还得上了心理疾病，是情绪问题，不吃药也会好的。

上九：无妄，行有，眚无，攸利。

解读：不妄想妄动，行为正常，无灾祸，往来有益。

小结：无妄卦宣讲要遵循客观规律，实事求是，不要胡思乱想不切实际的思路与行为，走正路，才能有攸往。偶尔也会有意外遭遇，有可能是塞翁失马，有失就有得。但不能妄想不耕耘而获，天上不会掉馅饼来充饥。

（三）选录其他解读

例1：

初九：无妄，往吉。

注释：不妄想妄为，前往则吉。

上九：无妄，行有眚，无攸利。

注释：无妄，行有眚，无攸利：初九是“无妄，往吉”，为何上九是“无妄，行有眚”？因为初九与上九所处的时间、空间不同：初九处于无妄卦的初始阶段，往前则进吉；上九处于无妄卦的终止阶段，已走到尽头，不应再进，再进就会有危险。故“行有眚”。

例2：

九五：无妄之疾，勿药有喜。

白话：不轻举妄动应会偶尔染上疾病，但这种疾病容易康复，不吃药也会好的。

上九：无妄行，有眚，无攸利。

白话：不轻举妄动的行为，也有带来灾难而无所利的。

例3：

六二：不耕获，不菑畬，则利有攸往。

把“耕获”和“菑畬”都作为双音节词，即一个意义单位对待，而《周易》作者却正是把它们都当成一个成语来处理的：“耕获”是“耕则必获”的压缩，作为一个意念单位，又用作一个动词了，所以“不耕获”乃是说：“不抱耕则必获的想法（态度）。”同样地，“不菑畬”是说：“不作要开荒就一定要得到熟田的要求。”这就是后人说的“只问耕耘，不问收获”的意思，表达的是“前人栽树，后人乘凉”的情感，既是教人厚道，抱着遇到挫折总是反求诸己的处世态度，所以正是“无妄”的道德心理基础。因此，接下说“则利有攸往”就十分自然、合理了。由此可知，这一爻是对上一爻的发挥，从更深的层次上去说明“无妄往吉”的道理。

例 4：

九五：无妄之疾勿药有喜。

“疾”这里是指错误思想，也即是指“妄”。

请注意，这里的主体是指有“妄”之人，这里描写有妄之人的心理状态。

这里是说“妄”乱之人现在无“妄”了。原先经常偷东西的人现在不偷东西了，心痒痒的，就好像得了疾病一样，浑身都不舒服。现在他偷到了牛，不用吃药，他那种不舒服的感觉也完全没有了，他内心很兴奋、很欢喜。

上九：无妄，行有眚，无攸利。

这里是说你一旦走入这个“妄”的行当、你一旦进入贼盗的行当就很难自拔，你想“无妄之行”、你想心地纯正地做人，你就会像得了疾病一样不舒服，不管做什么都会不顺心意，会“行有眚”。这里是说：你一旦进入这个行当就会像吸食毒品一样完全不能自拔，你的心灵已经中了毒。这就是为什么“无妄之药不可试也”。

编者说明：例 1 见书末参考书目⑰，例 2 见㉒，例 3 见㉑，例 4 见⑳。

第二十六卦　大畜卦 ䷙ 艮上 乾下

（一）原文

（卦辞）大畜，利贞。不家食，吉，利涉大川。

（爻辞）初九：有厉，利已。

九二：舆说輹。

九三：良马逐，利艰贞。日闲舆卫，利有攸往。

六四：童牛之牿，元吉。

六五：豮豕之牙，吉。

上九：何天之衢，亨。

（二）解读

卦辞：大畜，利贞。不家食，吉，利涉大川。

解读：“大畜”，卦名。“畜”：积蓄。本卦主题是积蓄品德修养，积蓄学业有成，为群众谋福利。

卦辞说，“大畜”时期，不应坐在家里吃闲饭，应走出去，成长锻炼，谋仕途生涯，为社会承担责任，锻炼成能“涉大川”。

初九：有厉，利已。

解读：“厉”：危险。“已”（yǐ 音以）：停止。

爻辞说，有危险就停止，等时机成熟再行动。

九二：舆说輹。

解读：“舆”：车子。“说”通脱。“輹”（fù 音父）：“车轴缚也”。（《说文》）

爻辞说，途中车子坏了，需要修复车子再前行。

九三：良马逐，利艰贞。日闲舆卫，利有攸往。

解读：“逐”：追逐，奔跑。“闲”：练习，演练。“卫”：保卫、防卫。

爻辞说，仕途生涯就像在竞技场上良马互相追逐，有利艰苦奋斗成长。日常既要练习驾车技术，又要练习自我防卫的能力，这样才有利于锻炼成才。

六四：童牛之牿，元吉。

解读：“牿”（gù 音顾）：绑在牛角上使牛不得顶人的横木。

俗语“初生牛犊不怕虎”，在此比喻刚走出家门步入社会时，要防止因积蓄修养欠缺，气盛伤人。“童牛之梏”就不会伤害人，大吉。

六五：豮豕之牙，吉。

解读：“豮”（fén 音汾）：阉割。“豕”（shǐ 音史）：猪。

爻辞说，阉割过的猪，不会用锋刃的牙齿去追逐异性，故安吉。此爻寓意走出家门积蓄品质、学业修养，应有性教育。

上九：何天之衢，亨。

解读：“衢”（qú 音瞿）：大路，四通八达的道路。“何”通“荷”，负起。

爻辞说，大畜时期，肩负起天命走正道，令四通八达，亨通。

小结：大畜卦从开始就号召走出家门，进入社会进行积蓄品德学业，经历了曲折的过程。初九爻遇到问题暂停“有厉，利已”；九二爻乘车途中车子坏了“舆说輹”，又停下来修车；九三爻到了竞赛场互相竞争“良马逐”；六四爻警告不要盛气凌人“童牛之梏”；六五爻“豮豕之牙”暗喻应加入性教育；最后上九爻积蓄到可以肩负国家命运走正道，为民谋福。

（三）选录其他解读

例 1：

九三：良马逐。利艰贞。曰：闲舆卫，利有攸往。

白话：车子松了架，拉车的好马也丢失了，事不宜迟开始利用问蓍。得到筮人的回答是，虽然用来防卫的战车坏了，陆战不利，但利于往返于水上作战。

注释：良马逐：良马遂，良马丢失了。逐乃遂之讹，帛书作“遂”。遂，丢失。

六四：童牛之牿。元吉。

白话：小牛长出了角不久可以套车拉犁了。为此问蓍得到了大吉之占。

六五：豮豕之牙。吉。

白话：看到去了势的猪露出了牙子。问蓍得吉占。

注释：豮（fén 坟）豕：去掉势的猪。

上九：何天之衢。亨。

白话：手握天赐的兵器，所向披靡。问蓍得无不亨通之占。

注释：何：通“荷”。荷，拿着。衢：帛书作瞿。瞿：兵器。

例 2：

九三：良马逐，利艰贞，日闲舆卫，利有攸往。

我的领会是：上一爻是举个确实遇到了困难而被迫不能继续前进的例子，申说初爻关于“有厉、利已”的思想，这一爻则从另一面补充说，即使在顺利的情况下，也需要有所休整，为克服以后可能遇到的困难作准备。这样前三爻作为一个整体，意思就是更加清楚明确地表达了本卦的主题：做事不可只顾向前走，必须有节奏地推进。因此，这条爻辞的意思是：即使在车子没有坏，正由良马拉着驰逐之时，也还是要牢记“艰贞之道”，不时休整一下，操练驾车防卫的技能，这样才能更有利于今后的前进。“舆”和“卫”都用用作动词，指“驾车”和“防卫”。

六四：童牛之牿，元吉。

这个“牿”通“梏”，指系在牛头上的横木，好使牛不能用角去顶人，冲撞篱笆之类的东西或同别的牛进行角斗。因此“童牛”必是指公牛，因为只有公牛才会如此，母牛性情温和，不必加以防范的。

公牛的优势在它的角，当它被安上牿木而失去这个优势的时候，它会怎样？原来，这是在讲了休整的必要性以后，进一步指出：休整的目的是恢复优势或是另找发挥优势的地方，以求克服困难，更好地前进。懂得这一点并且这样去做，就能克服目前的困难，扭转局势。所以后面的评价是“元吉”。

六五：豮豕之牙，吉。

豮豕即阉过的猪。猪的牙是很厉害的，这是它的优势所在，但被阉之后，它的凶性大减，不再需要发挥它的利牙的作用了。所以这一爻的用意和上一爻差不多，又稍有区别：上爻是说本有的优势发挥不出来了，所以必须向另外寻出路；本爻是说优势仍在，只是自己不去发挥，故而应当做的是向内用力，振作精神。也许就是因为这个区别，所以上一爻评为“元吉”，这一爻只说“吉”。

上九：何天之衢，亨。

“衢”就是道路。“天之衢”只是指毫无阻碍，即在它上面走是不会遇到任何阻碍的路。这种路是不存在的，但又是人所希求的，换言之，人在不断的克服困难，正是企图修建出这样一条路来。这与上几爻说的意见相联系，就是喻示：人决不会没有任何困难，也决没有克服不了的困难。因此，前面加个“何”字，不过是用设问句来表示感叹：何尝有天之衢？它要靠人去修建！实际上是说：成功的路上哪会没有困难？它有待你去克服。这个意思不但与上文衔接得十分紧密，而且正适合用来总结和结束全文。

编者说明：例 1 见书末参考书目㉒，例 2 见㉑。

第二十七卦　颐卦 ䷚ 艮上 震下

（一）原文

（卦辞）颐，贞吉。观颐，自求口实。

（爻辞）初九：舍尔灵龟，观我朵颐，凶。

六二：颠颐，拂经于丘颐，征凶。

六三：拂颐，贞凶，十年勿用，无攸利。

六四：颠颐，吉。虎视眈眈，其欲逐逐，无咎。

六五：拂经，居贞吉，不可涉大川。

上九：由颐，厉，吉，利涉大川。

（二）解读

卦辞：颐，贞吉。观颐，自求口实。

解读：“颐”，卦名。“颐”：颔，下巴，面颊。吃入食物面颊动，引申为“养”。《序卦》“物畜然后可养，故受之以颐。颐者，养也。”

卦辞说，观看人吃饭时不要妄想，要自力更生解决自己吃饭问题，坚守正道才会吉祥。

初九：舍尔灵龟，观我朵颐，凶。

解读：“灵龟”：神灵之龟，在水陆都能生活，会养生长寿。

“舍尔灵龟”是捨弃了灵龟自谋生活方式，只看我吃东西面颊动（朵颐），羡慕我口中的美食，企图不劳而获有凶险。

六二：颠颐，拂经于丘颐，征凶。

解读：“颠”：颠倒。“拂”：违背。“丘”：丘陵，山丘。喻指自己的上级。

爻辞说，颠倒了颐养的常规，违背了经伦，把颐养寄托在上级的施舍，这样的前途是凶祸。

六三：拂颐，贞凶，十年勿用，无攸利。

解读：违背了颐养之道是凶兆，很多年不会得逞的，没有好结果。

六四：颠颐，吉。虎视眈眈，其欲逐逐，无咎。

解读：虽然颠倒了养颐之道，但是吉利。因为不是坐等上级施舍，而是学老虎觅食，自食其力，盯准猎物“虎视眈眈”，“其欲逐逐”是强烈欲望要捕捉到口，无过失。

六五：拂经，居贞吉，不可涉大川。

解读：违背常规的谋生行为，不可能有大的作为，要混口饭吃，需走正道安居则吉利。

上九：由颐，厉，吉，利涉大川。

解读：“由”：遵循。

爻辞说，遵循颐养之道，即使有风险，也将吉利，还可以“涉大川”。

小结：颐卦是讲颐养之道的饮食问题。要自力更生“自求口实”，不能“颠颐”、“拂经于丘颐“的坐享其成。若是违背颐道“拂颐”成性，长期“无攸利”；若能走正道，前途会安居吉利。遵循颐道行事，即使遇到险阻，终究会吉祥，甚至能涉大川。

（三）选录其他解读

例 1：

六二：颠颐，拂经于丘颐，征凶。

注释：颠颐：颠通填，即填饱肚子，解决吃饭问题。拂经：违背常规。丘：沙漠荒丘。

爻辞说，违背自然规律，到沙漠荒丘去寻找食物，徒劳而无功，必遇凶险。

例 2：

初九：舍尔灵龟，观我朵颐。凶。

白话：舍弃你自己的灵龟而不问，专门看我的下巴动（真是没出息）。问蓍得凶占。

六二：颠颐，拂经于丘。颐，征凶。

白话：下巴痉挛连及颈、背，拖着病体前往征伐没有好处。

注释：颠颐：下巴上下振荡。颠，颠簸，上下振荡。拂经于丘：帛书作“拂经于北”。拂经于北：（下巴痉挛）连及颈与背。拂，击禾连枷，引申为连及。经，借为颈。

六三：拂颐。贞：凶，十年勿用，无攸利。

白话：病扩撒到下巴。问蓍得占曰：不好，十年之内，不能打仗，因为战争带给人类的只是灾难，而不会带给人类任何好处。

六五：拂经。居，贞：吉、不可涉大川。

白话：病情严重。居家问蓍得吉善与不能外出渡大河之占。

注释：拂经：当是“拂经与北”的省略，形容病情严重。

上九：由颐。厉，吉、利涉大川。

白话：这条爻辞的意思是：病好了，欲有所为，问蓍得吉善之占，并告以利于渡过大河。

注释：由颐：颐由，下巴能上下开合了。由，借为“抽”。

例3：该例作者对本卦的主旨领会是：它是教人行事要有主见，不可只听命于人，但又不要背离正理。

卦辞：贞吉。观颐，自求口实。

“自求口实”：自讨苦吃。“观颐”就是“看脸色”，是说做事没有自己的主见，全听他人的摆布。这对常人不是好事，对侯王，君主更是大忌，后果是严重的，所以说是“自求口实”。

初九：舍尔灵龟，观我朵颐，凶。

“灵龟”就该是喻指“主见”，或者更准确一些，指“高明的指路人”。这条爻辞直接是说：丢开自己的指路人，总是盯着别人的下巴看。灵龟是自己的，使用时不必求人，因而其实是说：自己不拿出主见来，只看别人的脸色行事。这对理应掌权出主意的人——侯王、君主来说，意味着大权旁落，所以评价为“凶”。

六二：颠颐，拂经于丘颐，征凶。

“颠”有“坠落”之义。

“拂经”无疑是“拂逆正理”的意思，即这“拂”是“逆违”义。“丘”有“大”义。

这条爻辞是说：应按自己的主见行事，但若在大问题上违逆正道，前途则将凶多吉少——“征”是“发展下去”的意思。

六三：拂颐，贞凶，十年勿用，无攸利。

开头的“拂”字当和上一爻“拂经”的“拂”同义，“颐”应是指那“颠”下来的颐，所以“拂颐”是说：自己这次的主张，命令违逆上次的主张、命令。这样一次两次可能问题不大，次数多了，时间长了，就说明对事情没有真正的认识，实际上并没有自己的主张。这自然不会有好结果，所以接下来就说“贞凶”。“十年勿用，无攸利”。“十年”自然不是确数，仅表示时间长。“无攸利”应看作“贞凶”、“十年勿用”的并列成分。

六四：颠颐，吉，虎视眈眈，其欲逐逐，无咎。

这是对第二爻作解释：那里是说“颠颐”而“拂经”将“征凶”，于是在讲了“拂颐”会怎么样以后补充说，并不“拂经”的“颠颐”是一定“吉”的。后两句的意思是：不但自作主张地发号施令，而且对执行命令的人严加督促，表现出命令必须得到不折不扣的执行的强烈愿望，那也无可指责——“无咎”。“虎视眈眈”已经成了成语，是描写老虎眼睛死盯着他的猎物，这里借用来指严格督促下面执行任务的人。“其欲逐逐”是描写欲求非满足不可的样子。

六五：拂经，居贞吉，不可涉大川。

第二爻说了“拂经”将使“颠颐”得“征凶”的后果，于是又对“拂经”也作个说明，意思是：违逆的若不是大原则，也不要紧，只要“居贞”，即守住了根本道理，也会有好结果的，只是“不可涉大川”。

这一爻的“拂经”并非“拂经于丘颐（顒）”，仅指违逆小的原则。从事理上说，有能力有主见的人，办事是一定会有创新的，不会老老实实地依照旧规矩和上级的指示进行，必然要打破诸多条条框框。这一爻就是回过头来对此表示肯定，同时嘱咐务必坚守正道，也即根本原则（“居贞”），并且在大的可能有大危险的事情上不可如此（“不可涉大川”）。

上九：由颐，厉吉，利涉大川。

前几爻都是讲“颠颐”即自作主张地行事，但这如果不是专对最高统帅而言，即行为者还有上级的话，就有个如何对待上级指示、命令的问题。这最后一爻就是讲这个问题。“颐”则是指上级的“颐”——上级的脸色、意图、命令了。“厉吉”有歧义。如果“厉”是危险义，则是表达一个让步句，从而本爻的意思是：服从上级的命令，即使有危险，最后也会是好结果，并且由于有上级的指令在，行动起来理直气壮，还更有利于克服困难险阻——“利涉大川”。

编者说明：例 1 见书末参考书目⑰，例 2 见㉒，例 3 见㉑。

第二十八卦 大过卦 ䷛兑上巽下

（一）原文

（卦辞）大过，栋桡，利有攸往，亨。

（爻辞）初六：藉用白茅，无咎。

九二：枯杨生稊，老夫得其女妻，无不利。

九三：栋桡，凶。

九四：栋隆，吉，有它，吝。

九五：枯杨生华，老妇得其士夫，无咎无誉。

上六：过涉灭顶，凶，无咎。

（二）解读

卦辞：大过，栋桡，利有攸往，亨。

解读：“大过”，卦名。“大过”：过度，大的过错，意外过失。“栋”：房屋栋梁。“桡”（ráo 音饶）：弯曲，曲折。

卦辞说：房屋栋梁弯曲，为了避险，利于采取措施才能亨通。

初六：藉用白茅，无咎。

解读：“藉”（jiè 音届）：垫子；又“藉”同“借”。“白茅”：一种贵重的草。

爻辞说，借用白茅草铺在地上做垫子，上面摆放祭品，很简朴，但谦诚供奉，无过错。

九二：枯杨生稊，老夫得其女妻，无不利。

解读：“稊”（tí 音堤）：嫩芽，新枝。

爻辞说，枯萎的老杨树生出了嫩芽，老头子娶了位年轻女子为妻，这些没有不吉利的。

九三：栋桡，凶。

解读：房屋栋梁弯曲，有倒塌险情，若不行动，可能有凶灾。

九四：栋隆，吉，有它，吝。

解读：“隆”：凸起，向上隆起。

爻辞说，房屋栋梁向上隆起，不会往下塌陷，是吉兆。“有它”是若有其它变故，可能就不是吉兆。

九五：枯杨生华，老妇得其士夫，无咎无誉。

解读：“华”同“花”。枯萎的杨树开了花，老妇人找到年轻男士为丈夫。这些情况没有过错，也没什么可赞誉的，言外之意不要大惊小怪。

上六：过涉灭顶，凶，无咎。

解读：河水很深，过河时有灭顶之灾的凶险，渡过去便脱险了，无过失。

小结：大过卦主旨讲人生会遇到多种意外的险情和喜事，只要心怀正确理念，有信心有智慧就能化险为夷，能使“栋桡”改成“栋隆”，这种成功，就像“老夫得其女妻、老妇得其士夫”，这现象就像“枯杨生稊、生华”，拥有这些经历和经验，“过河灭顶”都无咎。

（三）选录其他解读

例 1：

卦辞：大过，栋桡，利有攸往，亨。

“大过”这里是说栋梁向下弯塌、大厦将倾、国家危险，这危难关头有利于君子去有所作为，君子应该奋不顾身地坚持拼下去。

九三：栋桡，凶。

这里是说“栋桡之凶”，国家处于危殆状态了，你绝不可以做帮凶、不可以充当卖国贼、不可以去辅佐侵略者！

九四：栋隆，吉、有它，吝。

“栋隆”，也是作动词，是将弯塌的栋樑向上隆正、去拯救国家。“它”是指其他，是指非主流的。

这喻指在国家危难之时，你挺身而出，去攻打侵略者、去拯救国家，这样是吉利的。如果所有人都用不同方式去“栋隆”，国家将有希望了。可惜只是少数人群去干，力量太小了。

九五：枯杨生华，老妇得其士夫，无咎，无誉。

这里是说枯萎的杨树又生嫩芽、又要开花一样，老妇人得到了一个年轻的小伙子做老公。这没有什么过错，但也不值得称道。

这里是讲，在这国破家亡时期什么样的怪事情都可能发生，生灵涂炭，整个民族将蒙受奇耻大辱。

上六：过涉灭顶，凶，无咎。

“涉”是指步行于水中。“过涉灭顶”是指步行于水中被水淹没了。这是喻意为“赴汤蹈火”。

这里是说在这国难当头时，你去赴汤蹈火、站出来抗争，这对于你来说是很凶险的。但这样的事情你应该去做，不会有过错。

编者说明：例 1 见书末参考书目⑳。

第二十九卦　坎卦 ䷜ 坎上坎下

（一）原文

（卦辞）坎，有孚维心，亨，行有尚。

（爻辞）初六：习坎，入于坎窞，凶。

九二：坎有险，求小得。

六三：来之坎坎，险且枕，入于坎窞，勿用。

六四：樽酒簋贰，用缶，纳约自牖，终无咎。

九五：坎不盈，祗既平，无咎。

上六：系用徽纆，寘于丛棘，三岁不得，凶。

（二）解读

卦辞：坎，有孚维心，亨，行有尚。

解读：“坎”，卦名，由两个单卦坎卦组成，是坎中有坎。“习”：反复练习，复习，练习。“坎”：坎坷，坑，陷阱，险。“孚”：诚信。“维”：维系，思维，思考。“尚”：高尚，崇尚。

卦辞说，反复遇到坎坷时，要怀有战胜坎坷的信心，果敢行动能亨通。这行为是高尚的。

初六：习坎，入于坎窞，凶。

解读：“窞”（dàn 音蛋）：陷阱，深坑。

爻辞说，总是遇到坎坷，陷入坎中的深坑，凶险。

九二：坎有险，求小得。

解读：坎中有险情，希望得到小的改善。

六三：来之坎坎，险且枕，入于坎窞，勿用。

解读：“枕”：通“沈”（shēn 音深），“沈”通“深”，引申为没入水中。

爻辞说，过了一个坎坑，又遭遇一个坎坑，这个坎坑有很深的水有危险，“勿用”是掉进不宜乱动。言外之意等候救援。

六四：樽酒簋贰，用缶，纳约自牖，终无咎。

解读：“樽”：酒杯子。“簋”（gǔi 音轨）：古代装饭器皿。“贰”即二。“缶”

(fǒu 音否)：瓦罐，泥制陶器，可盛水。“纳”：接纳、送入。“约”：约定。“牖”(yǒu 音友)：窗户。

爻辞说，遇到坎坷暂时被扣押，给一杯酒，两碗饭，连同装水的瓦罐，约定好，从窗户送入。最终审理清楚被释放了。

九五：坎不盈，祇既平，无咎。

解读：“盈”：满。“不盈”是不满。“祇”（zhī 音枝）通坻（chí 音迟）：水中的土丘。

爻辞说，铲土丘的土来填坎坑，土丘铲平了，而坎坑还没填满。就这样吧（无咎）。言外之意，此土丘只能帮到这种程度。

上六：系用徽纆，寘于丛棘，三岁不得，凶。

解读：“徽纆”：黑色绳索。“纆”（mò 音墨）：黑色。“丛棘”：古代囚禁人之地。

此人连续遇到坎坷，上六爻是最后一爻，用黑色绳索捆绑投入荆棘丛中监禁。三年指多年没释放，凶险。

小结：坎卦开始的卦辞是，鼓励人生中遇到坎时，应持有的正面态度，才是高尚的人品。但事与愿违，在六爻中，开始“习坎”就陷入坎坑，又在“坎有险”中求得小的改善。继续是“来之坎坎”险情掉入坎坑。六四爻暂被关押，饮食“纳约自牖”，后被释放。最后上六爻被捆绑投入“丛棘”，长时间不会出来了。留给后人思考，有过不去的坎吗？

（三）选录其他解读

例 1：

九二：坎有险，求小得。

白话：坎坷而又危险，但为了求得丁点儿食物，也得冒险强行，目的是为了生存。

六三：来之坎，坎险且枕，入于坎窞。勿用。

白话：来到坎坑边，坎坑危险而又积满了水，一下去便掉进了深坑之中。问蓍得“勿用”之占。

六四：樽酒簋贰，用缶纳约自牖。终无咎。

白话：祭酒献饭祷告求佑，用缶盛药从窗口递进去给病人吃。问蓍得终无灾难之占。

例2：

卦辞：习坎，有孚，维心亨，行有尚。

“习坎”是盗贼走向一个又一个险。

“有孚”这里说他对偷盗有“诚心”、他并不觉得偷盗是可耻的事情。“亨”是盗贼一心一意迷恋偷盗，既是指他的盗窃欲望，也是指他执迷要去偷盗的心理倾向。

这里是说盗贼每一次去盗窃都是在冒险，但他不觉得偷盗是羞耻的事，反而“诚心”迷恋于盗窃的事情。他执意要这样做，好像将心捆绑在这些盗窃的事情上一样，很迷恋。这是因为他去偷盗时会成功，每次偷到东西时心里美滋滋的、很得意，其内心很崇尚去做盗窃的事。

初六：习坎，入于坎窞，凶。

“窞”同陷。这里是说一次又一次地去做窃贼。像一旦陷进这个邪道、一旦误入歧途就很凶险。一旦失足，必成千古遗恨！

九二：坎有险，求小得。

这里是说做贼的每次去偷都是冒着危险去干的，但只能偷盗一些小财物，只是一些小得。

六三：来之坎坎，险且枕，入于坎窞，勿用。

“枕”做动词，如“枕戈待旦”，是指到处都会碰到危险。

这里是说他每次作案都是行险，每一次盗窃都是冒险。夜路行多了总会遇到鬼，这行当是绝对不能进去的，这个邪道是绝对不能走的，是废人 生的！

六四：樽酒簋贰，用缶，纳约自牖，终无咎。

这里是说用一樽酒，二簋的食物混在一起，装进陶器简单地由窗口递进去，这样最终不会有过错。这是描写犯人家属给牢狱里的窃贼送饭的场景。

九五：坎不盈，祗既平，无咎。

这里是说通过关押、通过教育，犯人罪孽还不是很满盈、罪案还不是很多，他没有抵触情绪，有意洗心革面、改过自新、无过错。这样的犯人可以放他出去，其他的犯人则会做出下一爻不知悔改的行为。

上六：系有徽纆，寘于丛棘，三岁不得，凶。

“徽”是三股的麻绳。“纆”是二股的麻绳。

这里是说（如果）罪犯不思悔改，就用麻绳捆绑并把他关在荆棘丛的牢狱中三年都不能放出，这是很凶险的。

编者说明：例1见书末参考书目㉒，例2见⑳。

第三十卦　离卦 ䷝ 离上 离下

（一）原文

（卦辞）离，利贞，亨，畜牝牛，吉。

（爻辞）初九：履错然，敬之，无咎。

六二：黄离，元吉。

九三：日昃之离，不鼓缶而歌，则大耋之嗟，凶。

九四：突如其来如，焚如，死如，弃如。

六五：出涕沱若，戚嗟若，吉。

上九：王用出征，有嘉折首，获匪其丑，无咎。

（二）解读

卦辞：离，利贞，亨，畜牝牛，吉。

解读：“离”，卦名。“离”是火，战火。八卦中单卦离五行属火，离火是夏季；离又通丽，有附着、依附之意，君主与民众的关联性。本卦之“离”具有这双重含义。“牝”（pìn 音拼）：雌性。

卦辞描述夏季民众生活祥和，亨通。饲养温顺的母牛，一片田园风光，吉祥。

初九：履错然，敬之，无咎。

解读：“履”（lǚ 音屡）：鞋子，脚。“错”是错乱，杂乱。

爻辞说，响起嘈杂的脚步声，民众观看是君主的军事训练，备战，民众敬之，无过错。

六二：黄离，元吉。

解读：“黄”是黄色，是皇权高贵颜色，五行中黄色居中，是中央核心，是领导统治者。“离”是“丽”，“黄丽”是君主依附于民众，二者相互依赖生存，吉祥。

九三：日昃之离，不鼓缶而歌，则大耋之嗟，凶。

解读：“昃”（zè 音仄）：太阳偏西。“鼓缶而歌”是古代举丧之礼时，敲打瓦罐唱着歌。“耋”（dié 音谍）：老年人，“年八十曰耋”（《说文》）。“嗟”（jiē 音皆）：叹息，唉叹。

爻辞说，日落西山时，传来敌人将要侵犯，民众不可能“鼓缶而歌”，暗做准备，老人哀叹老了，敌人来时老命相拼，凶险。

九四：突如其来如，焚如，死如，弃如。

解读：敌人突围进来了，烧、杀、抢又乱扔。

六五：出涕沱若，戚嗟若，吉。

解读：“涕”：眼泪，鼻涕。“沱若”：流的很多。“戚”：忧伤，悲痛。

爻辞说，君王去世，民众痛苦流涕，哀声叹气。新君王继位，吉祥。

上九：王用出征，有嘉折首，获匪其丑，无咎。

解读：新君王带领征服叛军，嘉奖斩掉叛军首领之头者，俘获其随行的同党，这次出征无过失。“丑”是同类。

小结：卦辞描述了祥和的田园风光，却暗藏战火之乱，主题是要居安思危。从初爻的“履错然”军训备战开始，已嗅到火药味。“黄离”是君王与民众关系很好，国以民为本，相互依存。在“日昃之离时”传敌人要来侵犯。果然敌人突围来“焚如，死如，弃如”。战火未停，君王却死了，民众悲痛，最后新君王带领军队出征平息叛军，战火告停。

至此是第三十卦，是《周易》上经；往下排序到结束是《周易》下经。

（三）选录其他解读

例 1：

卦辞：离，利贞，亨。畜牝牛，吉。

“贞”是卜问，引申为探求正确方向。

这里是说人要像火一样不断向上发展，作为一个饱读诗书的君子，要慎重地选择正确方向，选择正派的、有势力的主人，像母牛一样坚持不懈地、驯服地为他效劳，这样吉祥。

初九：履错然，敬之，无咎。

“履”是指走路，这是比喻，本人认为不应该理解为做错事。从本卦总体意义来看，应该理解为选错了主人，选错了要跟随的君王。“敬之”，说声对不起，然后退出，没有过错。

六二：黄离，元吉。

“黄”是最佳颜色，也是帝王的颜色，这里喻指帝王。六二居中，寓指帝王内心中正、很正派。

这里是说他最终跟随了正派的帝王，大吉大利。

九三：日昃之离，不鼓缶而歌，则大耋之嗟，凶。

"昃"是指太阳西斜，快要落山了。"耋"是指七八十岁的老人。

要注意，这里主体变换了，是指帝王。这里是说他跟随的帝王就像太阳快落山一样风烛残年，不再鼓缶高歌来庆贺自己美好的人生，而在不断唉声叹气，悲叹自己残余的岁月屈指可数。这说明帝王已经意识到自己很凶险了、危在旦夕了。

九四：突如其来如、焚如，死如、弃如。

这里是说突如其来的事情发生了，就像烈火燃烧一样、就像死了一样、就像什么都会丢弃了一样，帝王撒手人寰了。

六五：出涕沱若，戚嗟若，吉。

这里是说帝王死了，他哭得一把鼻涕一把泪，非常伤心，非常悲痛，总是在唉声叹气。他这样的表现是吉祥的。

例2：

卦辞：离，利贞，亨。畜牝牛。吉。

白话：用网捕禽兽是很好的办法，用索网套住了大母牛，非常利于畜养繁衍，妙极了。问蓍得大吉之占。（这反映了古人对于发展畜牧业极端重视的思想，也反映了生产力——田猎的技术不断提高，网不仅能捕鸟，而且用于套捉大母牛。）

注释：离：卦名。帛书作"罗"。卦爻辞中"离"字帛书均作"罗"。余不俱注。

初九：履错然敬之，无咎。

白话：礼始通用施行而然后天下爱敬之心生、无咎之乐行。（这里似乎反映了编撰者对于礼的功用的重视的思想。）

注释：履错：帛书作"礼昔"。礼：仪礼。昔：始也。

六二：黄离，元吉。

白话：黄昏时张网，问蓍得大吉之占。

九三：日昃之离，不鼓缶而歌，则大耋之嗟。凶。

白话：中午时分张设罗网是捕不到禽兽的。不奏乐而唱歌是不符合礼的，穿着大麻带的丧服而嗟叹，这些都是要带来不好的后果的。问蓍得凶恶之占。

注释：日昃：太阳过中偏西的天象。耋：帛书作"绖"。大绖（dié 迭）：古代丧服中的大麻带，在首为首绖，在腰为腰绖。

九四：突如其来如、焚如、死如、弃如。

白话：一个男人（盖为贵族或为帝王）休弃了前妻，又整死了新妻，而且弃其尸于市。（这大概是古代一个男人处置女人的历史故事，反映了当时吃人的礼教残酷无情。）

注释：突：帛书作"出"。出：离弃，弃去。乃古代休弃妻子的方式和理由。

六五：出涕沱若，戚嗟若。吉。

白话：被休弃离去的妇女悲患交织泪流满面，但终因离开了虎穴，虽出而命犹存焉。问蓍得吉占。

上九：王用出征，有嘉折首，获匪其丑，无咎。

白话：王出兵讨伐有嘉国，打了大胜仗，捕杀了他的国君，举国臣服，不再兴兵讨伐了。问蓍得无咎之占。

编者说明：例 1 见书末参考书目⑳，例 2 见㉒。

第三十一卦　咸卦 ䷞ 兑上艮下

（一）原文

（卦辞）咸，亨，利贞。取女吉。

（爻辞）初六：咸其拇。

六二：咸其腓，凶，居吉。

九三：咸其股，执其随，往吝。

九四：贞吉，悔亡。憧憧往来，朋从尔思。

九五：咸其脢，无悔。

上六：咸其辅颊舌。

（二）解读

卦辞：咸，亨，利贞。取女吉。

解读："咸"，卦名。"咸"通感，感应，互相交感。"取"通娶。

卦辞说，人与人能互相感应，能感应就是通，通有利于坚持守正。娶妻吉祥。

初六：咸其拇。

解读：互相感应到脚的大趾。脚趾在人体最下部位，虽然离心脏、离心心相印较远，但开始交往有感应了。

六二：咸其腓，凶，居吉。

解读："腓"（féi 音肥）：小腿肚子。

爻辞说，互相感应到小腿肚子。小腿肚子在脚趾以上，离心脏近些，说明交往有进步。但小腿肚子容易动，因时机不成熟，动则凶。安居吉祥。

九三：咸其股，执其随，往吝。

解读："股"：大腿。"执"：执着，执意。"随"：追随，跟随。

爻辞说，感应到大腿，大腿在小腿之上，提升了，有进步。但还不到位，若执意去追随求婚，前往不适宜。

九四：贞吉，悔亡。憧憧往来，朋从尔思。

解读："憧憧"（chōng 音充）：频繁。"尔"：你。

爻辞说，守正吉祥，懊悔消亡。频繁往来，加强沟通，朋友遵从你的思路。

九五：咸其脢，无悔。

解读：“脢”（méi 音煤）：脊背肉，后背。

爻辞说，互相感应到后背，从大腿提升到后背，贴近心脏，说明感情加深了，心心相印，即使结婚也无悔恨。

上六：咸其辅颊舌。

解读：“辅”：上牙床，即上颚。“颊”：面颊。“舌”：舌头，口舌。

爻辞说，互相感应到脸上了。别害羞脸红说不出口，不能总感应不动口舌，说了心里话，于是行动娶女成功了。

小结：咸卦主题明确，卦辞说“取女吉”。叙述谈婚论嫁培养感觉由浅入深的经过。形象的用人体部位比喻互相感应、感情的进展。要掌握分寸，不能操之过急，执意追求总会成功。

咸卦由单卦兑卦和艮卦组成。艮卦是少男，兑卦是少女，如此组合也预示婚姻成功。

（三）选录其他解读

例1：

卦辞：咸，亨，利贞，取女吉。

这里是说“咸”是“感”也，是少男少女相互感应，这时双方都对对方有很强的吸引力，但是你们要头脑清醒，不要着急，要持守中正的心态，认真观察、了解对方的各种情况，这样才能找到和你志同道合的意中人。

这里所有卦都是比拟，因而不要局限于娶妻，可引申到寻求合作伙伴，寻找下属配角，寻找深交知己的朋友等。

初六：咸其拇。

“拇”这里是指大脚趾。

这里是说认识感触到他的大脚趾，这比喻两个人刚刚接触，仅仅是对这个人有一点点初步的印象而已，这还算不上对一个人有什么认识和了解。

六二：咸其腓，凶，居吉。

“腓”是指小腿肚子。

“居”有止息，停留的意思。

这里是说感觉到小腿肚子了，但毕竟还在下面，毕竟对人的认识还很肤浅，如果这时你去认可接纳这个人，这样就很凶险，还是“居”，暂时停止一下，再慢慢认真观察、考虑以后，再接纳人才会吉利。

九三：咸其股，执其随，往吝。

这里是说感觉到他的大腿上了，自认为对其认识全面了，就执意跟随他、执意许嫁于他（或这时就娶她为妻），这样进行下去是会有遗憾的。

也就是说，虽然感觉到大腿了，但毕竟还不全面，还了解不到人的一半，这样就跟随人，是会有遗憾的。在现实生活中，两个人刚开始接触的时候，很多人会注意掩饰自己的缺点，会注意抑制自己不良的习性，因而很难看清对方真实的秉性。只有在双方相处一段时间后，对方的缺点才会慢慢地暴露出来，才能全面了解对方。

九四：贞吉，悔亡。憧憧往来，朋从尔思。

“贞”是卜问，通“侦”，这里引申为察看。

“憧”，往来不绝、心神不定的样子。

这里是说你只察看到他好的一方面，就完全放心了，就完全没有疑虑了，坚定地跟随你的男人了。但是你还没有了解他的缺点，坏的一面。

九五：咸其脢，无悔。

“脢”是指后背的肉，人后背的部位是人的身体最不敏感的地方。

这里是说几乎没有用心灵去感受，也不在乎以后的结果如何，所以无悔。

上六：咸其辅颊舌。

“辅”是指人的上颚。

“颊”是指面颊。

“舌”是指舌头。

“辅”者颊之里，“颊”者辅之表，舌在口中，舌动则辅颊随之而动。这喻指感觉到人体的最敏感的地方了，指已经心意相通了。

例2：

卦辞：咸，亨利贞。取女吉。

白话：施行钦刑，亨通无阻，利于问蓍。为娶女问蓍，得吉善之占。

注释：咸：卦名。砍伐。帛书作“钦”。钦，借为砍。

初六：咸其拇。

白话：砍掉罪犯的手拇指和脚拇趾。

六二：咸其腓，凶；居，吉。

白话：施钦刑砍伤了罪犯的腿肚子。问蓍得凶占；居家问蓍得吉占。

九三：咸其股，执其随，往，吝。

白话：砍伤了罪犯的腿肚子，将其执以随行，往问蓍得艰难之占。

注释：执其随：将被用过钦刑的罪犯执以随行。

九四：贞：吉、悔亡。幢幢往来，朋从尔思。

白话：问蓍得吉善与悔亡之占。众多的人往来络绎不绝，带着朋贝和玺节出入市场。

注释：憧憧（chōng chōng）：往来不断的样子。

九五：咸其脢。无悔。

白话：施钦刑砍下罪犯的髀骨头以为俎品。问蓍得无有恨惜之占。

上六：咸其辅颊舌。

白话：施刑刮去了罪犯的辅车以及舌头。

注释：辅：颊，脸的两侧。《说文》“辅，人颊车也。”

编者说明：例 1 见书末参考书目⑳，例 2 见㉒。

第三十二卦 恒卦 ䷟ 震上 巽下

（一）原文

（卦辞）恒，亨，无咎，利贞，利有攸往。

（爻辞）初六：浚恒，贞凶，无攸利。

九二：悔亡。

九三：不恒其德，或承之羞，贞吝。

九四：田无禽。

六五：恒其德，贞妇人吉，夫子凶。

上六：振恒，凶。

（二）解读

卦辞：恒，亨，无咎，利贞，利有攸往。

解读：“恒”，卦名。“恒”：久。（《说文》：“恒，常也。”）

卦辞说，保持美德，下定恒心去干，亨通，无过错，利于守正，有利于前进。

初六：浚恒，贞凶，无攸往。

解读：“浚”（jùn 音俊）：深挖。

爻辞劝那些心怀不正的人，邻里之间，或人事相处，不要总去挖人家的“墙角”，这是干凶险事，不能与此人交往。

九二：悔亡。

解读：突然出现此二字“悔亡”，只能与恒卦联系，应是“恒，悔亡”。“悔”是对过去做错的事后悔、悔恨，“恒”是很久。“恒，悔亡”是很久以前做错的事而后悔，应总结经验教训，总是后悔也无用，应忘掉使悔消亡。

九三：不恒其德，或承之羞，贞吝。

解读：不长久保持真美德，将蒙受耻辱，遭遇困难。

九四：田无禽。

解读：田野里已没有禽兽，去打猎也不会有收获。言外之意，不要捕猎的恒心不变，应改变主意。

六五：恒其德，贞妇人吉，夫子凶。

解读：家务劳动是美德，妇女在家里总有事干，吉祥。丈夫应知“巧媳妇难做无米之炊”，已经“田无禽”，家中无饮食，若不做其他谋生之事，饥饿凶险。

上六：振恒，凶。

解读：“振”：动荡。

爻辞说，生活总是动荡不安，吃上顿饭，没下顿饭，这种生活凶险。

上六爻在呐喊，“难道这是‘田无禽’造成的吗？”

小结：无德之人“浚恒”，挖人家墙角。做错事之人，改正，总后悔无用，要“悔亡”忘掉。有美德之人要“恒”坚持，即使妇女做些家务事也“贞妇人吉”。“不恒其德”是不坚持美德之人，将会羞耻。要知晓恒中也要变，不能总以打猎为生，当“田无禽”时期，家人挨饿，生活动荡“振恒”，仍恒守以猎为生，无应变能力，凶险。

（三）选录其他解读

例1：

卦辞：恒，亨，无咎，利贞，利有攸往。

这里是说家庭的“恒”久，你可要认真地、持之以恒的使之保持稳定，这样才不会有过错，有利于持守中正之道。只有家庭长期正常稳定地运作，才有利于事业的长期发展。

初六：浚恒，贞凶，无攸利。

“浚”是深的意思。

“贞”是“事之干”的“干”。

这里是说夫妻一开始感情过分深厚、过分恩爱，这样做是有凶险的，这样做没有好处。

九二：悔亡。

这里是说夫妻双方没有不同意见，双方都能相互体谅，无怨无悔，这样的夫妻就是最佳的家庭伙伴。

九三：不恒其德，或承之羞，贞吝。

这里是讲夫妇之道，夫妇其中一方没有忠贞于自己的家庭，或出现第三者，或男女间出现令人蒙羞、羞愧的见不得人的事情，这样，对于家庭来说是很遗憾的。

九四：田无禽。

“田”是指田猎，这里是指出去打猎完全没有收获。

这比喻男人在工作上没有一点成绩，也是暗指男人沉湎于夫妻生活，荒废了家庭之外的事业。

六五：恒其德，贞。妇人吉，夫子凶。

这里是说夫妻都忠实于对方，都很顾念家庭，作为妇人之道，这样做是吉祥的，但是作为丈夫的，这样做就凶险了。

上六：振恒，凶。

“振”同“震”。

这里是说经常吵闹打架、动荡不安的夫妻关系是凶险的。和谐的家庭是疾风暴雨的避风港，动荡吵闹的家庭则是港中的暴风雨。也就是说，没有恒定的夫妻关系是凶险的。

例2：

卦辞：恒，亨，无咎，利贞。利有攸往。

白话：进取而且通达无有灾咎，则利于占问，利于有所住行。

注释：恒，进也。

初六：浚恒。贞：凶，无攸利。

白话：投机取巧、到处钻营以求进取是不行的，有百害而无一利。问蓍得凶占。

注释：浚恒：恒浚，不断地索取，钻营。浚：索取、钻营。

九二：悔亡。

白话：忧虑悔恨消失。

九三：不恒其德，或承之羞。贞：吝。

白话：不进其德，则不能奉送给膳，就会怠慢鬼神，这是要不得的，因此应该坚定不移地进德。问蓍，得艰难之占。

九四：田无禽。

白话：打猎一无所获。

六五：恒其德。贞：妇人吉，夫子凶。

白话：提高道德修养。问蓍，妇人得吉占，夫子得凶占。

上六：振恒。凶。

白话：投机取巧到处钻营以求加官晋爵要不得。问蓍得凶占。

编者说明：例1见书末参考书目⑳，例2见㉒。

第三十三卦　遁卦 ䷠ 乾上艮下

（一）原文

（卦辞）遁，亨，小利贞。

（爻辞）初六：遁尾，厉，勿用有攸往。

六二：执之用黄牛之革，莫之胜说。

九三：系遁，有疾，厉，畜臣妾，吉。

九四：好遁，君子吉，小人否。

九五：嘉遁，贞吉。

上九：肥遁，无不利。

（二）解读。

卦辞：遁，亨，小利贞。

解读：“遁”，卦名。“遁”：逃遁，隐退。（《说文》：“遁，逃也。”）

卦辞说，到隐退时期，若能如期隐退行得通，不要大权不放，利于做些小事。

初六：遁尾，厉，勿用有攸往。

解读：能隐退早进行，拖延到末尾，没有好处，不会重用你。

六二：执之用黄牛之革，莫能胜说。

解读：“执”：捆绑。“革”：皮革。“说”通脱。

爻辞说，当要隐退时，却被上级用黄牛皮绳子把隐退捆绑，用此作比喻不让隐退，那也不能挣脱隐退。隐喻没交代清楚不能隐退。

九三：系遁，有疾，厉，畜臣妾，吉。

解读：“系”：牵系，束缚。“疾”：疾病。

爻辞说，隐退受到束缚而不能隐退，患了疾病，险厉，就像被畜养的臣妾，（古代男奴为臣，女奴为妾）。把病养好，思想开朗些，才能吉利。

九四：好遁，君子吉，小人否。

解读：见好就收的隐退，君子这样做，吉祥，小人做不到。

九五：嘉遁，无不利。

解读：“嘉”：善、美好。

九五是君位，居中守正，让位给贤者，是“嘉遁”，妥善的隐退，坚贞吉祥。

上九：肥遁，无不利。

解读：“肥”：宽裕、富裕。

上九爻是遁卦中最上层的一爻。给一笔有功隐退的“奖金”，这是“肥遁”。无不利是否定的否定，肯定有利。

小结：遁卦宣告有多种隐退方式，不要“遁尾”再隐退。当被“执之用黄牛之革”，或“系遁”时，想隐退也办不到，这是前三爻。后三爻是“好遁”、“嘉遁”、“肥遁”，都是良好的隐退。

（三）选录其他解读

例1：

卦辞：遁，亨小，利贞。

白话：这条卦辞的意思是：虽然仅仅助人小通，但也利于问蓍。

注释：遁：卦名。帛书作掾。掾、遁，准旁纽。旁转，同源字。掾，连也，引申为援、助。下同。

初六：遁尾厉，勿用有攸往。

白话：对于别人的行为给予微不足道的帮助。问蓍得到的占断是，去帮助别人时往返都不要走水路。

注释：遁：帛书作“掾”。掾尾厉，微小的帮助。《说文解字》：“尾，微也。”

六二：执之用黄牛之革，莫之胜说。

白话：套牲口必须用黄牛皮革做的套子，不这样的话牲口就会挣脱。

注释：执：帛书作“共”。共：双手将牲口笼头（或套子）安置于牲口嘴上（俗称同上）。

九三：系遁。有疾厉，畜臣妾。吉。

白话：帮助维系这个家庭，同时又迅速处理豢养家奴等事宜。问蓍得吉占。

注释：系遁：帛书作“为掾”。为掾：帮助维系。为，维也。

九四：好遁。君子吉，小人否。

白话：喜欢帮助别人，问蓍得君子吉善小人不吉善之占。

注释：好遁：帛书作“好掾”。好掾：喜欢帮助别人。

九五：嘉遁。贞：吉。

白话：赞美助人为乐的品德，问蓍得吉善之占。

注释：嘉：赞美。

上九：肥遁。无不利。

白话：慷慨助人，虽然先不利，但后来终于吉利。

注释：遁：帛书作“掾”。无：帛书作“先”。肥掾：慷慨助人。

例 2：

卦辞：遁，亨，小利贞。

“亨”这里是指心理倾向，是指你希望要很在意、你要很注意。“贞”这里是指“事之干”的“干”。

这里是说“遁”（退），你可要认真注意对待这个问题，这些都是小事、都是非原则性的问题，你要懂得退让，才有利于你的事业发展。

初六：遁尾，厉，勿用，有攸往。

这里是说“遁”在最后面，实际是说没有遁，而是和小人纠缠在一起，争得没完没了，这样是危险的。不能这样做，这样你的事业才能有更好的发展。

六二：执之用黄牛之革，莫之胜说。

这里是说固执己见，好像将自己用牛皮绳子牢牢地捆绑在和小人争执的矛盾里，不能解脱。这是比喻有些小人的性格，心胸狭窄，在一些小问题上，他非得要争出一个青红皂白不可。实际是指小人的性格特点是不可能“遁”的。

九三：系遁，有疾厉，畜臣妾，吉。

这里是说将自己捆绑逃“遁”上，遇到任何问题都退缩，原则性问题也退让。这是因为他本身太软弱无能，好像头脑有疾病一样。这样的人培养自己去做人家的臣仆、去当佣人是会吉利的。这就是《周易》强调“遁”要有原则性，小事、无关紧要的事要退让，原则问题决不能退步。所谓“人不可有傲气，但不可无傲骨。”

九四：好遁，君子吉，小人否。

这里是说君子心胸开阔，对一些小事、小的纠纷不予计较，所以君子会吉利；小人则不同，对一些小的纠葛，思想上无法解脱，是不懂得遁（退）的，所以没有吉利可言。

九五：嘉遁，贞吉。

“嘉”是美、善的意思。

“贞”这里理解为守正，又译为卜问，还能理解为“事之干”的“干”。

这里是说嘉美的“遁”（退），君子能达观地掂量小矛盾的轻重以及事业成功的前景，因此能持守中正的退让，有原则的退让，并寻求最佳的处世原则使自己吉利。

上九：肥遁，无不利。

“肥”是余裕、宽余的意思。

这里是说宽宏大度的退让没有什么不吉利。弥勒佛有一副对联值得我们深思、最值的我们玩味："大肚能容，容天下难容之事；慈颜长笑，笑世上可笑之人。"

"肥遁"应该和"嘉遁"有所区别，有更高的境界。参考"同人"卦的说法，"肥"应该作动词，使"遁"肥大的意思。意思是以最佳的"遁"（退）的方式影射、教育对方、教育世上不懂"遁"（退）的人，让他们认识到不懂"遁"（退）的危害，使"遁"（退）的思想阵营强大，达到社会全面和谐。

编者说明：例 1 见书末参考书目㉒，例 2 见⑳。

第三十四卦　大壮卦 ䷡ 震上乾下

（一）原文

（卦辞）：大壮，利贞。

（爻辞）初九：壮于趾，征凶，有孚。

九二：贞吉。

九三：小人用壮，君子用罔，贞厉。羝羊触藩，羸其角。

九四：贞吉，悔亡。藩决不羸，壮于大舆之輹。

六五：丧羊于易，无悔。

上六：羝羊触藩，不能退，不能遂，无攸利，艰则吉。

（二）解读

卦辞：大壮，利贞。

解读：“大壮”，卦名。“大壮”：很强壮。人或国家强壮，利于坚守正道。

初九：壮于趾，征凶，有孚。

解读：“趾”：脚趾。“孚”：在此通“俘”，俘获，获得。

爻辞说，脚趾强壮，象征刚开始强壮，有收获。若想动武，凶险。

九二：贞吉。

解读：仅此二字，只有与大壮卦联系，即大壮了“贞吉”，因强壮了走正道坚贞吉祥。

九三：小人用壮，君子用罔，贞厉。羝羊触藩，羸其角。

解读：“壮”：强壮，盛气，阳刚也。“罔”通“网”，柔软，阴虚也。“羝”（dī 音低）：公羊。“藩”：篱笆。“羸”（léi 音累）通累，累是重叠或捆，缠绕。

爻辞暗喻治国或办某事，要文治武卫、文武兼用。小人只知用武，君子只知用文，都厉险。小人用武就像好斗的公羊顶撞篱笆，羊角被缠住。

九四：贞吉，悔亡。藩决不羸，壮于大舆之輹。

解读：“舆”：车。“輹”通“辐”，辐条指车轮。

爻辞说，强壮了应该坚贞吉祥，悔恨消亡。不用篱笆设防，有强壮的车马做后盾。

六五：丧羊于易，无悔。

解读：“丧”：丢失。“易”通“埸”（yì 音易），疆界，田边。

爻辞说，主人的羊丢失在田边，若迷路也会醒悟归来。因主人“大壮”，他人也不敢偷羊，用不着后悔。

上六：羝羊触藩，不能退，不能遂，无攸往，艰则吉。

解读：公羊撞篱笆被卡住，既不能退也不能进，无所往，经过艰苦奋斗才脱险。

小结：遁卦倒过来便是大壮卦，是与遁卦隐退对立，宣扬是强壮、强盛。强壮了要坚守正道，不可盛气凌人，不可学好斗的公羊去招惹是非。强壮了要对外开放、“藩决不羸”，要用实力做后盾，要文治武卫。大壮卦由乾下震上组成，乾天在下，震雷在上，天上打雷，威震四方，强壮也。

（三）选录其他解读

例 1：

初九：壮于趾，征凶。有孚。

注释：“壮”通“戕”（qiāng 音腔），伤害。

译文：初九，伤了脚趾，出行有凶险，但有所俘获。

九四：贞吉，悔亡。藩决不羸。壮于大舆之輹。

注释：决：破损。

译文：九四，占问吉祥，困厄消失。篱笆破损，公羊挣脱了束缚，又被大车的轮辐撞伤了。

例 2：

六五：丧羊于易，无悔。

“羊”，《说文》曰：“羊，祥也”。吉祥的意思。“易”这里是指容易、简易。

这里是说有些小人自以为很强大，自认为对付纠葛是一件很简单的事情，结果，陷入无穷无尽的纠纷中，花费了大量的精力和财力，不知不觉中丧失了吉祥（“羊”）。但是他却并不觉得后悔，始终没有认识到这样的做是错误的。

例 3：

初九：壮于趾。征凶，有孚。

白话：在去征伐的军旅途中，一人走路不小心，脚趾受了伤，预感到征伐的灾难。于是乎便当了逃兵，回到家中。

九三：小人用壮，君子用罔。贞：厉。羝羊触藩，羸其角。

白话：大大地信用小人而置君子于不用。问蓍得危厉之占。果然没有好结果，陷入了像公羊触篱笆那样的不能进不能退的绝境。

九四：贞：吉，悔亡。藩决不羸。壮于大舆之輹。

白话：问蓍得吉善美好之占，悔吝恨惜之情去除。羊从不能进不能退的窘境中解脱出来了。这是因为大车经过碰翻了篱笆，篱笆已经失去了故有的功用。（喻人君脱险）

六五：丧羊于易。无悔。

白话：在狄方丧失了羊群。问蓍得悔吝恨惜之情除却之占。

注释：易：即狄。有易，古族名。

上六：羝羊触藩，不能退，不能遂，无攸利，艰则吉。

白话：公羊触在篱笆上，两只角都卡住了，欲进不能，欲退不得，无所利，不动则吉。

注释：艰：帛书作“根”。艰、根，古音同。根：不动，不动则无祸害。

例4：

在帛书本，本卦卦名叫“泰壮”。爻辞中，只有三“壮”字，并无“大壮”字；从各爻义蕴看，讲的是怎样对待“壮”，不是讲如何发展“壮”，使之“大”起来。我从本卦实无“大”字而止于论“壮”的实际出发，认为作者在这里是要作这样的教诲：作侯王、君主的人应该具有忧患意识，不但不可以壮逞强，还必须时时以艰自处。我这体认与传统理解倒是可以相通，但对经文诸多细节的认识，我的看法却与历来注家“大相径庭”。

卦辞：利贞。

这样的卦辞近于废话，放在哪一个卦下面都合适，因为没有一个情况下是可以和应该教人“不宜贞”的。

初九：壮于趾，征凶，有孚。

初爻讲这个意思，明显只是“提出问题”，预告下面那将要讨论的问题，是如何对待“壮”以求维持和发展之。可我们的注家，却有人把这两句翻译成这样子：“足趾强盛，往前进发必有凶险”，“脚趾强壮有力，迈开大步走，碰的头破血流”。也有人这样解说：“脚趾强壮，象征旺盛的前进意图。”

对这条爻辞末的“有孚”我真不得其解。也许这是对前面的“征凶”来个转折，意思是：（因此）应当以诚信自守。事实上，有位注家正是这样翻译这末一句的。但力量还未真正大起来就进行征伐，这只能说是不自量力，或急躁冒进，怎么就是“不诚信自守”的表现呢？这可说不通。因此，我只好认定这个“有孚”乃是下一爻的前二字，被误抄为这一爻的末句了。

九二：贞吉。

前无叙事之辞，后无乘续之语，孤零零的一个“贞吉”，是无法解释的，只是给占筮说和爻位说留下了“用武之地”。也有可能，这种“孤立的占断辞”乃是针对上一爻的某个意思说的，并且原是上爻爻辞的收尾句，为了凑满六爻，或因为别的原因，就移到下一爻来说了。就本卦本爻而言，原本要把“有孚”也移下来的，但抄写时遗留在上一爻了。所以这一爻应是：“有孚，贞吉”，意思是如果信守当初的想法、许诺，坚持按正理行事，那就不会急于进行征伐，后果就大不一样，将是很好的了。

九三：小人用壮，君子用罔。贞厉：羝羊触藩，羸其角。

“小人用壮，君子用罔”乃是说：小人总是以为有了实力就可以有恃无恐，君子则在即使实力很强大了时，也总是忧患实力能否长久保持，以及仅凭实力行事是否会有不好的结果。

后二句是说：（就像）公羊自以为可以冲出篱笆而贸然行动，结果却是非但没有冲出去，还被篱笆上的枝条、绳子给套住了角，退都退不回来了。

九四：贞吉，悔亡：藩决不羸，壮于大舆之輹。

这明显是承上一爻继续说：“用壮”要想得到“贞吉，悔亡”的结果，一定要力量足够强大，达到羝羊触藩能够保证将篱笆冲破一大块而角不被绑住的水平，即一定要不仅是“壮于趾”，而是“壮于大舆之輹”了。“大舆之輹”是大车的一个零件，起连接车厢与车轴的作用，这一部件不坏，车厢就决不会翻覆，所以“壮大舆之輹”乃是喻指永不翻车。这当然很难达到，羊把关它的篱笆冲倒一大块则一般说来是不可能的。所以这一爻其实是说：“用壮”一定得不到你想得到的好结果。有本书这样翻译：“正固吉祥，没有忧悔，冲破藩篱，角解脱出来，大车的车輹强壮。”这样的译文哪能让你读懂。

编者说明：例 1 见书末参考书目⑯，例 2 见⑳，例 3 见㉒，例 4 见㉑。

第三十五卦　晋卦 ䷢ 离上 坤下

（一）原文

（卦辞）：晋，康侯用锡马蕃庶，昼日三接。

（爻辞）初六：晋如，摧如，贞吉。罔孚，裕无咎。

六二：晋如，愁如，贞吉。受兹介福于其王母。

六三：众允，悔亡。

九四：晋如，鼫鼠，贞厉。

六五：悔亡，失得勿恤，往吉，无不利。

上九：晋其角，维用伐邑，厉吉，无咎，贞吝。

（二）解读

卦辞：晋，康侯用锡马蕃庶，昼日三接。

解读：“晋”为卦名。“晋”：提升，提拔。“康侯”：治国康民的公侯。“锡”通赐。“蕃庶”：很多。“三”泛指多。

卦辞说，治国康民的公侯，被国王赐给很多匹马，一天多次被接见。

初六：晋如，摧如，贞吉。罔孚，裕无咎。

解读：“摧如”：挫折、摧毁。“罔”：不，无。“孚”：诚信。“裕”：宽裕、充裕。

爻辞说，好像要晋升，因受到挫折未成，自己还应努力安守正道。尚未得到信赖，不要自己嘀咕，思想开朗些无过错。

六二：晋如，愁如，贞吉。受兹介福于其王母。

解读：晋升中有忧愁，努力勤勉可吉祥。这福分来于王母的恩赐。

六三：众允，悔亡。

解读：晋升获得群众允许、谅解，悔恨消亡。

九四：晋如，鼫鼠，贞厉。

解读：“鼫”（shí 音时）鼠：田鼠。

爻辞说，晋升后的作为如同偷吃田间五谷的田鼠，祸害民众，真险恶。

六五：悔亡，失得勿恤，往吉，无不利。

解读：“恤”（xù 音蓄）：忧虑。“失得勿恤”：患得患失。

爻辞显示，晋升了，若影响别的事，不后悔，不要患得患失，继续往前吉祥，没有不利的。

上九：晋其角，维用伐邑，厉吉，无咎，贞吝。

解读：“维”同惟，惟有。

上九爻辞说，最后晋升到这种角色，任务是惟有去讨伐敌对的邑国，如此行动可能有胜败（厉吉），虽然无过错，却有些遗憾。

小结：晋卦描述总想晋升，却遇到许多挫折和困难并没丧失信心，继续努力争取获得群众认可，终于晋升了。有的人晋升后是贪官害民（鼫鼠）；有的晋升后心态患得患失、不稳定；有的晋升官职是带兵伐邑国，虽无对错，却自感遗憾。晋卦阐述了晋升后多种经历与心理复杂的变化，世事并非尽如人意。

（三）选录其他解读

例 1：

卦辞：晋、康侯用锡马蕃庶，昼日三接。

注释：康侯是武王之弟，初封于康，故称康侯，又称康叔。后封于卫，为卫君。蕃，同繁，即繁殖。庶，众也，多也。接：接待、接见。

卦辞说，康侯用国王赐给的马进行繁殖，繁殖了很多的马。马当时不仅用于拉车，更用于作战。兵强马壮标志着国家的实力。康侯由于繁殖马有功，一日之内受到国王三次接见和款待。

上九：晋其角，维用伐邑，厉吉，无咎，贞吝。

注释：角：锐利坚硬之物，此处指武力。维同惟，作只有解释。

爻辞说，不可滥用武力，只有对那些不服政令和发动叛乱的邑国才使用武力，这样做虽有困难和危险，但无过错，终吉。

例 2：

卦辞：晋，康侯用锡马番庶，昼日三接。

“侯”为当时一种官职的称谓，“康侯”指某个小官员。

“康侯”作为主语。这里是说康侯为了晋升，进献了很多车马给君王，一天内多次接近君王。

初六：晋如，摧如，贞吉。罔孚，裕，无咎。

“贞”是指守正，也是“事之干”的“干”。

这里是说好像要晋升，又被拉下来了，他想，还要不断努力，还要多想办法才会吉利。虽然他还没有被君王所信任，但他不急，仍然保持平静的、宽容的心态来对待晋升，这样没有过错。

六二：晋如，愁如，贞吉。受兹介福，于其王母。

这里是说他很想晋升，正在发愁。他想还是要继续努力、不断想办法才会吉利，终于他看出晋升问题的关键，可以通过“王母”给予他推介的福气（“王母”提议要求给予其晋升）。

六三：众允，悔亡。

这里是说大家都同意、支持“王母”的提议，康侯晋升了，终于如愿以偿，无怨无悔了。

九四：晋如鼫鼠，贞厉。

“鼫鼠”，即硕鼠。硕鼠有五种很差劲的技能，它会飞，但飞不过房屋那么高；它会攀爬，但爬不上树梢；它会游泳，但它又游不过小河；它会挖穴，但它挖的穴却掩蔽不了它自己；它会走，但它却不如人走得那么快。

这比喻（康侯）虽然晋升了，但是他却完全不能胜任新的职位，他的能力很差，什么都做不好，这样发展下去他是很危险的。

六五：悔亡，得失勿恤，往，吉无不利。

（此时康侯）并不后悔，不担心不能胜任这个职位，不计较得失，而是继续不断努力，寻求适合自己的更好的位置，他想这样肯定会吉祥，没有什么不利。

上九：晋其角，维用伐邑。厉、吉、无咎。贞吝。

“角”是指角落，寓意不是主要的部门而是较偏的部门的官职。

“伐邑”喻指官场之间相互争权夺利，帮派之间的争斗。

这里是说（康侯）最后晋升到一个较偏的部门任职，但是他只是在官场帮派之间相互争权夺利，攻击别人。在这些是非争斗当中，他总是抨击某些人是坏的、评说张三是好的、李四是无过错的。总之他这样做是很令人遗憾的。

例3：

卦辞：晋，康侯用锡马蕃庶，昼日三接。

白话：康侯用王所赐的马在晋水河畔昼夜不停地进行繁殖。（这可能是畜牧业发展的需要，这反映了康侯时代畜牧业生产的盛况。）

注释：晋：卦名，以晋水取名。

初六：晋如摧如。贞：吉。罔孚裕。无咎。

白话：疏通了溍水河床，排除了水涝等自然灾害，人民又富裕起来了，再也没有什么灾难了。问蓍得吉善、悔亡、无咎等占。

注释：晋如摧如：帛书作“溍如浚如”。“溍如浚如”，疏通挖深溍水河道。

六二：晋如愁如。贞：吉。受兹介福于其王母。

白话：溍水啊浩浩荡荡翻滚流逝。问蓍得吉善之占。康侯蒙受这么大的幸福于其王母面前。（李镜池说，这里说的似是武王克商事。进攻并迫使商人投降之后，武王祭王母，说这是得王母的福佑。武王的祖母及母亲都是商女，所以克商后要对王母特祭。今不取斯说。）

注释：晋如愁如：溍水啊浩浩荡荡地翻滚流逝。愁，通湫，水流翻滚如风貌。

六三：众允。悔亡。

白话：大家都很诚实。问蓍得悔亡之占。

九四：晋如，鼫鼠。贞：厉。

白话：面对浩浩荡荡的溍水烧烤着老鼠。问蓍得危厉之占。

注释：鼫鼠：帛书作“炙鼠”。

六五：悔亡。失得勿恤。往：吉、无不利。

白话：恨惜之心消失。身被箭射中了而未流血。前往问蓍得吉善与无所不利之占。

注释：失得：帛书作：“矢得”。矢得：得矢。中矢也，即中箭。

上九：晋其角，维用伐邑。厉、吉、无咎。贞：吝。

白话：被派遣去打城邑，却在溍水上打起来了。问蓍得危厉、吉善与无咎之占。再问蓍则得吝难之占。

例 4：

卦辞：康侯用锡马蕃庶，昼日三接。

这条卦辞有人翻译为：“尊贵的公侯蒙受天子赏赐众多车马，一天之内荣获三次接见。”

还有一种理解比较特别，认为“蕃”在这里是用它的“繁殖”义，本卦辞是说：“荣耀的诸侯用天子赏赐的良马繁殖。一天之内天子接见三次。”

这条卦辞其实是十分明白的：康侯因为进献了很多车马，所以一天之内得以多次接近天子。

初六：晋如摧如，贞吉。罔孚，裕，无咎。

要我翻译这条爻辞的话，会是这样子：无论升迁，还是遭贬，只要持守正道就会平安吉祥；要是得不到上司的信任仍然能够胸怀宽广，则终将无灾无难。试与一个注家给出的译文对照一下：“前进和退守适时，占问吉利。虽无家裕之兆，但可无咎害。”

六二：晋如愁如，贞吉。受兹介福，于其王母。

这一句是教诲说：你得以晋升，乃是托祖宗的福，不要因此就自以为了不起，从此骄傲起来。上一爻安慰被“摧”的人，这一爻则警戒得“晋”的人，这样安排，意思全面，两爻之间的关系也显得清楚了。

六三：众允，悔亡。

“允”也有“诚信”义。

这一爻是同时教诲获得晋升者和遭贬抑者：只有得到了各方面的首肯，谁都认为晋升你是公平合理的，你才能心安理得，决无悔恨——从“允”的“诚信”义中，引申出“公平”、“恰当”、“答应”、“许可”等义项来，是十分自然的。

九四：晋如鼫鼠，贞厉。

这一爻就是说：晋升者若是像五技鼠一样没有真本事，甚至实无一技之长，那么即使得到晋升了，终究也会有危险。

六五：悔亡，失得勿恤，往吉，无不利。

我以为许多注家把开头的“悔亡”译为“悔恨消亡”，甚或“悔恨之事已经消除”，是错误的。这里是在教人如何避免产生悔恨，而不是传授一个消除已经产生了的悔恨的方法，所以应该译为“要想没有悔恨”。这一爻中的“往”字，似乎就是“往后”义，“往吉”是说做到了“失得勿恤”，你以后的生活就会吉祥如意了。

上九：晋其角，维用伐邑。厉，吉，无咎，贞吝。

“其”在这里是表示假设关系，相当于“若”，“如果”。“角”则是用作动词，“比试”、“竞争”的意思，即今天还说的“角力”的“角”。所以“晋其角”是说：如果为了晋升一定要进行比试的话。

下句“维用伐邑”就明显是说：那必是因为要行征伐之事。“维”在这里相当于“只”、“仅”。这里笼统地说“伐邑”，就只好也笼统地解释为“行征伐之事”。

最后六字很好讲了：“厉，吉”是说，这种竞争尽管可能有危险，但结果总是好的——比赢了是好事，比输了，发现了自己的不足之处，也是好事。这是在讲了“失得勿恤”之后说的话，故而应把这一点作为本爻的预设。“无咎”是补充说，不管怎样都不该受到责难，不必有所后悔。最后又说“贞吝”则是又回过来表示：自然，进行征伐总不是好事，如果常要为进行征伐而竞争，那也是令人遗撼的——“贞”是总这样下去而不予改变的意思。

对于这一爻，注家们多是采取直译，再用爻位来加以注释。由于错解了几个关键词，我未见有基本正确的译文，下面这个误译要算是错得不太严重的了：“升进尖角，用以征伐邑国。危厉吉祥，没有咎害。正固有吝难。”

编者说明：例 1 见书末参考书目⑰，例 2 见⑳，例 3 见㉒，例 4 见㉑。

第三十六卦　明夷卦 ䷣ 坤上 离下

（一）原文

（卦辞）明夷，利艰贞。

（爻辞）初九：明夷于飞，垂其翼。君子于行，三日不食。有攸往，主人有言。

六二：明夷，夷于左股，用拯马壮，吉。

九三：明夷，于南狩，得其大首，不可疾贞。

六四：入于左腹，获明夷之心，于出门庭。

六五：箕子之明夷，利贞。

上六：不明晦。初登于天，后入于地。

（二）解读

卦辞：明夷，利艰贞。

解读：“明夷”，卦名。“明”是光明。“夷”：灭，平息（夷如平地）。

卦辞说，“明夷”是日落地下，黑暗时期，昏君执政，君子坚守正道，其经过见爻辞。

初九：明夷于飞，垂其翼。君子于行，三日不食。有攸往，主人有言。

解读：“翼”：翅膀。“三”：泛指多。

爻辞说，就像在黑暗中飞鸟很累，翅膀下垂。君子行走逃离君王，多日没进食，劳累就像那飞鸟。君子继续前往，主人君王有言（暗喻抓来问罪）。

六二：明夷，夷于左股，用拯马壮，吉。

解读：“左股”：左腿。“夷”通“痍”：损伤。“拯”：拯救。

爻辞表示，君子在黑暗中行走时左腿受伤，若用壮马带他赶路，拯救他，吉。

九三：明夷，于南狩，得其大首，不可疾贞。

解读：“南狩”：南方打猎。

爻辞说，君子逃到了南方荒凉打猎地区，当地草民尊敬他为首领。但君子拯救国情的愿望，不可操之过急。

六四：入于左腹，获明夷之心，于出门庭。

解读：君子的伤情加重，由左腿入于左腹部，暗喻昏君的朝廷更加“明夷”。要想获知“明夷”的核心内情，应走出门庭探听消息。

六五：箕子之明夷，利贞。

解读：“箕子”是商纣王的叔父，著名哲学家、政治家，辅佐商纣王执政。后因商纣王奢华享乐、荒淫残暴，箕子向商纣王进谏，纣王执意不听，箕子又不愿意离开祖地，无奈便装疯卖傻免遭杀害，故利贞。爻辞用此例子展示给“入于左腹”的君子。

上六：不明晦。初登于天，后入于地。

解读：“晦”：昏暗不明。

爻辞说，到了最后一爻这昏君不明白自己的昏暗。开始时是登上天子宝座，最后一败涂地，垮台了。传说这是商纣王的写照。

小结：昏君的执政黑暗时期，被迫害的君子心怀正道逃跑的经过。虽然君子遭遇“夷于左股”又“入于左腹”的伤害，终于昏君垮台了。“明夷”消失，重见日出光明。明夷卦由坤上离下组成，坤为地，离为火、日（太阳），是日落地下昏暗时期。明夷卦是晋卦的综卦反卦，晋卦讲晋升、提升，明夷卦则与之相反。

（三）选录其他解读

例1：

卦辞：明夷，利艰贞。

注释：明夷，夷通痍为伤，离为明，明夷即光明损伤。

译文：明夷，宜于艰难中守正。

初九：明夷于飞，垂其翼；君子于行，三日不食；有攸往，主人有言。

注释：言：即责备之言，闲言闲语。

译文：天暗了，飞鸟都垂下翅膀；君子在路上行走，三日吃不到饭；（虽）有所往，但受到主人责备。

六二：明夷，夷于左股，用拯马壮，吉。

译文：天黑了，伤了左腿，用强壮的马救之，吉。

九三：明夷于南狩，得其大首，不可疾贞。

译文：光明受阻之时到南方巡狩，捉得（对方）元首，（但）不可操之过急，要坚守正道。

六四：入于左腹，获明夷之心，于出门庭。

注释：腹：古代半地下室房屋的复室。左腹：就是左室，这里指隐居之处。

译文：进入隐居之处，产生了归隐的念头，一出门就想返回（隐居之处）。

六五：箕子之明夷，利贞。

注释：箕子之明夷：箕子向纣王进谏，而不被采纳，于是“被发佯狂而为奴，隐而鼓琴以自悲”（《史记·宋徽子世家》）故意伤害自己以避祸。

译文：箕子那种自掩其聪明才智的做法，有利于坚守正道。

上六：不明晦，初登于天，后入于地。

注释：晦：不明。登：升。

译文：天空晦暗不明，开始日升于天，后入于地中。

例 2：

卦辞：明夷，利艰贞。

这里是说在君王昏庸无道、暗无天日、民不聊生的社会环境下，作为君子、作为君王的手下只能隐退，去过艰苦、清正的日子。

初九：明夷于飞，垂其翼，君子于行，三日不食，有攸往，主人有言。

这里是说“明夷”在飞，“翼”伤了而下垂，君子陪同行走，三天都不吃东西，君王对君子还是有所责怪。

这里“明夷”寓指昏庸的君王，像飞鸟一样跑得很快，这时的君王的昏庸还不是很严重（只伤了“翼”），君子陪同君王奔走，三天都没有吃东西，希望能以自己艰难的苦行来感动君王、改变君王的思想，可是还被君王斥责了。这里是说，虽然君王刚开始昏庸，但是你用苦行是改变不了他的思想行为。

六二：明夷，夷于左股，用拯马壮，吉。

这里是说“明夷”伤得更严重，伤了他的左腿，用强壮的马来救治他，就吉利。

这喻意君王更昏庸了，就要采用非常适合君王的秉性的强有力的措施，或许可以改变君王的思想。这是因为他伤了左腿行走不便，强壮的马使他行走灵活，这是最符合他的心意、最适宜于君王特性的做法。“马壮”喻意采取的措施要强而有力。

九三：明夷于南狩，得其大首。不可疾贞。

这里是说昏庸的君王在南山打猎，得到很大的收获。这时候君子不可以很快改变君王的思想。

这是比喻，比如赌博之人赢到钱时，他会对赌博更加痴迷；骗子骗到钱以后，会更加疯狂于去行骗。昏庸的君王通过残暴的手段取得很大收获时，他正得意忘形，也是其错误思想观念最顽固不化、最不可能改变的时候，因而要等待时日，只有在君王落难、痛定思痛时，或许才有可能改变他的思想观念。

六四：入于左腹，获明夷之心，于出门庭。

这里是说（因为君王南狩大得）邪恶进入到君王的左腹，并俘获了君王的心。这时君子看到已经完全没有希望了，只能走出门庭，去逃避现实，去“利艰贞”、去“莅众，用晦而明”。

六五：箕子之明夷，利贞。

这里是说箕子面对昏庸的君王只能采取装疯避祸的做法，借以晦藏内心清正光明的德行，是值得人们去效仿的。

上六：不明晦，初登于天，后入于地。

这里是说不思悔改的昏庸君王，开始时虽然很得意、曾经“南狩大得”，但最终会像日薄西山一样消灭、毁灭。

例3：

卦辞：明夷：利，艰贞。

白话：见飞鸟鸣鶇，以为吉兆（利）故开始问蓍。（这大概是古人物占与筮卦结合占问吉凶的遗存）

注释：明夷：卦名。本为鸟名，即鸣鶇。

初九：明夷于飞，垂其翼。君子于行，三日不食，有攸往，主人有言。

白话：一位有道德修养的君子同其主人有所住行，他在路上三天未吃东西，但是他的主人却有吃的。大概不是主人不给他吃，而是他本人不愿食嗟来之食。（或者这乃是记叔齐、伯夷饿死之事。惜其文不俱，不敢臆断遽定。）

六二：明夷，夷于左股，用拯马壮。吉。

白话：鸣鶇鸟被伤了左股，施行取用健壮的坐骑追射所致。问蓍得吉占。（这一爻反映了生产工具和生产效果的关系）

九三：明夷，于南狩，得其大首，不可疾贞。

白话：在南守这个地方射得了明鶇鸟中最大的一只，盖按照田猎规矩得禽兽后当感激上帝而向上天叩问吉凶占问利弊。但由于飞鸟惊弓飞奔，故不必停下来问蓍以免耽误时间，影响收获。（这条爻辞反映了迷信与射猎生产的矛盾，也透露了一些古人对上帝鬼神的怀疑以及懂得时间对于人类生产、田猎的重要性等思念观念。）

六四：入于左腹，获明夷，之心于出门庭。

白话：明鶇鸟被射伤了左腹，猎人捕获了这只鸟，其心花怒放兴高采烈的情状犹如鸟被放出门庭一样。（田猎连获三鸟，喜悦的心情溢于言表。）

六五：箕子之明夷，利贞。

白话：射落的这些鸣鶇都是箕子狩猎范围内的。箕子是贤臣，不会计较他人之犯已。故断以“利贞”。（这可能是商朝末年筮占记录）

注释：箕子：商纣王的哥哥。

上六：不明，晦，初登于天，后入于地。

白话：箕子的弟弟纣王虽然位于帝王，然不明事理，昏庸无道，终归要失败的。（明夷，或当做了解夷人解，谓不明白夷人的帝王终归要失败。这就是明与不明的辩证关系。夷与夏之间在古代矛盾突出，如何处理夷夏的关系，是帝王功业的重要部分。）

编者说明：例1见书末参考书目㉔，例2见⑳，例子3见㉒。

第三十七卦　家人卦 ䷤ 巽上 离下

（一）原文

（卦辞）家人，利女贞。

（爻辞）初九：闲有家，悔亡。

六二：无攸遂，在中馈，贞吉。

九三：家人，嗃嗃，悔厉，吉。妇子嘻嘻，终吝。

六四：富家，大吉。

九五：王假有家，勿恤，吉。

上九：有孚威如，终吉。

（二）解读

卦辞：家人，利女贞。

解读：“家人”，卦名，讲治理家庭，喻指君主治理国家。

古代男人主外，女人主内。女人在家操劳家务，安分守己是吉利的。

初九：闲有家，悔亡。

解读：男人在外工作回到自家休息，温暖的家忘掉不愉快的事情。

六二：无攸遂，在中馈，贞吉。

解读：遂：成就，成功，顺利。“馈”（kuì 音溃）：饮食。

爻辞说，不要要求主妇立大功，把家中饮食和家务活认真做好，便是吉祥如意。

九三：家人嗃嗃，悔厉，吉。妇子嘻嘻，终吝。

解读：“嗃嗃”（hè 音荷）：严厉。

爻辞表示，国有国法，家有家规。“家人嗃嗃”是家规太严厉了，令人不愉快，但是吉。若妇人与孩子终日嬉皮笑脸没规矩，最终无益。

六四：富家，大吉。

解读：治家富了，大吉。（民富国强是百姓的愿望）

九五：王假有家，勿恤，吉。

解读：君王假如把国家当做自己家庭那样周到来治理，百姓勿忧虑，吉祥。

上九：有孚威如，终吉。

解读：“孚”：诚信。“威”：威严。

爻辞说，家庭或国家要有诚信，有威严，最终会吉祥。

小结：家人卦表面上是说治理家庭情况，实质也是指治理国家，小道理，寓意大道理。有了家庭才能组成国家，二者紧密关连。国以民为本，民以食为天。六二爻讲了饮食“中馈”，是由家庭主妇操作。古代虽然男尊女卑，但家人卦特别强调了妇女在家中的作用和重要性，从卦辞开始到爻辞，几乎都有妇女的身影。初九爻“闲有家，悔亡”，寓指家中有主妇温暖家庭，成为男人的避风港。“家人”应有主妇，主妇又喻指贤君、君王，例如九五爻“王假有家，勿恤，吉”，就是说君王忠于治理国家，百姓勿忧而吉祥。

（三）选录其他解读

例1：

初九：闲有家，悔亡。

注释：闲有家：防止家庭受到伤害。闲：防范。有：于。

译文：防止家庭受到伤害，困厄消失。

九五：王假有家，勿恤，吉。

注释：王假有家：君王在家庙里（祭祀祖先）。假：到。勿恤：无须担忧。

译文：君王到其家庙中（祭祀祖先），不要担忧，吉祥。

例2：

六二：无攸遂，在中馈，贞吉。

“遂”指心愿。“无攸遂”这里是指心里没有什么事可做。

“馈”是指饮食，食物。

这里是说（作为一个家长在家里的各种预防措施、各种准备工作都做好了,）还是没有什么事情可做的时候，就要准备食物，积存多一些的粮食，这样才吉利。这里还是强调不能有空闲，没事时要想事情来做。

例3：

初九：闲有家。悔亡。

白话：这条爻辞的意思是：进入家中。问蓍得悔亡之占。

注释：闲有家：进入家中。闲，帛书作“门”。门：人之所出入家室之通道。

九三：家人嗃嗃。悔、厉、吉。妇子嘻嘻。终吝。

白话：家人在外狂欢纵欲。问蓍得悔、厉与吉善之占。家妇、家子在家中规规矩矩。问蓍得吝难之占。

九五：王假有家，勿恤。吉。

白话：王赞扬富有的家庭，但不给富有之家以救济安抚。前往问蓍得吉占。

注释：王假：王上嘉奖。假，借为嘉。

上九：有孚威如，终吉。

白话：庄重而又从容自得地返回家中，最后终于吉善。

注释：有孚威如：帛书作“有复委如”。委如：委曲自得。

编者说明：例 1 见书末参考书目⑯，例 2 见⑳，例 3 见㉒。

第三十八卦 睽卦 ䷥离上兑下

（一）原文

（卦辞）睽，小事吉。

（爻辞）初九：悔亡，丧马勿逐，自复。见恶人，无咎。

九二：遇主于巷，无咎。

六三：见舆曳，其牛掣，其人天且劓，无初有终。

九四：睽孤遇元夫，交孚厉，无咎。

六五：悔亡，厥宗噬肤，往何咎。

上九：睽孤见豕负涂，载鬼一车，先张之弧，后说之弧，匪寇婚媾，往遇雨则吉。

（二）解读

卦辞：睽，小事吉。

解读：“睽”，卦名。“睽”（kúi 音葵）：“目不相视也”（《说文》），背离，违背不和。

两个人的观点不同，对同样事有不同的看法，若在小事情上意见不和，无大妨碍，无所谓，故小事吉。

初九：悔亡，丧马勿逐，自复。见恶人，无咎。

解读：不要懊悔马走失了，用不着去找，多年驯养的马会认识主人的马圈，马会回来。即使遇到恶人想牵走牠，牠目不相识（睽），恶人不会得逞，无损失。

九二：遇主于巷，无咎。

解读：原与主人不和，又在窄巷中对面相遇，稍加躲让，双方都通过。这是解决“睽”的一种方法，无过错。

六三：见舆曳，其牛掣，其人天且劓，无初有终。

解读：“舆”：车。“曳”（yè 音夜）：拖拉，牵引。“掣”（chè 音撤）：牵制，阻碍，例如掣后腿。“劓”（yì 音意）：古代割鼻刑法之一，在此喻指五官不正。“天”：其意不是人为的，是先天的。

爻辞说，遇见牛拉车，牛脾气不好好拉车，车夫是先天五官不正，牛与车夫又不配合（睽），初始是些艰难情景，但最终不“睽”了，到达目的地。

九四：睽孤遇元夫，交孚厉，无咎。

解读：“睽孤”是与别人有分歧而自己又很孤独的人，命此人名为“睽孤”。“元夫”：大丈夫。“孚”：诚意。

爻辞说，睽孤此人与人不和而孤独，巧遇有智慧的大丈夫，被艰难的说服，以往不究。

六五：悔亡，厥宗噬肤，往何咎。

解读：“厥”（jué 音掘）：其，他的，文言代词。“宗”：宗族。“噬”（shì 音是）：吃。“肤”：肉，肥肉。

爻辞说，懊悔事过去了，宗族到祖庙祭祀，相聚共进酒肉，消除分歧团结了，共同前进无过错。

上九：睽孤见豕负涂，载鬼一车，先张之弧，后说之弧，匪寇婚媾，往遇雨则吉。

解读：“豕”（shǐ 音史）：豬。“负涂”：涂上泥巴。“载鬼一车”是车上载了一车鬼。“弧”：木弓。“说”：脱：“匪”：非。“寇”：抢劫。“婚媾”：结婚，娶亲。

爻辞说，睽孤此人看见豬身上涂满泥巴，车上载着求婚人带领一群化妆的人，睽孤以为是一车鬼，拉开弓箭欲射，仔细看时松开了弓箭，原来是娶亲，不是抢亲，是吉祥场面。他往前行若遇到甘雨则更吉祥。

小结：睽卦是讲通过沟通，增进相互了解，消除不和与分歧，共同前进。用多种比喻讲道理，从“丧马勿逐”开始；经过“遇主于巷”谦让而过；见到拉车的牛与车夫不合，最终合作到达目的地；“睽孤遇元夫”是巧遇元夫被感化说服；宗族祭祀相聚共进酒肉而团结。这些都是化解“睽”的例子。最后上九爻睽孤遇“载鬼一车”欲射箭是误会，消除误会避免了伤亡，以对方喜庆婚姻而告终。

（三）选录其他解读

例 1：

初九：悔亡。丧马勿逐，自复，见恶人无咎。

这里是说不用担心，如果你碰到意见完全相反的人，已经很快地走开了，你没有必要去追赶他，你只要表明对事情的正确看法，他以后会回来的。如果遇到的是恶人，他走开了，这样更没有过错。

九二：遇主于巷，无咎。

这主要是指心态。是说当你面对和你意愿相反的人时，你一定要怀着在巷道里碰见长辈的心态，面带笑容，很有礼貌地去从旁引导，来表明你正确的思想观点，来分析对方错误的缘由，这样就不会有过错。

六三：见舆曳，其牛掣，其人天且劓，无初有终。

“曳”是拉。

“掣”，牵、拉，与“曳”是相反方向。

“天”是跌倒的意思。

这里是说看到一个人在拉牛车，但是那个人拉车的方向和牛拉车的方向相反，因而那个人跌跤了，连鼻子都跌伤了。这样虽然开始不利，但最终会有好结果。

这是比喻假若你碰到一个性格耿直、牛脾气的人，如果你和他对着干，和他斗，你俩必将斗得狼狈不堪，如果你能顺着他的性子去引导他、牵着他的牛鼻子来走，最终他会按你的想法去实行，他会同意你的观点，最终肯定会有好结果。

九四：睽孤遇元夫，交孚，厉，无咎。

“孤”是孤独的意思。“睽孤”是指认为他的看法才是正确的，别人的看法都是不正确的。

“交”同“教”，是教导他的意思。

“元夫”是指大夫，在这里指德高望重的长者。

“厉”在这里只能理解为严厉。

这里是说认为唯有他的看法才是最正确的，别人的看法都不对。如果遇到一个德高望重的长者很诚意地教导他，遇事要冷静，对人要有诚心，要站在对方的立场、角度来分析问题，严肃认真地指出他的缺点，这样就可以帮助他避免过错。

六五：悔亡，厥宗，噬肤，往，何咎。

“噬肤”是指亲密到肌肤连着肌肤，相互间可以咬到肌肤。

这里是说对待观点不一致的人，首先你心里要毫无成见，就像用对待非常亲密的宗亲一样的态度来对待他。这样去做，哪里还会有过错呢？

上九：睽孤，见豕负涂，载鬼一车，先张之弧，后说之弧，匪寇婚媾，往遇雨则吉。

直译是说“睽孤”的人认为唯有他的看法才是正确的，先看到满身涂满污泥的猪，后来又看到载满鬼的大车，于是他急忙张弓要射箭，而后慢慢放下弓箭。噢！原来不是贼寇，是娶亲的婚礼车。他这样遇到下雨则吉祥。

例2：

初九：悔亡。丧马勿逐，自复。见恶人。无咎。

白话：悔去，马亡而未亡，因其马自归来矣。见姊妹之夫。问蓍得没有灾咎之占。

注释：丧马：丢失马。帛书作："亡马"。勿逐：不亡。帛书作："勿遂"。"遂"：亡也。

六三：见舆曳，其牛掣，其人天且劓。无初有终。

白话：一个被割了鼻子凿了额头的囚徒，见了囚车仍然毫无愁惧之色，牛拉着囚车把他送到了发配的地方。他虽然受到了处罚，但是最后却有了好的结局。

九四：睽孤，遇元夫，交孚。厉、无咎。

白话：因为不和谐而离群出走独居，遇到一位善良的人劝勉同归。问蓍得厉危与无有灾咎的占断。

六五：悔亡，厥宗噬肤，往，何咎？

白话：悔去，进宗庙吃祭祀之肉，吃了就跑，也没有关系。（这反映了一些无神论思想。这不只是亵渎神灵，实际上心目中根本就没有神灵。）

上九：睽孤，见豕负涂，载鬼一车。先张之弧，后说之弧，匪寇，婚媾，往，遇雨，则吉。

白话：看见猪在路上，用车装载回家，一路上非常安静，没有遇到强盗，天下起雨来了。于是问壶占吉凶，先揭开壶盖，再抓出吉凶来。一看，得了吉占。

注释：弧：读为"壶"。壶，瓦器，铜器。

编者说明：例 1 见书末参考书目⑳，例 2 见㉒。

第三十九卦 蹇卦 ䷦坎上艮下

（一）原文

（卦辞）蹇，利西南，不利东北，利见大人，贞吉。

（爻辞）初六：往蹇来誉。

六二：王臣蹇蹇，匪躬之故。

九三：往蹇，来反。

六四：往蹇，来连。

九五：大蹇，朋来。

上六：往蹇，来硕吉，利见大人。

（二）解读

卦辞：蹇，利西南，不利东北，利见大人，贞吉。

解读：“蹇”，卦名。“蹇”（jiǎn 音俭）：原义是跛足，行路不方便，引申为前进困难，艰难。

卦辞说，开始出行时，要选好方向，西南有利，东北不利。选好了，利于大人物出现，坚贞吉祥。

初六：往蹇来誉。

解读：往前进遇到困难，要克服困难，要战胜困难前进，才能回来时获得荣誉。

六二：王臣蹇蹇，匪躬之故。

解读：“匪”：非，不。“躬”：自己，自身。“故”：事情。

爻辞说，君王与臣都陷入重重困难中，臣挺身救助君王脱险，不顾自己安危，而是对君王表衷心。

九三：往蹇，来反。

解读：前进中遇到暂时难以克服的困难，返回来反思，积蓄力量，再行动。

六四：往蹇，来连。

解读：“连”：联系、联合。

爻辞说，这次战胜前进中的困难，不是单干，是搞联合，依靠集团的力量。

九五：大蹇，朋来。

解读：前进中遇到了大困难，有朋友来相助才脱险。

上六：往蹇，来硕吉，利见大人。

解读：“硕”：大，丰硕。

爻辞说，战胜困难前行，获得硕果，吉祥如意，有利于出现大人物。

小结：战胜困难要分析具体情况，有的困难靠个人艰苦努力去排除。有的大困难需要依靠群众集体力量，需要朋友相助才能完成。能克服艰难险阻，必获硕果，也会涌现出大人物。

（三）选录其他解读

例 1：

卦辞：蹇，利西南，不利东北，利见大人，贞吉。

本卦是“坤”卦的延续和补充。是说向君王劝谏，有利于西南方向，周文王所在地，是因为周文王英明，能听忠臣的纳谏；不利于东北方，是因为商纣王所在地，纣王昏庸，他不听大臣们的劝谏。有利于上谏贤明的君王，这样做就是走光明正道。

初六：往蹇来誉。

这里是说向君王进谏，得到君王的表扬赞誉。

六二：王臣蹇蹇，匪躬之故。

这里是说臣子反复向君王劝谏，并不是为了臣子本身的私利，而是着实考虑君王和国家的利益。这里主要强调上谏者本身不能有任何私心杂念，必须忠心耿耿。

九三：往蹇来反。

“反”同“返”。

这里是说向君王进谏后，君王反而和臣子们讨论，商量。

九五：大蹇朋来。

“朋”这里是指很多志同道合的大臣。

这里是说君王虚心接受大臣们的劝谏，很多志同道合的大臣都前来进谏，各抒己见，各自提出他们的看法和主张。

上六：往蹇来硕，吉，利见大人。

“硕”，有大义，亦有深远义。

这里是说在最佳法度制订各种最佳法规的基础上，大臣们还不断进谏，为国家未来的美好蓝图提出他们的宝贵意见。这样是吉祥的，有利于上谏这样伟大的君王。

例2：

卦辞：蹇，利西南，不利东北。利见大人。贞：吉。

白话：利于迁往西南，不利于迁往东北。利于拜见大人。问蓍得吉善之占。

注释：蹇（jiǎn 简）：行走困难，引申为迁徙。

初六：往蹇来誉。

白话：往来迁徙用的车子。

注释：誉：帛书作“舆”，车子。

六二：王臣蹇蹇，匪躬之故。

白话：王家奴隶为了主人迁徙匆忙奔走。

注释：王臣：帛书作“王仆”。仆，家奴。臣，亦家奴。臣、仆、奴，都是对贱人的称呼。蹇蹇：急性的样子。匪躬之故：不是为了自己，而是为了王家。

九三：往蹇来反。

白话：为迁移往来反复奔走。

六四：往蹇来连。

白话：迁徙的人往来络绎不绝。

九五：大蹇朋来。

白话：大举迁徙朋友都来帮忙。

上六：往蹇来硕。吉，利见大人。

白话：收拾行李往来迁徙。问蓍得吉占，且利于拜见大人。

编者说明：例 1 见书末参考书目⑳，例 2 见㉒。

第四十卦 解卦 ䷧震上坎下

（一）原文

（卦辞）解，利西南，无所往，其来复吉。有攸往，夙吉。

（爻辞）初六：无咎。

九二：田获三狐，得黄矢，贞吉。

六三：负且乘，致寇至，贞吝。

九四：解而拇，朋至斯孚。

六五：君子维有解，吉。有孚于小人。

上六：公用射隼于高墉之上，获之，无不利。

（二）解读

卦辞：解，利西南，无所往，其来复吉。有攸往，夙吉。

解读：“解”，卦名。“解，判也，从刀判牛角”（《说文》）。“解”字分拆用刀把牛角分开：解除，分离。解卦主题是把社会险恶之事解除，用比喻讲述。“夙”（sù 音素）：早。

《周易》多个卦中说西南吉祥，即“利西南”，解读时，众说纷纭。不妨把它说成大政方针的制定在西南方。在此喻意为民解除忧患的布告贴在西南方。

卦辞表示，除掉社会险恶人与事的布告，张贴在西南方。若去看，方向是“利西南”，别的方向不要去。若往西南方向走，若没做好准备，返回去吉利，明日早出发，吉祥。

初六：无咎。

解读：社会险恶之事有所缓解，不要急于求成，无过错。

九二：田获三狐，得黄矢，贞吉。

解读：“三”：泛指多。“矢”：箭头。

爻辞说，在田间打猎捕杀些狡猾的狐狸，得利于黄色金属做的箭头。这种做法是坚守正道，所以吉祥。狐狸喻指恶棍小人，“得黄矢”喻指正人君子。

六三：负且乘，致寇至，贞吝。

解读：肩负着贵重物品，并且乘坐在车上路过闹市，招惹贼寇来抢，应守正防错。喻指在“解”的时期，应避免这种行动。

九四：解而拇，朋至斯孚。

解读：“而”通“尔”：你。“拇”：脚趾、手指，泛指为手脚。“朋”：朋友。“至”：到。“斯”：此，这里。“孚”：诚信，信任。

爻辞说，放开手脚理直气壮地去干，解除社会险恶之事，朋友才会信任你，团结在你周围。

六五：君子维有解，吉。有孚于小人。

解读：君子维护群众的利益，并排除歪风邪气，吉祥。小人也佩服君子的行动，改变了恶习。

上六：公用射隼于高墉之上，获之，无不利。

解读：“隼”（sǔn 音损）：凶猛的鹰。喻指恶人。“墉”：城墙。

爻辞说，王公在城墙上用弓箭射杀空中的鹰，射中捕获了，对社会有利。喻指，解卦最后一爻即上六爻，王公亲自解除掉社会恶人恶事。

小结：解卦的卦辞说在西南方张贴了布告，要解除掉社会上的恶人恶事，进行动员。于是君子射杀狡猾的狐狸，王公射杀凶猛的鹰，比喻解除恶人恶事的行动。喻指整顿社会的治安，要上级和下级皆行动，才能有好效果。

（三）选录其他解读

例1：

六三：负且乘，致寇至，贞吝。

“负”就是负物，这都是普通百姓或者说下人做的事，所以代指小人。“乘”是指乘车，坐车的都是高官显贵，通常乘马坐轿的都应该是君子。“负且乘”，该拉车的人坐到了车上，意思就是小人坐到了本不该属于他的位子上。这样的结果，就是“致寇至”，就会群起而夺之。小人当道当然不会让人服气，不服从就会招寇。

九四：解而拇，朋至斯孚。

“拇”指大拇指和大脚趾，在这里喻指小人。除掉你身边的小人，志同道合相互信任的“朋”友就会前来聚集在你的身边。“斯”，这里。

例2：

六三：负且乘，致寇至，贞吝。

意思是：如果已经像背负重物一样地不灵活了，还想要登到高处去（暴露自己），那么……这无疑将招来敌军的攻击，所以接下说“致寇至”。这个“致”相当于“就”，或认为是“招引”义。“寇”非指盗贼，仅是指谓作战的敌方，（《晏子春秋·问下》："民闻公命，如逃寇仇。"）这样必将遭到本可避免的损失，所以最后预言说："贞吝"。可见这一爻与上文是联系得很紧密的："负且乘"的表现恰与狐狸的机灵而又善于隐蔽相对照，因此，如果说上一爻是从进攻方面说，要打败聪明狡猾的对手，就要自己比他更加聪明更有智慧，这一爻则是从防守的角度说明，必须去掉身上的负担，轻装上阵，又善于隐蔽，才能躲过对手的攻击。显然，两爻都意味着"解"：前一爻从正面讲，提到狩猎收获大实是暗示技能提高了，也即不受自己原先水平的束缚；这一爻从反面讲，指出不把自己的身体从重负下解放出来将会吃大亏。所以这两爻都紧扣了本卦主旨。

例3：

九四：解而拇，朋至斯孚。

白话：处罚了强盗头子，其他的小强盗均皆畏服，因而纷纷改邪归正，返为良民。（这是法制教育思想的萌芽。编著者以此宣传法制的作用。）

注释：拇：大母指，比喻强盗头子。朋：同类。孚：复也，服也。

六五：君子维有解，吉。有孚于小人。

白话：君子只有执法如山为国为民解纷排忧才成其为君了，否则就会变成小人。

注释：维：唯也。帛书作："唯"。维、唯，古音同。孚：帛书作"复"。君子唯有解：君子的职责只是为民排难解纷，去忧除害。

例4：

卦辞：解，利西南。无所往，其来复，吉。有攸往，夙，吉。

"利西南"是因为当时西南方是周文王所在地，代表正义，因而有利于西南方。

"无所往"是没有目的地来回走动。

"夙"是早，是及时，及时赶到。

这里是说"解"是解除下面的盗贼作乱，有利于西南方主持正义的君王去做这样的事。带着很多财宝没有目的地走来走去，这样吉祥。如果时机成熟时，大伙就及时赶到，这样就大吉。为什么这样讲呢，请接着往下看。

初六：无咎。

这里是说近期内发现有盗贼抢劫财物，官府贴出布告，如盗贼们自动投诚，愿意改过自新，可以赦免罪行、作宽恕处理、既往不咎。如果盗贼不思悔改，再次作案被抓获，将格杀勿论。

九二：田获三狐，得黄矢，贞吉。

"田"是指狩猎。

“得黄矢”是指奖赏黄金箭头。

直译是说打猎打到三只狐狸者将奖赏黄金箭头，这样做吉祥。其实这是在比喻。是说官府在贴出布告后并没有人来投案自首，过了一段时间后，重新贴出告示：能抓捕到盗贼者将得到黄金箭头的奖赏。重赏之下必有勇夫，而勇夫们是怎样去抓捕盗贼的呢？

六三：负且乘，致寇至，贞吝。

于是下一幕开场了。一个人背负着很多财物，而又坐在装有很多财物的大车上，行动不方便，引贼盗前来劫掠。他这样做是不是很可笑？

九四：解而拇，朋至斯孚。

“拇”，赵又春先生引高亨先生的解释“‘拇’荀作‘母’，是网的意思，作动词，是收住罗网，缚住的意思。”

“孚”同“俘”。

这里是说当贼寇来抢劫时，君子收住罗网，很多人包围上来将贼寇俘获。

六五：君子维有解，吉，有孚于小人。

“维”，是维系，捆缚的意思。

这里是说众人捆绑住贼寇，人赃俱获，很吉利，小人承认罪过，心服口服。

上六：公用射隼于高墉之上，获之无不利。

“隼”是一种凶猛的鹰，这里喻指被抓获的贼寇。

“墉”是指城墙。

直译是说君王在高高的城墙上射杀了凶猛的鹰“隼”，这样没有什么不利。喻意是说君王将贼寇射杀在高高的城墙上，这样没有什么不利。君王这样做，主要是给世人以警示作用。

编者说明：例 1 见书末参考书目⑲，例 2 见㉑，例 3 见㉒，例 4 见⑳。

第四十一卦　损卦 ䷨ 艮上兑下

（一）原文

（卦辞）损，有孚，元吉，无咎，可贞，利有攸往。曷之用？二簋可用享。

（爻辞）初九：巳事遄往，无咎，酌损之。

九二：利贞，征凶，弗损，益之。

六三：三人行则损一人，一人行则得其友。

六四：损其疾，使遄有喜，无咎。

六五：或益之十朋之龟，弗克违，元吉。

上九：弗损，益之，无咎，贞吉，利有攸往，得臣无家。

（二）解读

卦辞：损，有孚，元吉，无咎，可贞，利有攸往。曷之用？二簋可用享。

解读：“损”，卦名。“损”：损失，减少。“曷”：何，什么。“簋”（guǐ 音轨）：竹子编制的装食物的盘子。

卦辞说，只要诚心帮助他人，即使自己有些损失，也无遗憾，大吉。走正道有利于交往，如同在祭祀时，仅供两盘微薄供品，只要心诚则灵。

初九：巳事遄往，无咎，酌损之。

解读：“巳”（sì 音四）通祀。“遄”（chuán 音传）：快，迅速，急。

古人祭祀是件大事。爻辞说，该祭祀时应迅速去，这样无遗憾，祭品可不多。

九二：利贞，征凶，弗损，益之。

解读：有利的行为是，当他人遇到危难时，应尽力去帮助，有益于他人，自己并没受损失（弗损）。助人为乐。

六三：三人行则损失一人，一人行则得其友。

解读：三人合办一件事，其中有一人不同心，则损失一人；一个人去办事，虽然孤单，但友人帮助办成了。

六四：损其疾，使遄有喜，无咎。

解读：“疾”：疾病。

爻辞说，若有疾病应及时治疗，这样会很快有喜讯，无遗憾。

六五：或益之十朋之龟，弗克违，元吉。

解读：“朋”：朋贝，古代用贝壳当钱用。

爻辞说，假如他人送你价值十朋的金龟，你应接受，不要违背他人的心愿，那是你曾去帮助过他来报恩的，大吉。

上九：弗损，益之，无咎，可贞，利有攸往，得臣无家。

解读：君臣使国家受益，对自己并无损失（弗损），没什么不对的，坚守正道，勇往直前。“得臣无家”是君臣效忠国家，甚至把家都忘了。

小结：损卦宣扬的是损人不利己，损己利人是美德。不图报应，也会得到他人的尊重和回报。笔者题外话：“吃小亏占大便宜”对吗？

（三）选录其他解读

例1：

上九：弗损，益之。无咎，贞吉，利有攸往。得臣无家。

注释：弗损，益之：不能减损，要增益他。得臣无家：得到臣仆而没有得到封地。臣：奴仆。家：大夫的封地。一说此句意为：得到没有家室的单身奴隶或得到贤臣的辅佐，忘记自家。

译文：上九，不能减损，要增益他。没有灾祸，占卜吉祥。利于有所前往。得到奴仆而没有得到封地。

例2：

上九：弗损，益之，无咎，贞吉，利有攸往，得臣无家。

注释：不要损害别人，要有益于别人，则无咎。守正则吉，利有所往。不可任人唯亲，要打破家族的局限性，要搞五湖四海。

例3：

初九：已事遄往，无咎，酌损之。

“已”在这里是指停止的意思。

“遄”是急，是急忙的意思。

这里是说停止自己手头上正在做的事情，急忙前去帮助有困难的人。这样做就对了，可以酌情消损别人一点。

意思是你停下自己手上的工作立即去帮助别人解除困难。这样，在别人家里吃一点东西，或得到别人一点小小的好处，是人之常情。这里是唯一可以去减损别人的，也是两厢情愿的。

九二：利贞，征凶，弗损，益之。

“贞”在这里是指卜问，预示结果，引申为预计事情的好坏。

这里是说如果你看到某人情况不妙、有危难，这时你只能去帮助他，不能去损耗他的财物，只能补益他、帮助他，施而无求，不求回报。

比如，看到你的朋友病了或有危难，你带一些礼物、一点钱财去探望他、资助他，这是不求回报的，只是关系两个人之间感情的事情。

六三：三人行则损一人，一人行则得其友。

这里是说三个人一起出行，如果其中有一个人自损，主动请其他两个人吃中午饭，这样，其他两个人一定会帮他、听他的话、为他做事，成为他的朋友。

六四：损其疾，使遄有喜，无咎。

“疾”同“嫉”，嫉妒的意思。

“遄”是急、快。

这里是说损去自身的嫉妒心理，愈快愈好，这对于你来说是值得庆贺的，这样做就很正确了。

六五：或益之十朋之龟，弗克违，元吉。

“朋”是指朋贝，是指当时的钱。“龟”是当时很值钱的东西。“十朋之龟”是当时最值钱的财物。

“违”是改变。

这里是说别人给你最为值钱的“十朋之龟”，都不能动摇你内心的为人准则、都不会改变你损已利人的心意，这说明你对诚心帮助别人有坚定的信念，这是最吉利的了。

上九：弗损，益之，无咎，贞吉，利有攸往，得臣无家。

“臣”为臣服，古时又为奴隶，这里引申为为人民服务。

这里是说凡是和别人做任何事情都不占别人的便宜，而是帮别人、让别人赢的，这样无过错，这样做是最吉利的。你这样做在事业上会有所作为，能有这样为他人着想的思想行为，你心里没有自己的小家，而是以天下为家、四海为家的思想，这样的人会事业有成，是因为能得到人们的支持和帮助。

例4：

卦辞：损：有孚。元吉，无咎。可贞。利有攸往。曷之用二簋，可用享。

白话：减少祭品问蓍，筮人将筮卦的结果报告主人，筮得“大吉”、“无咎”二占，并告以可以问蓍。再问蓍得到了利于有所行、可用上等技术的庖丁切割的祭牲以施行祭祀等占断。

初九：巳事遄往，无咎。酌损之。

白话：礼衣端委而往祭，［虽然因违礼而］盛酒行觞减少了，但是问著仍得到了没有灾害的占断。

注释：遄，帛书作“端”。

九二：利贞，征凶，弗损益之。

白话：利于问著，得到的回答是征伐不利，不宜减少兵力而应增加援兵。

六三：三人行则损一人，一人行则得其友。

白话：三人同路，一人掉队。而这掉队的人一人行走后又得到了同路人。

六四：损其疾，使遄有喜。无咎。

白话：为了减轻疾病，端委礼衣前往祭祀祈求去病、怀孕。问著得没有灾害的占断。

注释：使遄：帛书作“事端”。

六五：或益之十朋之龟，弗克违。元吉。

白话：增加价值十朋的大龟的进贡，不能违背这命令。问著得到了大吉之占。

上九：弗损益之，无咎。贞：吉。利有攸往，得臣无家。

白话：不要减少而应增加，则没有灾害。筮得吉占。有所往而获大利，得到无家之奴仆。

注释：臣：帛书作“仆”。仆：奴仆。

编者说明：例 1 见书末参考书目⑯，例 2 见⑰，例 3 见⑳，例 4 见㉒。

第四十二卦　益卦 ☴☳ 巽上 震下

（一）原文

（卦辞）益，利有攸往，利涉大川。

（爻辞）初九：利用为大作，元吉，无咎。

六二：或益之十朋之龟，弗克违，永贞吉。王用享于帝，吉。

六三：益之用凶事，无咎，有孚，中行，告公用圭。

六四：中行告公从，利用为依迁国。

九五：有孚惠心，勿问元吉，有孚惠我德。

上九：莫益之，或击之，立心勿恒，凶。

（二）解读

卦辞：益，利有攸往，利涉大川。

解读：“益”，卦名。“益”：增益，利益，富裕。

卦辞说，君子增益，富裕，有利于发展，有利于远渡重洋。

初九：利用为大作，元吉，无咎。

解读：利用大有作为的人，发挥其才能，为社会增益，大吉大利，无过错。

六二：或益之十朋之龟，弗克违，永贞吉。王用享于帝，吉。

解读：送来价值十朋之金龟，不要拒绝接受，永远坚决走正道则吉祥。君子用此礼物祭祀于先帝，吉利。

六三：益之用凶事，无咎，有孚，中行，告公用圭。

解读：“凶事”：灾害、战争。“圭”（guī 音龟）：古代用玉雕刻成长方形的吉祥物。

爻辞说，把收益用在灾害救助，无过错。对群众守信走中正之路，并告诉王公祭祀时用吉祥的圭玉。

六四：中行告公从，利用为依迁国。

解读：“依”：依据、依靠。

爻辞说，走中正之路，劝告王公顺从民意，依据这些理由应该迁都。

九五：有孚惠心，勿问元吉，有孚惠我德。

解读：有诚信，施惠于民之心，不用问，这是大吉之事。百姓也会诚信施惠于我。

上九：莫益之，或击之，立心勿恒，凶。

解读：不仅对他不授益，还击伤他，他若坚守正道之心很快丧失，凶险。

小结：损卦与益卦互为综卦、反卦，用意相反。益卦阐述要走正道，做好事，善于帮助别人，尤其是执政者，要实行“人尽其才，物尽其用”，为国增益，百姓会反馈给执政者“有孚惠我德”。

（三）选录其他解读

例1：

六四：中行，告公从，利用为依迁都。

解读：用于正道，有求必应，为了相互依靠，甚至可以迁移国都。

例2：

六二：或益之十朋之龟，弗克违，永贞吉。王用享于帝，吉。

“贞”这里为“事之干”的“干”，还有守正之意。

这里是说（是多么重大的事情呢?）假如你拿最值钱的“十朋之龟”来送给我，我都不会改变这个主意，我要永远坚持这样做下去才会吉祥，因为君王在祭祀先帝时曾经这样许诺过，而且在祭祀时对这件事的卜问是吉祥的。这是说做公益事业、善益民众要有坚定的信念。

上九：莫益之，或击之，立心勿恒，凶。

这里要和本卦六二联系起来才好理解。

这里是说当你在做这些大的公益事业时，有人给你“十朋之龟”，或者有人来怂恿你，要你改变注意，不是在增益这些公益事业，而是拿公益事业的款项用于自己享乐，或者是挖墙脚、搞损公肥私的事。你原先所树立的善心、诚心、惠民政策没有持之以恒，这样就凶险了。

例3：

初九：利用为大作。元吉、无咎。

白话：这条爻辞的意思是：富有就能利于大兴土木。问蓍得元吉与无咎之占。

六二：或益之十朋之龟，弗克违，永贞吉。王用享于帝。吉。

白话：用重金购得了一只大神龟，举行通天地之祭祀，长久问蓍得吉占。王祭祀上帝用此大龟先行占卜，得吉善之喜兆。

六三：益之用凶事。无咎。有孚中行，告公用圭。

白话：增加建筑工程事业，问蓍得无咎之占。中军回来，用圭板上书向公报告。

六四：中行告公，从，利用为依迁国。

白话：中军用圭向公报告，当服从蓍龟的意志，尽快地为家迁国都吧。

注释：依：帛书作“家”。为家迁国：为了皇室家族而迁徙国都。

九五：有孚惠心，勿问，元吉。有孚惠我，德。

白话：复归仁爱之心，不用问蓍，自然大吉。复归我那仁爱的本心，便是德。

上九：莫益之，或击之，立心勿恒，凶。

白话：不仅没有增加仁惠之心，反而将其本有的仁爱之心击杀了；心中不常存仁爱之心，多么可怕呀！

编者说明：例 1 见书末参考书目⑱，例 2 见⑳，例 3 见㉒。

第四十三卦 夬卦 ䷪ 兑上乾下

（一）原文

（卦辞）夬，扬于王庭，孚号有厉，告自邑，不利即戎，利有攸往。

（爻辞）初九：壮于前趾，往不胜，为咎。

九二：惕号，莫夜有戎，勿恤。

九三：壮于頄，有凶。君子夬夬独行，遇雨若濡，有愠，无咎。

九四：臀无肤，其行次且，牵羊悔亡，闻言不信。

九五：苋陆夬夬，中行无咎。

上六：无号，终有凶。

（二）解读

卦辞：夬，扬于王庭，孚号有厉，告自邑，不利即戎，利有攸往。

解读：“夬”，卦名。“夬”（guài 音怪）：解决，果断，分开。夬卦六条爻，五条阳爻在下，一条阴爻小人在最上爻位置，要解决他。“孚”：高亨先生认为在此通“俘”。“邑”：城邑。“戎”（róng 音荣）：兵，军队。

卦辞说，在王庭上宣布抓获了俘虏，从城邑传来盘据高位的小人动乱的消息，不利于立即出兵解决，当有利时再前行。

初九：壮于前趾，往不胜，为咎。

解读：仅仅前趾壮大，力量还很弱，出征不能胜利，会留下遗憾。

九二：惕号，莫夜有戎，勿恤。

解读：“惕”：警惕。“莫”通“暮”，夜晚。“恤”：忧虑。

爻辞说，宣佈警惕的信号，夜晚小人来袭，做好准备，不必忧虑。

九三：壮于頄，有凶。君子夬夬独行，遇雨若濡，有愠，无咎。

解读：“頄”（kuí 音奎）：颧骨，脸面。“濡”：淋湿。“愠”（yùn 音韵）：怒，恨，怨恨。

爻辞说，脸上表露出还很坚强，这是表面现象，将遇风险。君子不顾自身安危去与小人搏斗，果断独行，途中遇到雨被淋湿，虽有怒气，但无遗憾。

九四：臀无肤，其行次且，牵羊悔亡，闻言不信。

解读：“臀”：屁股。“肤”：肉；皮肤。“次且”同趑趄，行走困难，趑（zì 音自）、趄（jū 音举）。“羊”：详，吉祥。（《说文》：“羊，详也。”）

爻辞说，屁股受了伤，行走困难，还牵着公羊，显示吉祥将来临。公羊争胜顽强，故不后悔，说三道四传闻都不可信。

九五：苋陆夬夬，中行无咎。

解读：“苋陆”：王弼先生说：“苋陆，草之柔脆者也，决之至易，故日夬夬也。夬之为义，以刚决柔，以君子除小人也。”“苋（xiàn 音现）陆”是一种草。

爻辞说，像除掉柔脆的“苋陆”一样，果断地解决掉小人，这是中庸之道无过错。

上六：无号，终有凶。

解读：六爻中最上一爻是阴爻小人，“无号”是小人没有声音了，除掉解决（夬）了，这是凶恶小人最终结局。

小结：夬卦是要解决当权的上层出现叛徒小人。小人代表黑暗恶势力还很强，夜间还来骚扰，君子挺险前去解决，遇到层层险情未遂。但最终善战胜恶，像铲除“苋陆”草一样，处决了小人。

（三）选录其他解读

例 1：

卦辞：夬，扬于王庭。孚号有厉，告自邑：“不利即戎，利有攸往。”

白话：朝廷决定了，再一次号令邑中的人，不利于牵制戎狄，有利立即进击。（这大概是古代一次战争的片段）

注释：夬（guài 怪）：破（剖）竹，引申为决定。

初九：壮于前趾，往，不胜，为咎。

白话：在战争中冲锋时伤了脚趾，行动极不方便，如果继续进行格斗，恐怕不会取胜且还要吃大亏。（这反映了编者畏葸不前贪生怕死的思想）

九二：惕号：“莫夜有戎，勿恤。”

白话：改变了号令，指示命令：夜间有敌人不必进行流血战斗，而应捉活的。

注释：惕（yì 异）：改变。《说文解字》：“惕，轻也，从人易声。”

九三：壮于頄，有凶。君子夬夬独行，遇雨若濡。有愠，无咎。

白话：伤了颧骨，不好。君王一人独行而遇大雨，全身湿透了。但通过烤火取暖之后没有出现反常情况。问蓍得无咎之占。

九四：臀无肤，其行次且，牵羊悔亡，闻言不信。

白话：用无皮肉祭社稷，用上好的蟹酱行礼祀天，牵着大肥羊来到祭祀场上，耳不听旁人之言，目不视其他之物，全心全意贯注于祭祀。

九五：苋陆夬夬中行。无咎。

白话：一个人骑着马在道路上。问蓍得到没有灾咎的占断。

注释：苋陆：借为马勒，比喻坐骑。中行：道路上。

上六：无号，终有凶。

白话：军队没有号令，没有纪律，势必大乱。

例2：

卦辞：夬，扬于王庭，孚号有厉。告自邑，不利，即戎，利有攸往。

这里是说“夬”，在朝廷上趾高气扬、不可一世，声色俱厉地宣扬、呼号：告诉自己的城邑边关，如有不利情况，马上出兵，（言下之意，有我“夬”武艺高超）一定能克敌制胜。

初九：壮于前趾，往不胜为咎。

这里是说“夬”仗着很低层次的武功，趾高气扬地去和人家打斗，结果打输了。他这样做是相当错误的。这里所描写“夬”的武功之差，可想而知。

九二：惕号，莫夜有戎，勿恤。

“莫”，古通“暮”。

这里是说“夬”带着战惕的声呼号：“（有我把关）如晚上有兵戈之事，大家不用担心。”这里描写得很有分寸，上面“初九，壮于前趾，往不胜”，所以这里“夬”有点心虚胆怯，故“惕号”。可是“夬”还在逞强。

九三：壮于頄，有凶，君子夬夬，独行遇雨若濡，有愠无咎。

“頄”是指颧骨，这里喻指整个面部。

“凶”喻指杀气腾腾的样子。

这里是说这时“夬”绷紧脸孔，一副凶神恶煞的模样，执意与别人决斗，结果遭到雨点一样的打击，被打得浑身是“雨”（血），像落汤鸡一样。这样一切都真相大白了。“有愠无咎”，“愠”大多数人认为怨恨、抱怨的意思。这里应该引申为悔恨。是说（“夬”）如果他早有悔恨（是指“壮于前趾，往不胜”），就不至于遭遇如此祸咎。

九四：臀无肤，其行次且。牵羊悔亡，闻言不信。

这里是说“夬”（和人家打斗，被打得很惨）好像臀部无肌肉一样走路不稳，歪歪扭扭，牵羊的力气都没有了，牵羊时担心羊会丢失，现在他讲的话已经没有人相信了。所有人都知道他是吹牛皮了。

九五：苋陆夬夬，中行无咎。

“苋陆”是草名，即现在的马齿苋，是一种很容易折断的草。

这里是说“夬”被打得像马齿苋一样脆弱了。如果他能够像九五位于中行一样，执稳健中道的言行，他就不致有如此祸咎。

上六：无号，终有凶。

这里是说最后“夬”连叫喊声都没了，终于凶险了。

例3：

卦辞：扬于王庭，孚号：“有厉告自邑，不利即戎，利有攸往。”

《说文》：“夬、分决也。”“分决”是联合结构，因之“决”在这里乃是“分”的近义词，“断开”义。这样，按卦名“夬”的指示，抽象地说，本卦主旨当是讲“分离”，也即不相接触。

这条卦辞是说：要在朝廷上明确宣告并心怀诚信地发出命令：边关城镇若是发来危急求援的报告，要一律回复说不宜出兵征伐，最好暂时逃走。就我所见，只有刘大钧先生对这条爻辞的理解比较接近我的看法，他的译文是：“在王朝庭上宣扬，竭诚疾呼有危险，告诫自己封邑内的人，不宜立即动武，宜有所往。”

初九：壮于前趾，往不胜，为咎。

初爻应该这样翻译：在自己已受创伤，力量不足以承担战事的情况下还偏要去对敌作战，那只会造成灾难。这明显是点明本卦的主旨。也许，卦辞就是根据这条爻辞撰写的。

九二：惕号：莫夜有戎，勿恤。

这条爻辞的冒号是我打的，一般都作逗号，黄、张二先生的译文则可作流行理解的代表：“时刻戒惕呼号，尽管深夜出现战事也能对付，不必忧虑。”这理解在文字上可以通过：“惕”有戒惧义；此“莫”（读mù）为“暮”的本字；“恤”即忧虑。朱高正博士还挑明其寓意说：“这就是所谓的‘有备无患’。”似乎古今注家一律如此理解。

这一爻应这样翻译：要向下级发布命令：即使夜里有敌兵来袭，也不可迎战出击。这就既合全卦主旨，又紧承了上一爻的意思，还交代了听话的对象乃是“居上位者”，从而使“惕号”的主体同卦辞中“孚号”的主体一致了。

九三：壮于頄，有凶，君子夬夬独行。遇雨若濡，有愠无咎。

“頄”，帛书作“頯”，读qiú或kuí，是指人的颧骨，这里当是代表整个脸部。训“壮”为强壮的注家，多将头一句译为“强盛在脸部颧骨上”，或“绷紧了面孔”。按我的理解，这句是说“伤在脸上”，实是喻指伤到了要害部位，因为在人体各部位中，“脸”对人的体面、尊严来说是最关紧要的。所以从对敌作战方面看，这是说主帅亲自统领的部队被打败了——主帅亲领的队伍必定既是主力，又是全军的“面子”所在。因此，接着就评论为“凶”。在“凶”的局面下，主帅该如何办？下句就是回答这句问题：要毅然决然地撤走。“君子”本来就是指将帅，“小人”指士卒或下级军官，“夬”是分决义，“夬夬”就当是刚毅果断的意思。可见这一爻也是说的不要应战，即不要同敌方接触，要“夬”。

后面的“遇雨若濡，有愠无咎”，是承前文说：这样即使又遭逢大雨，把一身淋得透湿（实是指又遇到敌方狙击而大败），也只会招人怨恨（愠），不会造成祸咎。

九四：臀无肤，其行次且，牵羊悔亡，闻言不信。

这一爻的文字与帛书多有不同，各家的注释、翻译也分歧极大，只能讲一下我的意见——猜测了。

“肤”即肥肉，通常在臀部最易积累，现在连臀部都没有了，足见已骨瘦如柴，衰弱至极，“风都吹得倒了”。“次且”即“趑趄”，行走困难的样子。从全卦主旨是讲“不要应战”看，开头说上这样两句当是引导读者设想：“这时候人还能做什么？”换言之，这是喻指国力极弱，禁不起任何战争的消耗与摧残了。

“牵羊悔亡”理解为“携带财物逃跑”。这样，这条爻辞到此为止，说的意思可归结为：“仗是不可能打了，只好跑。”

九五：苋陆夬夬，中行无咎。

对不起，这条爻辞究是何意，我连猜想都不敢提一个来供读者参考了。

上六：无号，终有凶。

我以为这“号”仍是“号令”义，这一爻乃是针对第二爻中的“惕号”，以及其他爻中实际含有的“号”而发，即“无号”是说：（如果）不向下属发送这些要求“不同敌方接触”的号令。下达“不要应战”的命令当然是为了避免“凶”，所以要说“无号”（即不发这种命令）的结果是“终有凶”。这样解释，这一爻就体现了全卦主旨，又是前面五爻的总结，故而用作全卦的结束语了。

编者说明：例 1 见书末参考书目㉒，例 2 见⑳，例 3 见㉑。

第四十四卦　姤卦 ☰乾上 ☴巽下

（一）原文

（卦辞）姤，女壮，勿用取女。

（爻辞）初六：系于金柅，贞吉。有攸往，见凶。羸豕孚蹢躅。

九二：包有鱼，无咎，不利宾。

九三：臀无肤，其行次且，厉，无大咎。

九四：包无鱼，起凶。

九五：以杞包瓜，含章，有陨自天。

上九：姤其角，吝，无咎。

（二）解读

卦辞：姤，女壮，勿用取女。

解读：“姤”，卦名。“姤”（gòu 音购）同“遘”，相遇，遘和。

卦辞说，女子性格倔壮，不可娶其女。

初六：系于金柅，贞吉。有攸往，见凶。羸豕孚蹢躅。

解读：“系”：绑住，捆绑。“金柅”（nǐ 音你）是铜制车闸。“羸”（léi 音雷）：瘦，还有缠绕之意。“孚”通浮，轻浮。“豕”：猪。“蹢躅”（zhí zhú 音直足）：来回走动不安。

爻辞说，车上按装铜制的车闸，以便能控制车。女人要能控制自己，守贞才会吉祥。在前进的路上遇见凶情，便应刹车。喻指女人在情感方面不能轻举妄动，要有约束。“羸豕孚蹢躅”是说猪轻浮就应该受到约束。

九二：包有鱼，无咎，不利宾。

解读：“包”同“庖”，厨房。“包有鱼”直译厨房里有鱼，喻指钱包里有余钱，自己还够用，但招待宾客就不够了。

九三：臀无肤，其行次且，厉，无大咎。

解读：“臀”：屁股。屁股受伤，行动困难，喻指有病没法与姤合对象沟通，险情，但无大的后遗症。

九四：包无鱼，起凶。

解读：厨房里没有鱼，喻意钱包无余钱，寸步难行，起步则凶。

九五：以杞包瓜，含章，有陨自天。

解读：“杞”（qǐ 音起）：树的名字，叫杞柳。“章”：文彩，文章。“陨”（yǔn 音允）：陨石，降落。

爻辞说，用杞柳条包裹甜瓜，这是包装的含章，表面文章，不真实，就像落下的陨石被摔破，将暴露出虚伪的实质。喻意要姤合，不能虚伪。虚伪者，迟早会暴露。

上九：姤其角，吝，无咎。

解读：“角”是牛羊头上的高尖的角，喻意要姤合，不要高攀，要门当户对，双方各方面差距很大，难成功，也无需去责备。

小结：姤卦提醒男女双方欲姤合，需具备主观和客观的条件，不仅素质品德，还与经济实力相关联。仅“包有鱼”还不利招待宾客；“包无鱼”起步则凶。姤合的思路，可扩大到社会群众各方面的合作条件。

（三）选录其他解读

例 1：

初六：系于金柅，贞吉。有攸往，见凶。羸豕孚，踯躅。

注释：系于金柅：被铜车闸卡住。系：绑住。金：指黄铜，商、周时金和黄铜不分。柅：车闸。羸豕孚，踯躅：瘦猪跑回来，挣扎不安。羸豕：瘦猪。孚：帛《易》作复，返回。

译文：初六：紧紧地被铜车闸卡住，占卜吉祥。出行有凶兆。瘦猪跑回来，用力挣扎。

九五：以杞包爪，含章，有陨自天。

译文：九五，用柳条包裹瓜果，内含美德文彩，如（陨石）从天而降。

上九：姤其角，吝，无咎。

译文：上九：遭到兽角抵触，有困难，但没有灾祸。

例 2：

卦辞：姤。女壮，勿用取女。

“女壮”不是指强壮的女孩子，而是指性欲旺盛的女人。

“取”同“娶”。

这里是说“姤”是指男女之间的结合。如果女孩子性欲望很强，你不要去娶这样的女孩子。这反映出我国古代对于女人的世俗观念。

初六：系于金柅，贞吉。有攸往，见凶，羸豕孚蹢躅。

“柅”是指用于刹车的木块。

“贞”有守正，同时又有这样去干的意思。

“羸”是瘦，同时还有缠绕、捆绑的意思。

“孚”通“浮”，这里是浮躁的意思。

“蹢躅”是不安地走来走去的样子。

这里是说（年轻女人的心）要像牢牢地系在刹车板上一样稳定，这样守贞、守正才会吉利。这里强调女人的心思要正，不要去乱想男人。如果像被捆绑的瘦猪一样，看到男孩子就浮躁不安走来走去，这是很凶险的。“有攸往”是指女人的心理倾向，女人见到男人就想前往的欲望。

九二：包有鱼，无咎，不利宾。

“包”是指包容。

“鱼”，通“渔”，是指“渔色女人”的渔，“渔色”是指猎取美女。所以这里的“鱼”是指以不正当的手段猎取女人的男人。

“鱼”，《说文》曰：“鱼，水虫也。”这里是寓指男人。现在民间还能听到，有些女人以像泥鳅一样的鱼——“滑哥”来喻指男人的阴茎，也即是喻指男人。

这里是说年轻的女人私下里包容有男人，这样无过错，但是这不能让其他任何人知道。

九五：以杞包瓜，含章，有陨自天。

“杞”是指枸杞。

“包瓜”是一种瓢瓜。

“章”是指文章，又指大材。

“以杞包瓜，含章”喻指一个像包瓜里全是杞子一样，满腹经纶，内心全是文韬武略的男人。

这里是接上一爻。这里是说有一个满腹经纶、才华出众的男孩子，像陨星一样从天而降，来娶这位守贞节的女孩子。

上九：姤其角，吝，无咎。

这里是说女人在暗角落里和男人约会，这是很遗憾的，但没有大过错，不要去责怪她。

例3：

卦辞：姤，女壮，勿用取女。

白话：这条卦辞的意思是：狗［咬］伤了嫁女，［取妇之家问筮］得到了不利于娶女之占。

注释：姤（gòu 垢）：卦名。帛书作“狗”。

初六：系于金柅，贞：吉。有攸往，见凶羸豕孚，蹢躅。

白话：媒人游说于男女双方之间，叩见于金阶，问筮得吉善之占。有所往，归途中见惊恐瘦弱的猪，本来不吉利，但仍然成全了这桩婚事。

注释：系于金柅：帛书作“击于金梯”。击于金梯：叩见于金阶。击，叩也。

九二：包有鱼。无咎、不利宾。

白话：这条爻辞的意思是：厨房有鱼。为此问筮得到没有灾咎和不利于用这鱼招待客人的占断。

九三：臀无肤，其行次且。厉、无大咎。

白话：用来祭祀的生肉没有皮乃不合礼，只好改用鄚地出产的蟹胥做祭品。［问筮］得到可以行动并无大咎的占断。

九四：包无鱼，起凶。

白话：［兵马未动，粮草先行］，厨房没有食品，出兵征伐则危险。

注释：包：读作“庖”。起：帛书作“正”，借为“征”。

九五：以杞：包瓜含章，有陨自天。

白话：礼的大忌是祂树苽草开花，埙乐自天降临。

注释：以杞：帛书作“以忌”。忌杞，古音同。以忌：大禁忌。以，同已。

上九：姤其角。吝、无咎。

白话：狗咬牛羊伤其角，问筮得吝而无咎之占。

注释：姤其角：帛书作“狗其角”。狗其角：狗咬牛羊的角。古人以狗看守羊牛。

例 4：

卦辞：女壮，勿用取女。

这个“女壮”其实不是讲准备娶来作妻子的女子太壮，而是比喻可能的谈判对手实力太强。这条卦辞乃是说：如果对方实力太强，远远超过自己，那么你就不要同他议和。

初六：系于金柅，贞吉；有攸往，见凶。羸豕孚蹢躅。

这是在教诲面对实力强大的对手而又不愿主动求和的国家领导者，这时候该如何表现。对手比你强大，他尚未来进攻你，一定是等着你去主动向他求和；你不愿求和，他若知道，就会马上来打你，你就会完蛋；处此两难之际，最好的策略显然是拖延时间，让对方感到你正在考虑之中，从而继续等下去，你就可以利用这时间积蓄力量，争取强大起来。因此，你这时最好装出一副被捆住了的猪的样子，在求和的路上前进，但慢得要死——用猪来比喻，是因为这是装给对方看的，在强大的对手心中，想向他求和而又不迅速行动者，都是“笨猪”。

九二：包有鱼，无咎，不利宾。

我家里有鱼（即有好吃的），这不该受到责难，因此我也就不必外出作客以求捞点好吃的东西了。寓意是：如果你自己强大，很有实力，就更不必委屈自己向人求和了。

九三：臀无肤，其行次且，厉，无大咎。

这一爻是说：你即使实力单薄得很，像瘦得连臀部都没有了肉，走起路来歪歪斜斜的人一样，也仍然要坚持不主动求和的立场，这样虽然有点危险，但也不会造成大的不利后果。

九四：包无鱼，起凶。

这一爻乃是教诲当政者们：你的国家弱，这是你在同人谈判时处于不利地位的根本原因。

九五：以杞包瓜，含章，有陨自天。

“以杞包瓜”，是说用杞树叶把瓜包起来。喻指不张扬自己的优势，收敛起自己的锋芒。“瓜”就是“章”，即国家的优势。这里用“瓜”喻指国家的优势、利器。任何一个弱国也总有一点其他国家所没有的好东西即“利器”的。这些“利器”不让对手知道，他就不会来偷、来抢，或者趁我积累的不多时就来进攻我，他就会压根儿瞧不起我，我才能不声不响地争取时间发展之，一旦足以同敌方相行抗衡，我就从“包无鱼”之国转化为“包有鱼”之国了，那一天达到来，就像天上落下陨石了。

上九：姤其角，吝，无咎。

自己的优势、利器本来是可以向人炫耀，用来威慑他人的，就像野兽的角是用来护己斗人的一样，现在竟不得不隐蔽起来不让人发觉，不是如同在兽角上架上横木，让它的角发挥不了作用吗？这是不得已的事，使人感到蒙羞、懊恼的事，但这样做又是为了自己的根本的长远的利益，终将给自己带来大好处。

编者说明：例 1 见书末参考书目⑯，例 2 见⑳，例 3 见㉒，例 4 见㉑。

第四十五卦　萃卦 ䷬ 兑上坤下

（一）原文

（卦辞）萃，亨，王假有庙，利见大人，亨，利贞。用大牲吉，利有攸往。

（爻辞）初六：有孚不终，乃乱乃萃，若号，一握为笑，勿恤，往无咎。

六二：引吉，无咎，孚乃利用禴。

六三：萃如嗟如，无攸利，往无咎，小吝。

九四：大吉，无咎。

九五：萃有位，无咎。匪孚，元亨(1)永贞，悔亡。

上六：赍咨涕洟，无咎。

注：（1）原文无“亨”字是传抄错掉，笔者同意邵氏多方考证，应添加此“亨”字。

（二）解读

卦辞：萃，亨，王假有庙，利见大人，亨，利贞。用大牲吉，利有攸往。

解读：“萃”，卦名。萃：聚集，聚会。例如群英相聚称荟萃。“假”：利用、到。

卦辞说，君王来到宗庙，与想见君王大人的群英相聚，上下沟通，坚守正道。用大牲口祭祀特吉利，更有利于发展事业。

初六：有孚不终，乃乱乃萃，若号，一握为笑，勿恤，往无咎。

解读：“孚”：诚信，信用。

爻辞说，初六开始守信用，没坚持到底，乱了人心又相聚。初六认识自己的错误，呼号众人原谅，而后双方握手言欢，解除忧虑，勇往直前。

六二：引吉，无咎，孚乃利用禴。

解读：“禴”（yuè 音越）：古代在春秋或夏季时的一种简朴祭祀。

爻辞说，由于诚心诚意地举行简朴的祭祀，引来了吉祥，无过错。

六三：萃如嗟如，无攸利，往无咎，小吝。

解读：“嗟”：哀叹、叹息。

爻辞说，聚会时叹息，不利于前行。不叹息往前行无过错，虽然有点小麻烦。

九四：大吉，无咎。

解读：此爻为什么“大吉”？因是萃卦，爻辞应说，能相聚在一起大吉，无过错。

九五：萃有位，无咎。匪孚，元亨永贞，悔亡。

解读：九五是君位，相聚时君王就其位，无错。“匪孚”是君王不负众望，在开始时就坚守正道，永久这样，于是众人就没有遗憾了（悔亡）。

上六：赍咨涕洟，无咎。

解读：“赍（jī 音几）咨”：悲叹。“涕洟”（yí 音夷）：流鼻涕流眼泪。

爻辞展示，萃卦已到最后一爻上六，物极必反，不“萃”了。上六很孤独，悲叹流鼻涕眼泪，自己认为无过错。

小结：萃卦展示能相聚团结就是力量。君王利用“王假有庙”大祭祀与群英相聚。又利用“孚乃利用禴”简朴祭祀与君臣相聚。相聚时，没必要哀声叹气“萃如嗟如”，若自知错了，可以握手言欢“一握为笑”团结了。

（三）选录其他解读

例 1：

卦辞：萃，亨，王假有庙。利见大人，亨，利贞。用大牲，吉，利有攸往。

“亨”是指心理倾向，是指他执着努力地追求。

“假”是利用、借助的意思。

这里是说（有一个人在想）“萃”利用聚众，在聚众时作很有号召力的演讲，演讲者多有威望啊！他心里非常向往，这就像君王借助庙会来聚众一样多威风啊！这样做可以表现出大人物的气质和风范，他下决心执着地朝这方面不断追求，有利于他在这方面不断地努力奋斗，而且要用大的牲口来做祭品才会吉利、才会吸引人、才会有利于聚“萃”的顺利进展。

初六：有孚不终，乃乱乃萃。若号，一握为笑，勿恤，往无咎。

“孚”是指诚信，这里引申为信服。

这里是说在一个很大的聚会上，有一个（完全没有威信、没有伟人风度的）人在台上作演讲，一开始还好，不一会儿就没有人信服他了，民众对演讲人很不在意，乱哄哄的，始终不能安静下来。讲演人一声呼号，并抱拳致意，这弄得台下的民众哄堂大笑。但是他说，不用担心，我会继续努力的，再进行下去就不会有过错了。这是描写一个完全没有演讲能力的人、一个完全没有威严的人在演讲时的闹剧。

六二：引吉，无咎，孚乃利用禴。

“禴”是简单的祭祀活动。

这里是说聚“萃”者想把事情引向好的方面发展，他想这样一定没错。他有诚心、决心要把聚“萃”搞好，于是他想到利用简单的祭祀活动，来锻炼、提高自己的演讲能力。

六三：萃如嗟如，无攸利。往无咎，小吝。

“嗟”是指唉声叹气。

这里是说但是在简单的祭祀活动中，当他站在台上要演讲时，他唉声叹气了，他不知道怎么样讲话了，他不知所措，讲话没能进行下去。不要担心，再发展下去他会不断改进的，这只是小小的遗憾而已。

九四：大吉，无咎。

这里是说聚“萃”的上司说，大吉，大家不用担心，一切都会向好的方面发展的，没有过错。

九五：萃有位，无咎，匪孚。元永贞。悔亡。

这里是说“萃”已经提升到做主持人的职位了、有一定的官位了（九五在本卦中属于最尊贵的位置），这样没有过错，但是下面的民众没有人信服他（“匪孚”）。因为他一开始到现在都非常努力、非常执著地提高自己在演讲方面的能力（“元永贞”），大家也就没意见了（“悔亡”）。

上六：赍咨，涕洟，无咎。

“赍咨”是嗟叹的意思。

“涕洟”是指一把鼻涕，一把泪水。

这里是说（在再一次的聚会上要“萃”在台上演讲时，）“萃”不断地唉声叹气，不知所措，不知道怎么样讲才好，而且哭得一把鼻涕，一把泪。但是“萃”还在表示他会努力改进。

例2：

卦辞：萃，亨，王假有庙，利见大人，亨，利贞。用大牲，吉。利有攸往。

白话：王终于来到了宗庙进行祭祀，这利于群臣诅见君王，也利于问著。祭祀用大牲牛牢，利于有所施行。（这反映了当时的君臣关系和天人关系。对上天要诚意尊敬，祭祀要用大牲。）

注释：萃：卦名，聚也。卦名帛书卦爻辞均作“卒”。卒，终，终于。

初六：有孚不终，乃乱乃萃，若号一握为笑，勿恤，往，无咎。

白话：没有到达终点就半途折回来了，通过教育到达了目的地，阖家欢笑，不进行血祭，前往问著得到了没有灾害的占断。

注释：孚：帛书作“复”。乱：帛书作“乳”。若号一握：帛书作“若其号一屋”。有复不终：不终而复，未到达目的地就回来了。

六二：引，吉、无咎、孚乃利用禴。

白话：练习射箭，问蓍得吉善与无咎之占。反复练习则利于征伐。（这反映了古人重视军事训练的思想）

注释：引：开弓，习射。孚，帛书作“复”。复：反复，再三。禴（yuè 跃）：帛书作“濯”。濯，为“濯征”的省文。濯征：大的征伐。

六三：萃如嗟如，无攸利。往，无咎、小吝。

白话：总是蹉叹不已是没有什么好处的。往问蓍得无咎与小吝之占。

九四：大吉、无咎。

白话：这条爻辞的意思是：问蓍得大吉与无咎之占。

九五：萃有位，无咎，匪孚，元永贞，悔亡。

白话：最后终于有所建树。虽然没有回家来，也没有关系。只要慎终如始，长久问蓍，得到天意才有所行动。因而一切悔恨都会消失。（这反映了先民浓厚的天命思想，一切行动都要得到人格神的指示方能行动。只有如此才能无咎，才能悔亡。）

注释：萃有位：帛书作“卒有立”。卒有立：终于有所建树。立，建树。

上六：赍咨涕洟，无咎。

白话：舂人屏息吸呼小心翼翼地供奉祭祀所需之粟米，憋得泪流洎出，不成体统。问蓍却得无咎之占。

编者说明：例 1 见书末参考书目⑳，例 2 见㉒。

第四十六卦　升卦 ䷭ 坤上 巽下

（一）原文

（卦辞）升，元亨。利[1]见大人，勿恤，南征吉。

（爻辞）初六：允升，大吉。

九二：孚乃利用禴，无咎。

九三：升虚邑。

六四：王用亨于岐山，吉，无咎。

六五：贞吉，升阶。

上六：冥升，利于不息之贞。

注：(1)原文为“用”字是传抄错字，笔者同意邵氏多方考证，应改为“利”字。

（二）解读

卦辞：升，元亨。利见大人，勿恤，南征吉。

解读：“升”，卦名。“升”：上升，晋升，升级，发展。“南”：南方，五行属火，光明。古代风水建筑选座北朝南。

卦辞说，升级大为亨通，会遇见伯乐的赏识，不必担忧，向南方光明之路行进，吉祥。喻指提升要走光明之路。

初六：允升，大吉。

解读：“允”：允许，允诺，承诺。

爻辞显示，初六虽居六爻最底层，却获得提升的允许，大吉利。

九二：孚乃利用禴，无咎。

解读：想提升，用诚心在简朴祭祀时祈求，无内疚。

九三：升虚邑。

解读：“虚”：虚拟。“邑”：城邑。

爻辞说，自己心想被提升到那个职务——虚拟的境界（邑）。

六四：王用亨于岐山，吉，无咎。

解读：“岐山”是周朝的发祥地。

爻辞说，君王用被提升者主持岐山的祭祀，吉利，故无咎。

六五：贞吉，升阶。

解读：坚持逐步走正道才会吉祥。就如同提升像登台阶，要一步步登，不要一步登天。

上六：冥升，利于不息之贞。

解读：“冥”（míng 音鸣）：昏暗，在此指苦思冥想。

爻辞说，最后已经提升到苦思冥想的职务，有利于不停息地走正路，更好的为民服务。

小结：升卦展示要想得到提升，应走正道（南方）。获得上级和群众的允许才能提升。不要妄想一步登天，应一步步“升阶”。心中怀有目标“升虚邑”，靠个人努力终于达到“冥升”。

（三）选录其他解读

例1：

九三：升虚邑。

“邑”是指城邑。“虚邑”是指没有人的城邑。

“升虚邑”是指他又升官了，比喻只是升了个有职无权的官，纯粹是一个虚的官衔而已。

上六：冥升，利于不息之贞。

“冥”是昏晦，又指阴间，在这里是虚无飘渺的意思。

这里是说君王又不断地给他加了很多空的官衔，这有利于他对官职无止境的追求。

例2：

卦辞：元亨。用见大人，勿恤，南征吉。

这条卦辞可以这样翻译：要表现出大人物的风范来，不必担心这会有什么不好，只要恪守君王之道，你的事业就会吉祥顺利。

初六：允升，大吉。

这一爻应该翻译为：因待人诚信、做事公平而得到升迁，必定大吉大利。

例3：

卦辞：升，元亨，用见大人。勿恤，南征。吉。

白话：征集兵员非常顺利，形势大好；进行血祭以告鬼神，求南征之吉凶。问蓍得吉占。

注释：升：卦名。帛书卦爻辞均作“登”。登：征集兵员。

初六：允升，大吉。

白话：不断地征集兵员，拥有足够的后备军队是保证战争胜利的重要条件，问蓍得大吉之占。

注释：允升，帛书作“允登”。允登，继续不断地征集兵员。允，继续。

九二：孚乃利用禴。无咎。

白话：征集了大量的兵员回营，利于大战。问蓍得到了没有什么灾咎的占断。

九三：升虚邑。

白话：征集祭品于殷虚准备大的祭祀。（这大概是商代的筮辞）

六四：王用亨于岐山。吉、无咎。

白话：王在岐山举行祭祀大典。问蓍得吉善与无咎之占。

六五：贞：吉。升阶。

白话：问蓍得吉占。征集攻城用的梯子。

注释：升阶：帛书作“登阶”。

上六：冥升，利于不息之贞。

白话：夜晚征集，利于不停地问蓍。

注释：冥升：帛书作“冥登”。冥登：夜晚征集兵员，军需物资。冥，夜。不息：不停。

编者说明：例 1 见书末参考书日⑳，例 2 见㉑，例 3 见㉒。

第四十七卦　困卦 ䷮ 兑上 坎下

（一）原文

（卦辞）困，亨，贞大人吉，无咎。有言不信。

（爻辞）初六：臀困于株木，入于幽谷，三岁不觌。

九二：困于酒食，朱绂方来，利用享祀，征凶，无咎。

六三：困于石，据于蒺藜，入于其宫，不见其妻，凶。

九四：来徐徐，困于金车，吝，有终。

九五：劓刖，困于赤绂，乃徐有说，利用祭祀。

上六：困于葛藟，于臲卼，曰动悔有悔，征吉。

（二）解读

卦辞：困，亨，贞大人吉，无咎。有言不信。

解读：“困”，卦名。“困”：贫困，困境，窘迫。

卦辞说，困卦亨通，对走正道大人物吉祥，无过错。与此相反的言论不可信。

初六：臀困于株木，入于幽谷，三岁不觌。

解读：“臀”：屁股。“株木”是指木制的刑具。“幽谷”：幽深的山谷，比喻是监狱。“三岁”：泛指多。“觌”（dí 音笛）：见。

爻辞说，用木棍打此人的屁股，投入监狱，多年不释放。

九二：困于酒食，朱绂方来，利用享祀，征凶，无咎。

解读：“朱绂”（fú 音服）：古时红色的礼服，代表官职的等级。

爻辞说，贫困到没饭吃，苦读书考上了官职，刚好送来礼服，穿上礼服去祭祀，无过错。但不能表显出得意忘形、耀武扬威的凶相。

六三：困于石，拒于蒺藜，入于其宫，不见其妻，凶。

解读：“蒺藜”：带刺的植物。

爻辞说，被困在乱石中，周围是带刺的蒺藜，挣脱出困境回到家，妻子都不想见他，躲出去了，凶险。

九四：来徐徐，困于金车，吝，有终。

解读：“金车”：用金属装饰的车，权贵者乘坐。

爻辞说，被权贵者困禁，终于慢慢地出来了，逢凶化吉。

九五：劓刖，困于赤绂，乃徐有说，利用祭祀。

解读：“劓”（yì 音义）：割鼻子，古代刑法。“刖”（yuè 音月）：砍断腿脚，古代刑法。“赤绂”（fú 音服）：古时高官贵族穿的红色礼服。“说”通脱。

爻辞说，被权贵者困禁的感受，如同割鼻砍脚。有人协助才徐缓解脱，用祭祀感谢上天的保佑。

上六：困于葛藟，于臲卼，曰动悔有悔，征吉。

解读：“葛藟”（lěi 音垒）：葛藤。“臲卼”（nièwù 音聂物）：坐卧不安的样子。

爻辞说，被葛藤困扰，坐卧不安，进也不好，退也不好，进退两难。“征吉”是用对抗手段解决才能逃脱险境，获得吉祥。

小结：困卦设立了多种多样的困境，让读者发挥智慧去摆脱，这需要耐心和毅力，不能坐等，应主动脱险“征吉”。从另一个角度看，摆设的一些困境是由于违法犯罪行为引来的后果，若坚守正道不违法就没有困禁了。

（三）选录其他解读

例 1：

卦辞：困，亨。贞，大人吉，无咎。有言不信。

“亨”这里是指心理倾向，心里非常执著、向往。

“贞”这里是指“事之干”的“干”，是指做事、干事。

“大人”是相对小人而言，这里是指正人君子。

这里是说（一个官吏）被很多事务性的工作所困。但是他还是非常执著、勤恳、认真细致地干他的工作。他这样做，作为一名正直的官吏是吉利的。他没有过错（“无咎”），没有做错事，但是他讲的话却没有人会相信。这是什么原因呢？

初六：臀困于株木，入于幽谷，三岁不觌。

“臀”就是指屁股。

“株木”是指木头，在这里是喻指木板凳。

“幽”就是幽暗的意思。

“觌”同“见”。

直译是说屁股困坐在木头上，在深深的幽暗山谷里，三年都不见天日。这里比喻当官的整天都坐在板凳上，在官府的深宅大院里处理政务，三年都未能离开，三年都不见世面。

九二：困于酒食，朱绂方来，利用亨祀，征凶，无咎。

“朱绂”是古代红色的蔽膝，代表官阶的等级。

这里是说官员忙着应酬于酒食中，另一个官员又来邀请要参加祭祀活动，他实在太忙了，他认识到这样忙于应酬、忙于酒食不利于处理政务、有凶险。但是他本身没有过错。

六三：困于石，据于蒺藜，入于其宫，不见其妻，凶。

“疾藜”，其种子是一味带有刺的中药，这里是指棘刺。

这里是说困在乱石之中，手握棘刺，进入到屋里见不到他的妻子，这样是凶险的。这是比喻：一个官吏困于权力范围内，去处理没有办法处理、非常棘手的政务，回到家里见不到他的老婆，这样是凶险的。

九四：来徐徐，困于金车，吝，有终。

这里是说官吏忙于办理政务困在车子上，车子姗姗来迟走得太慢了，心里很着急，但是最终有好的结果。

九五：劓刖，困于赤绂，乃徐有说，利用祭祀。

“劓刖”，在这里我同意刘大钧先生及高亨先生的解释，为不安之貌。

“赤绂”是比朱绂稍逊一等级的蔽膝，这里是指官服。

这里是说他感到心理不安、很不耐烦，是因为他被困在官场的很多应酬当中，慢慢地商量决定又要去祭祀。

上六：困于葛藟，于臲卼，曰动悔，有悔，征吉。

“葛藟”是一类攀附缠绕的藤萝类植物。这里是比喻纠缠在牵涉到多方利益纠葛不清的政务。

“臲卼”是动摇不安的样子。

这里是说官员被困于处理很复杂、牵扯多方利益的政务时，感到心里不安、心里不踏实，而无从下手，如果一开始没有理清头绪，就去受理，会搞错搞乱（“曰动悔”）。后来他终于搞清头绪了，他终于明白是哪一方面搞错乱了（“有悔”），他这样做下去就吉利了。

例2：

卦辞：困，亨，贞：大人吉、无咎。有言不信。

白话：这条卦词的意思是：身陷囹圄，祭祀问蓍，得大人吉与无咎之占。这些话是绝对不能说出去的。

初六：臀困于株木，入于幽谷，三岁不觌。

白话：屁股挨了一顿板子之后被关进了监狱，三年尚未释放。

注释：困于株木：遭受板子、棍子毒打。幽谷：深暗的地方，比作监狱。

九二：困于酒食，朱绂方来。利用享祀。征凶。无咎。

白话：准备好祭祀用的酒食，穿上纯赤色的祭服进行祭祀以迎四方气于郊外。问蓍得利用享祀之占。征伐失利，问蓍得无咎之占。

注释：朱：帛书作“絑”。絑（zhū 朱）：纯赤色。

六三：困于石，据于蒺藜，入于其宫，不见其妻。凶。

白话：这条爻辞的意思是：一个犯人被捆绑在耻辱石上，嗣后置身囹圄，放声号哭。继而放归田里，回到家中妻子不见了。问蓍得凶占。

注释：古代监狱周围常种疾藜以防范犯人越狱。

九四：来徐徐，困于金车。吝，有终。

白话：因为来得缓慢迟到了，所以被软禁起来了。问蓍得吝难与有终之占。

九五：劓刖，困于赤绂，乃徐有说，利用祭祀。

白话：在屋梁上安装好副椽，而为祭服所困，慢慢解脱之后，方利于祭祀。

注释：劓刖（yì yuè 艺月）：割鼻子，割腿。帛书作“贰椽”。贰椽，副椽。椽，安在梁上支架屋面和瓦片的木条。

上六：困于葛，藟于臲卼。曰：动悔有悔！征：吉。

白话：限制穿粗布衣服，捆缚于副椽之上。自言自语说道，倒霉啊！真倒霉！家中人为之问蓍，却得了吉占。

注释：葛：帛书作“褐”。褐：兽毛或粗麻制成的短衣，古时贫贱人所服。

编者说明：例 1 见书末参考书目⑳，例 2 见㉒。

第四十八卦 井卦 ䷯坎上巽下

（一）原文

（卦辞）井，改邑不改井，无丧无得，往来井井，汔至，亦未繘井，羸其瓶，凶。

（爻辞）初六：井泥不食，旧井无禽。

九二：井谷射鲋，瓮敝漏。

九三：井渫不食，为我心恻。可用汲，王明，并受其福。

六四：井甃，无咎。

九五：井洌寒泉，食。

上六：井收勿幕，有孚元吉。

（二）解读

卦辞：井，改邑不改井，无丧无得，往来井井，汔至，亦未繘井，羸其瓶，凶。

解读：“井”，卦名。“井”：水井、陷井。“邑”：村庄，城镇。“汔”（qì 音气）：干涸，干枯，衰竭。“繘”（yù 因遇）：井绳；又译为挖、掏。“羸”：败坏，打破。

卦辞说，城镇搬迁了，井没搬迁，依然在原地，人们来来往往用井水，井水没少，也没增多。时间长了，井衰竭，井里淤泥没人掏，打水的瓶子碰碎在井里，此井危险。

初六：井泥不食，旧井无禽。

解读：井里堆积淤泥，不能饮用，好井变成废旧的井，连飞鸟也不落在井边寻吸打水者滴落的水，荒凉情况。

九二：井谷射鲋，瓮敝漏。

解读：“鲋”（fù 音付）：小鱼。“射”是追逐之意。“瓮”（wèng）：盛水的陶器。

爻辞说，井底有小鱼，互相追逐。盛水的瓦罐破碎，无法用。喻指这是废井。

九三：井渫不食，为我心恻。可用汲，王明，并受其福。

解读：“渫”（xiè 音泄）：疏通，掏去淤泥。“恻”：悲伤，痛心。“汲”：从井里把水汲上来，打水。

爻辞说，井里淤泥已清理干净，水清洁，却无人用，令人不恻忍。英明君王号召众臣来用水，象征君王恩赐的福分。

六四：井甃，无咎。

解读：“甃”（zhòu 音宙）：用砖修砌井壁。

爻辞说，井壁用砖已修砌好了，防止塌落，故无过失。

九五：井洌寒泉，食。

解读：“洌”：清澈。

爻辞说，井水清澈如泉水可饮食。

上六：井收勿幕，有孚元吉。

解读：“幕”：屏幕、覆盖。

爻辞说，井修好了，不用覆盖，让来往者用水方便，诚意提供便利，大吉大利。

小结：井卦以打井供应水为例，比喻为群众办事要认真负责。井里淤泥要清理疏通，井壁塌了要修砌，使井水清澈如同泉水供饮用，造福于民。又寓意用水勿忘挖井人。

（三）选录其他解读

例 1：

初六：井泥不食，旧井无禽。

这里是说荒废的旧井里全是泥浆，井水不能食用，就连鸟禽都不来光顾了。

这里比喻当官的长期不在其位，知识荒废，不能为国家做事，也没有人来找他做事，他被人们遗忘。

九二：井谷射鲋，瓮敝漏。

“井谷”是指井底。

“鲋”是指小鱼、泥鳅之类的东西。

这里是说井底有人在抓泥鳅，取水的陶罐破了，不能取水了。这里是喻指当官的知识分子被罢免、没被任用，专长没能应用，而灰心丧志、无所事事只能玩些小玩意、小游戏了。“瓮敝漏”是喻指知识分子的很多知识已经被遗忘了、荒废了，如果现在叫他去做，他也不能正常工作了。

九三：井渫不食，为我心恻，可用汲。王明，并受其福。

“渫”是指清除井底的泥沙和杂物。

“恻”是惋惜的意思。

这里是说（井被重新修整）井水已经清澈，如果这样好的井不再被利用，会使人感到惋惜，井水已经可以汲取，君王圣明重新起用贤能，给他福分。

这个比喻是说当官的知识分子重温旧业，显示出他的才华，好的人才如果没有被任用是很令人惋惜的，君王圣明重新任用他，授予他官职和为国家做事的福禄。

六四：井甃，无咎。

“甃”是指进一步修理、清洗井。

这里是说进一步修理、清洗井和井壁，没有过错。

九五：井洌寒泉，食。

这里是说井经进一步修整后，井水已经清凉、清澈，完全可以饮用了。这里比喻知识分子的才华显露出来，可以为国家做事了。

上六：井收，勿幕，有孚元吉。

井已经发挥它的作用，不能把井口盖上，这样就大吉了。

这里是说知识分子已经发挥他的作用，作为君王就不要限制他，要尽量发挥它的聪明才智，尽可能地信任他，这样就大吉大利了。

例2：

卦辞：井：改邑不改井，无丧无得。往来井，井汔，至亦未繘井，羸其瓶，凶。

白话：改邑而井不改，井不增不减，人们往来于井中取水。井水干涸时到达则无水可取；用土瓶子也打不上水。（这里讲了取不到水的两种情况。一是井本身无水可取；二是取水的工具不好。这是先民的生活经验总结。）

初六：井泥不食；旧井无禽。

白话：泥水喝不得！陈旧的陷阱捕不到野兽。

注释：禽（qín 勤）：古代是鸟兽的总名。又同“擒”，捕捉。

九二：井谷射鲋，瓮敝漏。

白话：井旁边的水沟里的小鱼，只需要破网片即可以捕捞到手，甚至没有鱼网也可以捉到。（言其易取也）

注释：谷（gǔ）：两山或两块高地中间的夹道。瓮敝漏：帛书作“唯敝句”。唯敝句：只要破网。

九三：井渫不食，为我心恻，可用汲？王明，并受其福。

白话：我把井遮盖起来了，因为我正在祭祀先王，［你们］何必急急忙忙来汲水呢？先公先王神明，我们祭祀了他们，他们在天之灵会给我们大家带来幸福的。

注释：渫（xiè 屑）：淘除；散发。帛书作“泄”（zhì），遮拦，遮盖。

六四：井甃。无咎。

白话：井架顶部没有损坏。问蓍得“无咎”之占。

注释：甃（zhòu 绉）：井壁；用砖砌（井、池子）。帛书作“椒”（jiāo 焦:）巅；盖；顶。

九五：井洌寒泉食。

白话：井口通风良好，井水清凉可口。

上六：井收勿幕，有孚。元吉。

白话：坏井已经修治好了，井口也缩小了，又恢复了井所应有的功用，这真是太好了。问蓍得“元吉”之占。

编者说明：例 1 见书末参考书目⑳，例 2 见㉒。

第四十九卦　革卦 ䷰ 兑上离下

（一）原文

（卦辞）革，巳日乃孚，元亨，利贞，悔亡。

（爻辞）初九：巩用黄牛之革。

六二：巳日乃革之，征吉，无咎。

九三：征凶，贞厉，革言三就，有孚。

九四：悔亡，有孚改命，吉。

九五：大人虎变，未占有孚。

上六：君子豹变，小人革面。征凶，居贞吉。

（二）解读

卦辞：革，巳日乃孚，元亨，利贞，悔亡。

解读："革"，卦名。"革"：改革、变革，革命。"巳"（sì 音四）：古时用天干地支记年月日时，巳是十二地支之一。

卦辞说，变革在巳日进行，获得民众信任、拥护，非常顺利，坚守正确路线，不会后悔。

初九：巩用黄牛之革。

解读：变革需要团结，要听从指挥统一行动，不应轻举妄动。这一切需要就像用黄牛皮捆绑在一起那样巩固。

六二：巳日乃革之，征吉，无咎。

解读：决定的巳日已到，变革开始出征，吉利，不会有过错。

九三：征凶，贞厉，革言三就，有孚。

解读：变革若没做好充分的准备，急于出征是危险的，变革的言论和原因，应再三讨论，民众意见统一了，获得民众信任才能出征执行。

九四：悔亡，有孚改命，吉。

解读：不后悔，获得了民众的信任，变革已成熟，此时变革吉祥。

九五：大人虎变，未占有孚。

解读：九五是大人君位，像猛虎一样发动变革，要革除黑暗面，使国富民强，才能得到民众的支持，不用占问，后果就是卦辞所说“元亨利贞”。

上六：君子豹变，小人革面。征凶，居贞吉。

解读：君子像豹那样动作敏捷，转变到变革这一边，民众也洗心革面，拥护变革。但变革刚胜利，又出征则凶。应安居休整则吉祥。

小结：革卦宣讲，变革不能急躁冒险，需要酝酿发动群众再三讨论，时机成熟再出征。九五君王统帅，民众响应。方能获胜。

（三）选录其他解读

例1：

初九：巩用黄牛之革。

“巩”是指巩固、牢固。

这里是说用牛皮绳子绑得很牢固。这是比喻改革刚开始时，旧思想势力还很顽固，几乎所有人都是持旧思想观念。这时候改革时机还没有成熟，该怎么办呢？

九四：悔亡，有孚改命，吉。

这里是说毫无疑问、大家都认同的改革，肯定会进展顺利的。

九五：大人虎变，未占有孚。

“虎变”是威武、自信的精神面貌反映在人脸上的表情。

这里是说当看到君王、领导者胜券在握、成功在望、自信的表情反映在脸上时，胸有成竹的自信心写在君王的脸上时，你还没有占卜，就知道上天会信任你了，你还没有占卜就知道是上签了，这样肯定会成功的。

上六：君子豹变，小人革面，征凶？居贞吉。

“君子”是指当官的官员。

“小人”是指普通老百姓。

这里是说官员们精神焕发，普通老百姓的精神面貌也焕然一新，难道这样做会有凶险？居于持守正道的改革肯定会吉祥！

例2：

卦辞：革，巳日乃孚，元亨，利贞。悔亡。

白话：祭祀的那一天重新刻识以示不忘，大通，利于问蓍。问蓍得悔亡之占。

注释：革：卦名，帛书作“勒”。勒，刻也。

初九：巩用黄牛之革。

白话：用黄牛皮主祭食。

注释：巩：帛书作“共”。共：共祭。

六二：巳日乃革之：征吉、无咎。

白话：出兵征伐前，先祭祀天地，把祭祀的情况刻识下来。出兵后旗开得胜，无有灾咎。

注释：革之：帛书作“勒之”。勒之：刻上祀天的情况。

九三：征凶，贞：厉。革言三就，有孚。

白话：征伐失利，问蓍又得危厉之占。将这些情况都记录下来，然后复归于家中。

注释：革言：帛书作“勒言”，当是“勒之”之误。有孚：帛书作“有复”。

九四：悔亡。有孚改命。吉。

白话：悔恨已去。又一次改设命祭。问蓍得吉占。

九五：大人虎变，未占有孚。

白话：大人突然改变了主意，没有占断便又回来。

注释：有孚：帛书作“有复”。

上六：君子豹变，小人革面。征凶。居贞：吉。

白话：大人突然改变主意，小人遭了殃，刻面发配。是因为征伐失利所致。居住在家中问蓍得吉占。

编者说明：例 1 见书末参考书目⑳，例 2 见㉒。

第五十卦 鼎卦 ䷱ 离上 巽下

（一）原文

（卦辞）鼎，元吉，亨。

（爻辞）初六：鼎颠趾，利出否。得妾以其子，无咎。

九二：鼎有实，我仇有疾，不我能即，吉。

九三：鼎耳革，其行塞，雉膏不食，方雨亏悔，终吉。

九四：鼎折足，覆公餗，其行渥，凶。

六五：鼎黄耳金铉，利贞。

上九：鼎玉铉，大吉，无不利。

（二）解读

卦辞：鼎，元吉，亨。

解读：“鼎”，卦名。“鼎”：古时煮食物的器皿，引申为革旧鼎新。

卦辞说，鼎卦大吉又亨通。

初六：鼎颠趾，利出否。得妾以其子，无咎。

解读：“颠”：颠倒。“趾”：脚趾，在此指鼎趾。

爻辞说，鼎倒过来了，底朝天，有利于把鼎里的旧食品清理出去，装入新食品。就像原配妻子不能生育，娶妾生子，革旧鼎新，没什么不对的。

九二：鼎有实，我仇有疾，不我能即，吉。

解读：鼎里有食品果实，我的仇人有疾病，不能来抢占，若不是我用还有谁来用呢？我吉祥如意。这是警示不要独吞果实。

九三：鼎耳革，其行塞，雉膏不食，方雨亏悔，终吉。

解读：在郊外鼎里煮着肥美的野鸡，还没抬回家里吃。因为鼎被煮的很热，没法抬，不能移动，就像没有鼎耳无法入杠抬走。幸亏这时恰巧降雨，搭上盖子淋湿鼎身，不热了，立即抬回去，无怨恨，最终吉利。寓意天无绝人之路，天助也。民众是君国的天。

九四：鼎折足，覆公餗，其行渥，凶。

解读：“覆”：倾倒。“餗”（sù 音束）：鼎里食物。“渥”（wò 音握）：髒湿。

“公”：王公。

爻辞说，把鼎弄倒了，为王公做的美食撒满全身，外形污浊，凶相。言外之意，此人既丢了饭碗，也丢了脸面。

六五：鼎黄耳金铉，利贞。

解读：“铉”是穿入鼎耳环的横杠，抬鼎用具。

六五是高官位。把鼎耳和铉都装饰成黄色，这是皇贵颜色，准备祭祀用，利于守正。

上九：鼎玉铉，大吉，无不利。

解读：玉是古时贵重物品，皇族许多用品是用玉做的。上九把鼎铉也嵌上玉，大吉大利，没有什么不利的。

小结：鼎卦与革卦是互为综卦、反卦，用意也相反。革卦是革旧，革除黑暗的旧政权。鼎卦是鼎新，建立新政权，吐故纳新。开始就倒掉鼎里的旧食物，如同娶妾生子。九二爻说君王不能独吞成果，国以民为本，民以食为天。九三爻天降雨淋湿热鼎降温方能抬走鼎，此天是指民众。九四爻鼎折足，足是基础。建立新政权要做好基础建设，基础不牢，政权不稳固，民不聊生没饭吃。有了积累和财力，方可“鼎黄耳金铉、鼎玉铉”显示豪华。

（三）选录其他解读

例1：

初六：鼎颠趾，利出否。得妾以其子，无咎。

注释：①鼎颠趾，利出否：鼎脚颠倒在上，利于逐出其妇。颠：颠倒。出：逐出。否：通“妇”。此句前人多译为利于倒出鼎中废物。②得妾以其子：得到小妾及其孩子。妾：女奴隶。以：及，与。

译文：鼎的脚颠倒在上，利于逐出其妇。得到妾及其孩子，没有灾祸。

例2：

九二：鼎有实，我仇有疾，不我能即，吉。

这里是说鼎里煮有很多好吃的食物，不参加祭祀的外界人士看到鼎里面的食物垂涎欲滴，产生嫉妒心理，但是只有我们参加祭祀的内部人员才能享用鼎中的食物，这样吉祥。

这又是比喻，即将要推行的新的政策法规很被外界人士看好，很被其他国家的人士看好，但是他们不可能享有这样好的政策法规，因而产生嫉妒心理，这样吉祥。

九三：鼎耳革，其行塞。雉膏不食。方雨亏悔，终吉。

这里是说大鼎的鼎耳被皮革包住了，因而鼎不能移动，鼎里面的佳肴大家都不能食用。经雨水的冲洗后真相大白，于是后悔了，这样吉祥。

这比喻：君王思想还未开通，他还不愿意推行新的政策法规，因而这些法规的推行被君王制止，不能实行，大家都得不到这些好的政策法规的好处。后来君王终于明白道理、后悔了，这样吉祥。

例3：

初六：鼎颠趾，利出否；得妾以其子。无咎。

把整个鼎翻倒过来。这样，鼎里面的东西自然出来的又快又彻底，即“利出否”——倒出的必是不要了的东西，所以名之为“否”。

“得妾以其子”，这一句则是说，如果元配妻子不生儿子，就只好娶个妾来代替她，从而两句是一起说明：要图新，就必须废旧。

九二：鼎有实，我仇有疾，不我能即，吉。

“仇”，可以指同伴，甚至配偶。“鼎有实”是说鼎中有了新煮的美味食品，喻指取得了很大的政绩，于是就有一个这美食由谁来享受，也即功劳归谁的问题；“我”想独吞此物独占此功，为此须要找出个理由来，说明由他独吞、独占的合法性和合理性，后两句就是他讲出的理由。这整条爻辞是说：创新事业若是取得了大成功，功劳只能归给我一人，因为我的同伴们都有缺点、毛病，作出的贡献都没有我的大，所以我这样唯我独尊不应受到责难。最高统治者总想独揽大权，《周易》作者就这样教诲他们务必不可让别人分享创业的功劳，并为此给他们提供依据。如果将这条爻辞直译为“鼎中有食，我妻有病，不能接近我，吉利”，怎么能让人看出原文的这个用意呢？

九三：鼎耳革，其行塞，雉膏不食，方雨亏悔，终吉。

这条爻辞的喻意是：鼎耳是很容易被碰坏的，所以改革事业很可能遭到意外的挫折，甚至功败垂成，“方雨亏悔”只是巧遇，所以不能寄希望于偶然原因来减少或避免损失，必须事先有所准备和防范。

例4：

初六：鼎颠趾。利出否。得妾以其子，无咎。

白话：安放固定鼎之后，问蓍是否利于外出。结果外出之后不仅得了一个奴仆而且还得了一个小奴仆，真是好极了。（这反映了奴隶主对奴隶占有的强烈要求和欲望）

注释：颠趾：帛书作“填止”，安放固定。

九二：鼎有实，我仇有疾不？我能即，吉。

白话：鼎中有食，我的矛饰有毛病吗？有毛病的矛饰是不能同鼎食一同祭祀的，我的矛饰没有毛病，因为我已经按照礼节的规定将其装饰好了，因此我可以参加一同祭祀，是以吉焉。

注释：鼎有实：鼎中有食品，故实而不虚。仇：音（求）：矛饰也。即：帛书作“节”。

九三：鼎耳革，其行塞，雉膏不食，方雨，亏悔，终吉。

白话：在鼎耳上刻上刻工姓名，考查到他的行为有否塞不致功的地方，不给他吃美味佳肴，以表示惩罚。斯人通过这种大惩罚以后则洗心革面改过自新，最后终得吉善。

九四：鼎折足，覆公餗，其形渥。凶。

白话：鼎折而断足，倒了王公大人的食品，罪该万死，诛于屋下。问蓍得凶占。

注释：其形渥：帛书作“其刑屋”。其刑屋：使用的刑罚是屋诛之刑。

六五：鼎黄耳、金铉，利贞。

白话：用黄铜铸成的鼎耳朵，配上镀金的黄铜抬鼎横杠，真是漂亮极了，利于问蓍讨休咎。

注释：黄耳：铜耳。金铉：镀金的铜铉。铉，抬鼎的横杠。

上九：鼎玉铉。大吉、无不利。

白话：用嵌玉的横杠抬鼎太好了。问蓍得大吉与无不利之占。

编者说明：例 1 见书末参考书目⑯，例 2 见⑳，例 3 见㉑，例 4 见㉒。

第五十一卦 震卦 ䷲震上震下

（一）原文

（卦辞）震，亨。震来虩虩，笑言哑哑，震惊百里，不丧匕鬯。

（爻辞）初九：震来虩虩后，笑言哑哑，吉。

六二：震来厉，亿丧贝，跻于九陵，勿逐，七日得。

六三：震苏苏，震行无眚。

九四：震遂泥。

六五：震往来，厉，亿无丧有事。

上六：震索索，视矍矍，征凶。震不于其躬，于其邻，无咎。婚媾有言。

（二）解读

卦辞：震，亨。震来虩虩，笑言哑哑，震惊百里，不丧匕鬯。

解读：“震”，卦名。“震”：震动，震荡，在此代表雷。“虩虩”（xì 音隙）：虎咆哮声，惊恐吓人。“匕”：勺子。“鬯”（chàng 音唱）：米酒。

卦辞说，震卦亨通。震雷如同虎咆哮声，惊恐吓人，害怕者哑口无言。雷声震惊百里，但主祭者已有思想准备，手持勺里的米酒没撒落点滴。

初九：震来虩虩后，笑言哑哑，吉。

解读：“哑哑”在此是哈哈。

爻辞说，震雷过后，有的说，有的笑哈哈，吉祥。

六二：震来厉，亿丧贝，跻于九陵，勿逐，七日得。

解读：“亿”：估算。“跻”：登。“贝”：货币，钱财。

爻辞说，震雷突来很危险，不顾丢失钱财物品，便逃往九陵山。不要去追，七日会返回复得。

六三：震苏苏，震行无眚。

解读：“苏苏”：惊恐不安的样子。“眚”：原意是眼疾，在此是灾害。

爻辞说，震雷声使人惊恐不安，但这不是鬼神，是自然现象。在雷声中谨慎行走，通常无灾害。

九四：震遂泥。

解读：“遂”：追随。“泥”：土地。

爻辞说，看远处视觉是天连着地。天有乌云，突然震雷轰鸣，就像在地平线上打雷。古人观察“震遂泥”。

六五：震往来，厉，亿无丧有事。

解读：“丧”：丧失。“有事”：祭祀。

爻辞说，那时期震雷往来不断，危险，但记忆里祭祀照常进行。

上六：震索索，视矍矍，征凶。震不于其躬，于其邻，无咎。婚媾有言

解读：“震索索”是震的打哆嗦。“矍矍”（jué 音绝）：惊恐不敢正视的姿态。

爻辞说，霹雷震的打哆嗦，惊恐地环视周围，出行则凶。霹雷没打在他身上，邻居却遭殃，他无咎。他正想在此环境里去求婚，必遭非议。

小结：震卦是由两个单卦震卦叠加而成，所以震雷轰鸣，比喻在动荡的局势里，人们采取的多种姿态，有泰然自若，有惊恐不安，有习以为常认识了自然规律，妥善应对。

（三）选录其他解读

例 1：

六二：震来厉，亿丧贝，跻于九陵，勿逐，七日得。

解读：巨盗临门，十分凶恶，劫夺钱财，往深山峻岭中逃窜；丧失的钱财不必去追，七天之后自然会失而复得。

上六：震索索，视矍矍，征凶。震不于其躬，于其邻，无咎，婚媾有言

解读：灾难如同惊雷一样突然而至，不免心惊肉跳，左右惶顾，惟恐凶险临身。结果灾难未曾加诸其身，而是降临到了亲邻头上，自己则安然无事。于是，连儿女亲家也怨声顿起。

例 2：

六三：震苏苏，震行无眚。

这里是说有些人听到惊雷就心惊肉跳，老是在回想自己有没有什么过失，有没有做过什么伤天害理的事，很是害怕。

九四：震遂泥。

这里是说有些人一听到惊雷就被惊吓的跌倒在泥地上去了。

上六：震索索，视矍矍，征凶。震不于其躬，于其邻，无咎。婚媾有言。

“索索”是指受惊而颤抖。

“矍矍”是指惊慌的眼神。

这里是说发生重大事件时他战战兢兢，而且惊慌失措，他这样的心理状态是很凶险的。况且这重大，灾难性事件不是发生在他身上，而是发生在他的邻居身上，他们本身没有什么损失，这时他家里人提出要结婚，他开始抱怨，担心这时举行婚礼会有不吉利的因素。

例3：

卦辞：震：亨。震来虩虩，笑言哑哑，震惊百里，不丧匕鬯。

白话：地震而得无事亨通。当滑坡开始的时候，大家惊恐万状。但是当滑坡停止的时候大家都谈笑自若。滑坡经过一百来里远的地方，但站在所运动的山坡上的人手中祭神的酒却没有溢出来。（可见对神灵的虔敬程度）

注释：震：卦名。帛书作“辰”。辰，振也。震，地震。《说文解字》：“辰，震也。”

初九：震来虩虩后，笑言哑哑，吉。

白话：地震前和滑坡过程中人们惊恐万分。滑坡停止后，一切都安然无事大家为一次大的灾难后安全脱险幸存下来而嬉笑颜开。问蓍得吉善之占。（这里反映的是人们在地震滑坡前后的心里精神状态）

六二：震来厉，亿丧贝、跻于九陵，勿逐七日，得。

白话：地震越来越严重了。［人们］想到丢失在九陵山上的朋贝和资财。但没有过七天已经丢失的朋贝和资财又觅得了。

注释：亿丧贝：帛书作“意亡贝”。

六三：震苏苏，震行无眚。

白话：滑坡沙沙而不止，滑坡的速度有增无减。

九四：震遂泥。

白话：地震伴随泥土而滑行。这是对当时滑坡现象观察的记录。

注释：遂：通随。

六五：震往来厉，亿无丧，有事。

白话：地震不停，人们已经司空见惯了，真想来也无妨。干脆又进行祭神活动。

注释：亿无丧：帛书作“意无亡”。意无亡：意识到不会有大的损丧。

上六：震索索，视矍矍，征凶。震不予其躬，于其邻，无咎。婚媾有言。

白话：因地震发生了不幸的事，人们对地震的发生惊慌失措，地震虽然停止了，灾及邻居而不及于已身，然而大家却骂不绝口。

编者说明：例1见书末参考书目：⑱，例2见⑳，例3见㉒。

第五十二卦　艮卦 ䷳ 艮上 艮下

（一）原文

（卦辞）艮，艮其背，不获其身；行其庭，不见其人，无咎。

（爻辞）初六：艮其趾，无咎，利永贞。

六二：艮其腓，不拯其随，其心不快。

九三：艮其限，裂其夤，厉薰心。

六四：艮其身，无咎。

六五：艮其辅，言有序，悔亡。

上九：敦艮，吉。

（二）解读

卦辞：艮，艮其背，不获其身；行其庭，不见其人，无咎。

解读：“艮”，卦名。“艮”取八卦艮卦，象征山，山是静止的，此卦为控制。

卦辞说，要控制背，背是人的后背，背负重任，管住自身和心，不能随便乱动，路过门庭若市，也不与其他人打招呼，就如不见其人，一心只想到达目的地，完成重任，故无过错。

初六：艮其趾，无咎，利永贞。

解读：“趾”：脚趾。

爻辞说，要控制脚趾，表示初发点要正确。千里之行，始于足下，否则一失足成千古恨。这样做无过错，要有始有终。

六二：艮其腓，不拯其随，其心不快。

解读：“腓”指人的小腿肌，腿肚子。“拯”：举，抬，在此是抬腿。

爻辞说，要控制自己的腿，不要步入不应该去的地方。虽然暂时心理不愉快，以后会好的。

九三：艮其限，裂其夤，厉薰心。

解读：“限”是人的上身与下身分界处，即腰胯部位，主管人的上半身。“夤”（yín 音银）：背上夹肌。“薰”通熏。

爻辞说，要管住是非的分界线，不能越过正确的界限。若越过界线，就像撕裂背上的夹肌肉的疼痛，又像火烤心脏那样厉害。

六四：艮其身，无咎。

解读：要能控制全身的行动，走正道，当然不会有过错。

六五：艮其辅，言有序，悔亡。

解读：“辅”：口齿，面颊。

爻辞表示，以上都是控制行动，六五是控制语言，要管控咀，不该说的不说，“祸从口出”，要讲道理，说话要有理有据，这样不会有后悔。

上九：敦艮，吉。

解读：“敦”：敦厚。

爻辞说，作为正直的人，要控制到敦厚的程度，吉祥如意。

小结：艮卦是由两个单卦艮卦重叠而成。单卦艮卦象征山，山是静止的。双重山是静又静。震卦是动的，二者是对立统一的。艮为山为止，要止住不去邪恶之处，如何能止住呢？要主观控制，要控制“艮其趾”、“艮其腓”、“艮其限”、“艮其身”、“艮其辅”，用这一串的控制行为作为比喻。最后总结人品要“敦艮”。

（三）选录其他解读

例 1：

卦辞：艮，艮其背，不获其身，行其庭，不见其人，无咎。

艮卦的特性是止，艮卦所讲的就是止于当止。但行与止是一对对立统一的概念，能止则能行，有行才有止。所以严格地讲，艮卦所讲的应该止于当止、行于当行的进艮行止之道。

“背”，指人的背面和背向，代替人的缺点、错误和错误的方向。“身”则指人的身体，代替人的主体、优点和正确的方向。“艮其背，不获其身”就是指导人们要止于当止，对于自己的缺点错误要抓紧改进纠正，要抓紧从错误的方向上止步。“行其庭，不见其人”则是指导人们要行于当行，应该做的事就要在大“庭”广众之下光明正大地大胆地去做，而不要在乎别人说什么，正如意大利诗人但丁在他的代表作长诗《神曲》中的一句名言所讲，“走自己的路，让别人去说吧。”

能知行止，自然就会“无咎”，就会少有过失。

初六：艮其趾，无咎，利永贞。

人走路，必先抬起一只脚的脚后跟，然后才是这只脚的脚趾，当这只脚的大脚趾离开地面迈向前时才能走起来。“艮其趾”，就是当要迈步的第一只脚的脚趾还没有离开地面时就停了下来。行于当行，止于当止。对于不该做的事情，从一开始就不应该做，如果起了做的念，就应该在即将付诸行动时果断地停下来，这样才能

“无咎”、才能无灾无祸，而且“利永贞”、最好永远地坚持下去。

六二：艮其腓，不拯其随，其心不快。

“腓”就是腿肚子，“拯”指纠正，“随”即服从。

不该做的事情已经开了个头，脚已经迈出去很难收回来了，腿肚子被迈出去的脚也一并带了出去，这时候停下来，“其心不快”，心理总觉得有些别扭，感觉进也不是、退也不是。但是如果这个时候发现自己做的事情不对头，正是应该果断地退下来，在空中戛然而止，这样做虽然心理不舒服，但总比最终迈出了错误的步伐好得多，不管你高兴不高兴。

九三：艮其限，裂其夤，厉，薰心。

“限”，指人的腰部。“夤”，读 yín，是脊柱两旁的肌肉。“艮其限，列其夤，厉”，事情到半截，忽然停止了，就会像人做了一个剧烈的腰部的动作中间忽然停止，结果扭了腰了，这样很危险。前面两爻讲的是止于当止，这一爻讲的是不能止的时候就不要止，应该善始善终而不是半途而废。之所以出现“艮其限”的局面，通常是因为“熏心”了，不知道被什么东西蒙蔽了心窍，一时鬼迷心窍，头脑糊涂，不能够真正理解透彻止于当止、行于当行的精神实质。

六四：艮其身，无咎。

这里的“身”是全身、整体的意思。“艮其身”就是无论行与止，都应该利利索索，而不能拖泥带水，要止就彻底、整体地停止，这样才能“无咎”。

例2：

卦辞：艮其背，不获其身，行其庭，不见其人，无咎。

在这里殷昆先生说的好，人的背部是没有任何感觉器官的，不会有欲望，艮在背部，止在背部，就止住了人的所有的欲望，因而不会有非分之想。金钱、地位、名利等都不能俘获他的身，不能打动他的心。他行走在豪华的庭院里，不会以羡慕的眼光去看非常高贵、有钱、有地位的庭院主人，他不会去和别人攀比，这样他就不会有过错。

初六：艮其趾，无咎，利永贞。

“趾”是指大脚指，是最初等的止。

这里是说一开始刚有一点点非分之想就立刻止住了，这样没有过错，有利于永远坚持安分守己。

六二：艮其腓，不拯其随，其心不快。

“腓”是指脚脖子。

这里是说非分之想发展到比较严重的时候了，这时才想去制止，而没有去拯救、改变自己内心的欲望，因此他内心很不自在、郁郁寡欢。

九三：艮其限，列其夤，厉薰心。

“限”是指门槛。笔者查了一下字典，有“界限”的意思。很多注家沿袭古人的注解将“界限”引申为腰部，字典里注释为“腰”也只是古代注家注释《周易》的例证。“夤”是脊背的肉。

这里是说他对财物、地位的欲望发展得更加严重了，这时想制止，只是把他自己的人止在门槛内，可是没有从根本上制止内心的欲望，因而他的脊背肉好像要裂开，他的心好象被烟熏了一样难受。

六四：艮其身，无咎。

这里是说止住他的全身，包括止住他的心了，这样无过错。

六五：艮其辅，言有序，悔亡。

“辅”是指牙床，这里是指口腔。

这里是说这时他能止住他的口，他讲话很有顺序，他不会乱说话了，他会想好后再说话，不致有失，因而自然不会有犯过错后的悔恨。

上九：敦艮，吉。

这里是说敦厚笃实地止住自己的内心是吉祥的。

例3：

卦辞：艮，其背，不获其身。行其庭，不见其人。无咎。

白话：注意背部，不要弄脏了身子。在庭中行走而不见其人。为此问著，得到了没有灾害的占断。

注释：获：帛书作“濩”。濩、获，古音同。濩，污也。《广雅·释诂》：“濩，污也。”不濩：不要弄脏。

初六：艮其趾。无咎、利永贞。

白话：走路时小心谨慎注意脚趾头以防踢伤。问蓍得没有灾害与利于长久问蓍的占断。

六二：艮其腓，不拯其随，其心不快。

白话：注意防止身体发胖，如果不登高健身，就会自我毁坏，因此心中很不快乐。

注释：腓：帛书作“肥”。拯：帛书作“登”。

九三：艮其限，列其夤，厉薰心。

白话：注意保护腰部，采取有效的减肥措施，行动起来轻松愉快。

注释：限，腰部。虞翻说：“限，要带处也。”

六四：艮其身。无咎。

白话：注意保护胸腹部。问蓍得无咎之占。

六五：艮其辅，言有序。悔亡。

白话： 注意口舌，说话有条不紊。悔恨自然消失。

注释： 辅：颊骨，引申为口舌。

上九：敦艮，吉。

白话： 特别重视保护身体，问蓍得吉善之占。

注释： 敦艮：特别注意［上述所强调的各个方面］。敦，厚也。郑玄注《礼记·曲礼》："敦，厚也。"引申为特别重视。

编者说明： 例 1 见书末参考书目⑲，例 2 见⑳，例 3 见㉒。

第五十三卦　渐卦 ䷴ 巽上 艮下

（一）原文

（卦辞）渐，女归，吉，利贞。

（爻辞）初六：鸿渐于干，小子厉，有言，无咎。

六二：鸿渐于磐，饮食衎衎，吉。

九三：鸿渐于陆，夫征不复，妇孕不育，凶，利御寇。

六四：鸿渐于木，或得其桷，无咎。

九五：鸿渐于陵，妇三岁不孕，终莫之胜，吉。

上九：鸿渐于陆，其羽可用为仪，吉。

（二）解读

卦辞：渐，女归，吉，利贞。

解读：“渐”，卦名。“渐”：逐渐，渐进。本卦主旨，要遵循发展规律，循序渐进。“女归”：是指古时女子出嫁，“归”是归宿。

卦辞说，女子出嫁有一个循序渐进的过程，要经过纳彩、问名、纳吉、纳证，请期、亲迎等六礼为吉祥，利于守贞走正道。

初六：鸿渐于干，小子厉，有言，无咎。

解读：“鸿”：鸿雁。渐卦以鸿雁作比喻描述循序渐进。“干”：岸边，水边。

爻辞说，孵出的小雁，走到了岸边，很害怕。大雁叮咛要注意安全，此做法无过失。

六二：鸿渐于磐，饮食衎衎，吉。

解读：“磐”：大石头，磐石。“衎衎”（kàn 音看）：快乐。

爻辞说，小鸿雁从岸边逐渐走到大石头上，寻找周边的食物，其乐融融，吉祥。

九三：鸿渐于陆，夫征不复，妇孕不育，凶，利御寇。

解读：小鸿雁会飞了，飞到了陆地，翅膀还没硬，有的就远征没返回来，如同丈夫出征没返回，妇女怀孕没生下孩子，半途而废，凶险可怜。没飞回来是遭遇贼寇吗？所以要防御贼寇（利御寇）。

六四：鸿渐于木，或得其桷，无咎。

解读：“木”指树。“桷”（jué 音绝）：房屋椽子，方整的条木。

爻辞说，小鸿雁能从陆地起飞到树林，飞翔能力逐渐提高。鸿雁的脚如同鸭子脚，不像分叉的鸡爪，不适宜站在圆枝条上，要落到像桷的外形木条上，这样能站稳，无过失。

九五：鸿渐于陵，妇三岁不孕，终莫之胜，吉。

解读：“陵”：丘陵，较高的山坡。

爻辞说，小鸿雁循序渐进，飞翔能力又提高了，从树林飞到土山。鸿雁是喜庆的候鸟，必引起黑暗势力的仇恨，企图阻碍鸿雁的进步，但是落空了，没取得成果。犹如妇女三年不孕，最终莫能取胜，鸿雁吉祥。暗喻黑暗没能战胜光明。

上九：鸿渐于陆，其羽可用为仪，吉。

解读：与九三爻“鸿渐于陆”不同，上九提到“羽”，是羽毛丰满成熟了。小鸿雁逐渐成熟为大雁，飞上了蓝天，飞跃辽阔的陆地，随气候的更迭，到达目的地。羽毛也随季节更迭，供给人们装饰用，是吉祥鸟。

小结：渐卦指出成功之路，要遵循客观发展规律，循序渐进，不能一步登天。举了两个比喻的例子：

（1）卦辞“女归”比喻妇女出嫁的渐进过程是六礼：纳彩（托人带东西到女方家提亲）、问名（媒人问女子八字）、纳吉（八字与男方不般配则退帖子，若般配则下一步）、纳证（双方见面或交换信物）、请期（定婚日）、亲迎（男子到女家迎接新娘）。

（2）六条爻辞中都含有“鸿渐”，以鸿雁成长为例。从幼小鸿雁走到岸边开始的“鸿渐于干”、又升级走到大石磐上“鸿渐于磐”、又上升飞到陆地“鸿渐于陆”、练习飞高本领飞到树林“鸿渐于木”、更上一层楼飞到土山“鸿渐于陵”、最后远走高飞跨越辽阔的陆地“鸿渐于陆”。

以上两个生动形象的循序渐进的例子，可欣赏到《周易》作者写渐卦，不仅展示了逻辑思维的哲理性，也展现了文学的才华。

（三）选录其他解读

例 1：

九三：鸿渐于陆，夫征不复，妇孕不育，凶，利御寇。

注解：爻辞说，小雁长大了，来到陆地上。公雁和雌雁结了婚。婚后丈夫一去不返，妻子怀了孕流产了，此乃凶兆。没有丈夫的雌雁，有利于担任警卫工作，防御敌寇。

据鸟类专家讲：大雁是群体生活，警惕性很高。当它们栖息时，都是由丧偶的孤雁担任警戒工作。

九五：鸿渐于陵，妇三岁不孕，终莫之胜，吉。

注释：陵，指高大的土山。三岁，泛指多年。

爻辞说，大雁又从树林飞到山上，雌雁因丈夫出征未回，故未怀孕，谁也没有征服她，最后，丈夫终于回来了，两人又团聚了，故吉。

例2：

卦辞：渐，女归吉，利贞。

“渐”有不快速之义，亦即慢，慢慢地上进。“女归”，女人以其丈夫为家，所以古代女子出嫁叫“女归”。综合本卦的论述认为，这里喻指学业的进展，是指某行业基本功的修炼。所以“渐”卦是说学习武功、练习技艺应该像“女归”的过程一样一步一个脚印，练就扎实的基本功，这样才有利于学业进步，才能炉火纯青。

初六：鸿渐于干，小子厉，有言，无咎。

“鸿”是指鸿雁。

“干”是指河岸边。

“厉”是严厉的意思。

这里是说鸿雁在河岸上学艺，（老师）对“鸿”进行严厉斥责，这样没有害处。

这喻指年轻人刚开始学艺，动作有一些不规范、不适应，老师要求很严格，小伙子被老师严厉斥责。这对小伙子只有好处，没有害处。

六二：鸿渐于磐，饮食衎衎，吉。

“衎衎”是指和乐愉悦的样子。

这里直译是鸿雁停留在磐石上，快乐地享受美味佳肴，很吉祥。比喻小伙子学习武功有长进了，现在他练习技艺不再枯燥无味，相反武功成了一种爱好、一种享受，好象是在品味美味佳肴一样快乐愉悦，很吉祥。

九三：鸿渐于陆，夫征不复，妇孕不育，凶，利御寇。

这里是说这时年轻人已结婚（鸿雁飞到陆地上），学习又上了一个台阶，执着于研习长期顾不上家，以致他妻子没能怀孕和生育，这对他的夫妻关系是有危险的，但这时他的武功已大有长进，完全可以抵御敌寇了。

六四：鸿渐于木，或得其桷，无咎。

“桷”，角材，房屋的椽木。

这里是说鸿雁飞到平整的树枝上无咎害。因鸿雁是水鸟，其爪子不适宜抓小树枝，只适宜站在平整的树干上。

这喻指小伙子学艺又上新的层次，并找到最适宜于自己的特长、符合其本人固有条件的技艺来学习，很不错。

九五：鸿渐于陵，妇三岁不孕，终莫之胜，吉。

这里是说小伙子（鸿雁）的武艺再上进一个层次（“陵”），勤勉学习没能回家，以致其妻三年都没能怀孕，但这时他武艺超群，没有人能胜过他，这样吉祥。

上九：鸿渐于陆，其羽可用为仪，吉。

鸿雁再回到平地上，它的羽毛很漂亮，可以作为亮丽的仪饰。

这比喻小伙子武艺高超，随便的一招一式都成为人们学习的典范，这样吉祥。

例3：

卦辞：渐，女归，吉，利贞。

白话：这条卦辞的意思是：不急急忙忙地嫁女（也就是说不慌不忙地嫁女），这就很好，利于问蓍。

初六：鸿渐于干，小子厉，有言。无咎。

白话：水鸟慢慢地进入渊薮，小家伙生了恶疾，但还能说话。问蓍得无咎之占。

注释：鸿：水鸟。干：帛书作“渊”。有言：还能说话。

六二：鸿渐于磐，饮食衎衎。吉。

白话：水鸟在池塘里戏游，人们在为帝王的饮食而奔波。问蓍得吉占。

九三：鸿渐于陆，夫征不复，妇孕不育。凶。利御寇。

白话：水鸟到了高平地，丈夫远征还没有回来，妻子继续跟别人干坏事，甚至占据她人的丈夫，非所居而居焉，这样干下去将成为强盗式的女人。

注释：妇孕不育：帛书作“妇绳不羁”。妇绳不羁：即妇不羁绳，谓妻子在家放荡不羁，甚至占据她人的丈夫。

六四：鸿渐于木，或得其桷。无咎。

白话：水鸟飞到了树木上，有正直的人出来干涉那夫征未复的淫妇的丑恶行为，劝其弃邪归正。问蓍得无咎之占。

九五：鸿渐于陵，妇三岁不孕，终莫之胜。吉。

白话：鸿鸟飞到山岭上去了，妇女已经改邪归正三年了，最终达到了胜利的境界。问蓍得吉占。

上九：鸿渐于陆，其羽可用为仪。吉。

白话：鸿鸟飞上了山顶，她那漂亮的羽毛可以用来装饰文舞的道具。

注释：《音义》：“陆，高之（山）顶也。马云：山上高平曰陆。”

编者说明：例 1 见书末参考书目⑰，例 2 见⑳，例 3 见㉒。

第五十四卦 归妹卦 ䷵ 震上 兑下

（一）原文

（卦辞）归妹，征凶，无攸利。

（爻辞）初九：归妹以娣，跛能履，征吉。

九二：眇能视，利幽人之贞。

六三：归妹以须，返归以娣。

九四：归妹愆期，迟归有时。

六五：帝乙归妹，其君之袂不如其娣之袂良。月几望，吉。

上六：女承筐无实，士刲羊无血，无攸利。

（二）解读

卦辞：归妹，征凶，无攸利。

解读：“归妹”，卦名。“妹”：古时称少女；妹妹。“归妹”是少女出嫁。古时婚姻先由男方提出，不由女方主动提出，不能女方主动“征”，故“征凶”，无益处。

古时习俗，姐妹俩可同时嫁给同一男子，姐姐是正房称嫡，是嫡妻。妹妹是娣是偏房，娣引申为妾。

初九：归妹以娣，跛能履，征吉。

解读：“娣”（dì 音弟）：妹妹出嫁为娣。“跛”：瘸腿。“履”：步行，走路。

爻辞暗示，姐姐出嫁，“归妹以娣”是妹妹从嫁，妹妹嫁到男方是偏房、妾，就像瘸子走路摇摆歪斜不正。但古时从嫁是习俗，这样出嫁吉祥。

九二：眇能视，利幽人之贞。

解读：“眇”（miǎo 音渺）：瞎了一只眼睛。“幽”：光线暗淡、偏僻之地。

爻辞说，瞎了一只眼的少女，犹如处在幽境，利于守贞。

六三：归妹以须，返归以娣。

解读：“须”通“嬃”（xū 音须）：姐姐。

爻辞说，妹妹冒充姐姐出嫁，出嫁后被男方获知真相，男方返回到女方家说明情况，改为娣妾对待。

九四：归妹愆期，迟归有时。

解读：“愆（qiān 音迁）期”：延期。爻辞说，少女出嫁延期，婚庆选错了日子，重选婚庆佳日，再出嫁。

六五：帝乙归妹，其君之袂不如其娣之袂良。月几望，吉。

解读：“袂”（mèi 音昧）：衣袖，服装。

帝乙是商朝一位帝王，是商纣王之父。帝乙把女儿嫁给周文王作娣，即妾。（一说帝乙把妹妹嫁给周文王）。君指周文王的正房妻子，穿的服装还不如娣妾的服装漂亮。月亮几乎月圆时出嫁，选择的日子吉祥。爻辞中漂亮服装喻指宣宾夺主。

上六：女承筐无实，士刲羊无血，无攸利。

解读：“刲”（kūi 音亏）：割，宰杀。

爻辞表示，新婚后，夫妻上庙祭祀，妻子拿的筐里没装果实、如花生之类表示生孩子，男士宰羊本应用羊血祭祀，表示血脉相传后代，却无羊血。暗示很难有后代，令人惋惜。

小结：归妹卦以少女出嫁的经历为主题，描述了不同的情况。古时女方不能主动找男方求婚，那是“征凶”；可随从姐姐一同出嫁做娣、做偏房妾即“归妹以娣”；偶尔少女不甘做偏房妾，冒充姐姐出嫁是“归妹以须”；少女出嫁做偏房，以华丽的服装与正房争宠；最后少女出嫁后祭祀“女承筐无实”，暗喻不能生育而叹息“无攸利”，还不如“眇能视，利幽人之贞”。

（三）选录其他解读

例 1：

卦辞：归妹，征凶，无攸利。

注释：古时称少女为妹。归妹，即少女出嫁。古时女方不可主动向男方求婚，应由男方向女方求婚。

卦辞说，如果女方主动向男方求婚，则“征凶，无攸利”，没有好处。但也有例外，如果女子是残疾人，女方可主动向男方求婚。如果是皇帝的女儿，女方可主动向男方求婚。因为皇帝的女儿，男方不可高攀。

初九：归妹以娣，跛能履，征吉。

注释：爻辞说，这个女子腿脚有残疾，但还能走路。可主动向男方求婚，作为娣出嫁，则吉。

九二：眇能视，利幽人之贞。

注释：眇：偏盲，一眼瞎。幽人，此处指视力不好或失明的人。

爻辞说，该女子一个眼睛瞎了，但还能看东西。这样的女人可主动向男方求婚，嫁出去是好事。

例2：

卦辞：征凶，无攸利。

我认同高亨先生的解释："筮遇此卦，征则凶，且无所利，故曰征凶无攸利。"本来只是纯粹的筮辞，就完全用占筮说作解，这也是一种实事求是的态度。马上会看到，本卦爻辞同此卦辞就并无联系。

初九：归妹以娣，跛能履，征吉。

从泰卦第五爻"帝乙归妹"句已知，"归妹"就是嫁女。"娣"本是指同嫁一夫的女子中年龄较小又是作为偏房的那一个，并且这是就她同"正房"的关系而言，即"娣"是正房的"娣"，其他人谈不上有"娣"——如果不是用"娣"泛指妹妹的话。

"跛能履"至于翻译，大概可以是这样子的：如同瘸子有了拐杖就能行走一样，嫁女按次序，依规矩，自然预后顺利吉祥——我用"预后"译"征吉"的"征"大概可以吧？

九二：眇能视，利幽人之贞。

"幽人"，在履卦第二爻中见过，我说是指生活在黑暗中不见光明的人，也就是瞎子（"幽"是与"明"相对），因此"幽人之贞"是指盲人据以行事就能帮助他克服目盲的缺陷的道理、原则、方法等等，简言之，就是盲人行事应该遵循的常理正道。所以这条爻辞不过是另行设喻，再次申明上一爻的意思：盲人（"眇"）要想能"看见"，要靠遵循盲人的常理正道。但又稍有区别：从本爻两句话的顺序看，这里是把"依次序，守规矩"当作办事顺利的必要条件了，而上一爻是比作充分条件的。因此，第一、二两爻合在一起，可说表达了一个充分必要条件假言命题，即把"办事顺利成功"和"办事依循正理"，看作是等值的。

六三：归妹以须，反归以娣。

这条爻辞的意思也众说纷纭，让人无所适从，但我不想多作介绍了。这一爻就是在讲了按次序、依规矩办事成功的充分必要条件后，又讲一下若是违反了规律就要及时改过来，这是极合事理逻辑的。同时，这理解还开启了下一爻，使之有了承接。这，马上就知道了。

九四：归妹愆期，迟归有时。

嫁女要择婿，总想找到适当的即符合自己期望值的人，但弄得不好会耽误了她的终身大事，以致最后竟不按规矩把女儿"处理"出去，这是常有的事，但这样处理并不妥当，可能更加害了女儿。《周易》作者就是借用这个人所共知的情况，说明即使在这时候，也以遵循常理正道为好。

历来对这一爻的注释和解说，几乎没有一家是接近于正确的，试看几个现代注家的**译文**：刘大钧先生："少女出嫁延期，迟嫁因有所待。"黄、张二先生："嫁出少女超延佳期，迟迟未嫁静待时机。"陈、赵二先生："嫁女拖延了时间，推迟出嫁是因为有所等待。"马桓君先生："嫁妹延误了婚期，等待会有出嫁之时。"

六五：帝乙归妹，其君之袂不如其娣之袂良。月几望，吉。

讲泰卦时已介绍过"帝乙归妹"的故事：那是商天子为了国家的长远利益，把自己的女儿下嫁给正在强大、可能对殷商天下构成威胁的小国之君周文王。"其君"是指帝乙之女，她嫁过去是作夫人的，夫人当时称"君"。"袂"本指衣袖，比较讲究装饰，故可借以指谓带装饰的衣着。这里的"娣"字只能解释为随嫁过去做偏房的女子了。正房夫人的衣着竟不如偏房小妾的衣着华美（良），这就是不按规矩！

"几"是"既"的借字，"月既望"指过了古历十五，月亮由圆走向"缺"了，所以这是喻指殷商开始走下坡路了，殷天子在这情况下不得不采取这样违规做法，这做法不仅出于伟大目的，效果也是好的，所以也评为"吉"。

上六：女承筐无实，士刲羊无血，无攸利。

此爻为阴阳相离，男女相失之象。就是说，那对男女终于未能结为夫妇——也有人说是喻女子未能生育。这样结尾说明什么呢？按我对上文的理解，这太明显了：头两爻强调地说明遵守规矩是办事顺利成功的充分必要条件，第三、四、五爻分别从不角度作补充，这末一爻就说：不依规矩，事情就办不成。爻辞只把结果说出来，原因可想而知，就略而不说了。

例3：

卦辞：归妹：征凶，无攸利。

白话：嫁女之时不能举行征伐战争，进行战争对嫁女来说是不吉利的。

初九：归妹以娣，跛能履，征吉。

白话：按照年龄大小依次嫁女，虽然有困难也能够克服。于不嫁女的时候征伐他方则吉利。

九二：眇能视，利幽人之贞。

白话：目小而能视物看人，利于隐士问蓍。

六三：归妹以须，反归以娣。

白话：姊妹同嫁一夫，但又同时被休弃返回娘家。

注释：须：帛书作"嬬"。嬬：妾也。小老婆。《说文解字》："嬬，弱也。一日下妻也。"下妻即小妻，也就是小老婆。《广雅·释亲》："妾谓之嬬。"反归：被休弃回娘家。

九四：归妹愆期，迟归有时。

白话：嫁女的时间推迟了，这是有缘故的。

注释：愆：帛书作“衍”。衍期：延期。衍：借为延，衍延。

六五：帝乙归妹，其君之袂不如其娣之袂良。月几望，吉。

白话：帝乙在月既望的大吉日子里嫁女，其嫁妆打扮非常朴素。

上六：女承筐无实，士刲羊无血，无攸利。

白话：女捧着空盘子，士宰羊而不出血，（说明是不吉之兆。故占之曰“无攸利”）无所利也。

编者说明：例 1 见书末参考书目：⑰，例 2 见㉑，例 3 见㉒。

第五十五卦　丰卦 ䷶ 震上 离下

（一）原文

（卦辞）丰，亨，王假之，勿忧，宜日中。

（爻辞）初九：遇其配主，虽旬无咎，往有尚。

六二：丰其蔀，日中见斗，往得疑疾，有孚发若，吉。

九三：丰其沛，日中见沬，折其右肱，无咎。

九四：丰其蔀，日中见斗，遇其夷主，吉。

六五：来章，有庆誉，吉。

上六：丰其屋，蔀其家，闚其户，阒其无人，三岁不觌，凶。

（二）解读

卦辞：丰，亨，王假之，勿忧，宜日中。

解读：“丰”，卦名。“丰”：丰富，大，扩大，盛大。“假”：到达。“日中”：中午。

卦辞说，盛大的祭祀现场，君王来到主祭，勿担心，宜于中午举行仪式。中午阳光充足，象征君主光明磊落。

初九：遇其配主，虽旬无咎，往有尚。

解读：“配主”是与主人般配的人。“旬”：十天为一旬，泛指多日。“尚”：崇尚，赏识。

爻辞说，若能遇到与自己般配的主人，即使花费些时间也值得前去辅佐主人，会得到主人的赏识和重用。

六二：丰其蔀，日中见斗，往得疑疾，有孚发若，吉。

解读：“蔀”（bù 音部）：遮日光的席棚。“斗”：星斗、北斗星。“疑疾”：怀疑。“孚”：诚信。

爻辞说，太阳犹如被席棚遮挡，没有阳光。中午能见到北斗星，这是日蚀发生，不详之兆，人们怀疑灾难来临，此时纣王佯装慈善来到祭祀，为取信于民，安稳民心，使人们觉得仍吉祥。

九三：丰其沛，日中见沬，折其右肱，无咎。

解读：“沛”（pèi 音配）通旆，帐幔，遮光用。“沫”（mèi 音妹）通昧，昏暗，隐藏，引申为小星星。“肱”（gōng 音公）：胳膊。

爻辞说，太阳犹如被帐幔遮挡，中午天空更黑了，能见到闪耀的小星星，是日全蚀。

喻意纣王政权的黑暗，把辅助他的贤臣左膊右臂都斩了，被斩者无辜、无过错。

九四：丰其蔀，日中见斗，遇其夷主，吉。

解读：天空中昏暗程度有所好转，日偏蚀，有了希望，预见了初爻寻找的“配主”即“夷主”，吉祥如意。

六五：来章，有庆誉，吉。

解读：“章”：文章，文彩，引申为光明。

爻辞说，日蚀已过去。黑暗势力已消失，重见光明，欢庆赞誉获得新生，吉祥。

上六：丰其屋，蔀其家，闚其户，阒其无人，三岁不觌，凶。

解读：“闚”通窥。“阒”（qù 音去）：空虚，寂静。“户”：门。“三”：泛指多。“觌”（dí 音笛）：见。

爻辞说，扩大了房屋，用席子把房屋遮盖，从门缝往里窥看，空无一人，较长时间不见有人影，凶险。喻意商纣王灭亡。

小结：丰卦用日蚀比喻商纣王黑暗统治到灭亡的过程，罪恶逐渐扩大到最后上六爻时消亡，日蚀过去了。君子从初六爻开始寻找“配主”，追求光明，终于在九四爻遇见了“夷主”，六五爻欢庆光明来临。

（三）选录其他解读

例 1：

这一卦是很难懂的，我所见到的译注，没有一家说清楚了卦的主旨，多用“丰卦说明事物‘丰大’的道理”这种类似废话的话来搪塞，对每条爻辞的解释，也多禁不起推敲。因此，我只好开辟一条全新的路，因为是全新的，请读者主要着眼于方向是否对头，如果肯定方向不错，就请自行填平路上的坎坷之处。

卦辞：亨，王假之，勿忧，宜日中。

这卦辞可能是全卦主旨的概括：君王要表现出自己的如日中天的光辉，就不能眼睛只是盯着自己一家一族，应该放眼于身边所有的人，以至全国百姓，换言之，要看到天下所有人的功绩，为全天下人谋福利。这同家人卦和萃卦中讲“王假有家（庙）”时，意思完全一致。明确了全卦的这个主旨，再去读爻辞就好理解了。

初九：遇其配主，虽旬无咎，往有尚。

头一句是说：对你手下的公卿大夫等人，凡是合得来的，都要以礼相待。

“虽旬无咎”的“虽”通“唯”，在帛书中就作“唯”。“唯……无……”这个句式说明，“旬”在这里是作为“咎”的反义词使用的，故是借作“绚”，“夸奖、赞扬”的意思，“虽（唯）旬无咎”是说：（对他们）只表扬其功绩，不责备其过失。这意思才最好地承接了上一句。

末句“往有尚”可以翻译为“这样下去必能得到他们的佑助”。原来，礼遇臣下是为了让他更好地给自己帮忙、卖命！

六二：丰其蔀，日中见斗；往得疑疾，有孚发若，吉。

头两句应该是说：丰大席棚，使之能荫庇更多的人，以致人在席棚下像是在夜晚，日当正午时也能看到星星（“斗”指北斗星等星座，也可泛指星斗）。这显是喻指君王应该团结、优待更多的臣民，并且不让他们的功劳被自己的光辉所掩盖而不为人知，而是让他们的业绩也彰显出来。这里把君主说成中午的太阳，把臣下比作星星，既突出了君主，又肯定了臣下，是比拟得十分贴切的。

后面三句很难解，我猜是这意思：这样彰显、表扬臣下的功绩，难免让人心存疑惑，也会使有些人提出非难，但这不要紧，只要真正有诚意地坚持下去，是会收到好的效果的。

这一爻，刘大钧先生的译文是：“（光明）大片被遮住，中午出现星斗。往得疑病，有诚可去其病。吉利。”这代表了历来多数注家的理解。

九三：丰其沛，日中见沫，折其右肱，无咎。

前两句和上一爻前两句的意思相同，只是加大了程度，即遮蔽的范围更大，以至于日中能见到更小的星星。这自然是说，连一般百姓的功绩，君主也加以肯定，不予抹杀。这正是卦辞说的“王假之”的内在含义，体现的是君主以百姓心为心，因此他也深得百姓之心的意思。

“折其右肱，吉”这是说：（这样做了）即使身边少了个得力的辅佐大臣，也无所损失，对王业的发展还是有利。

这一爻，可代表传统理解的翻译是：“（天）越来越暗，中午出现昏黑，（黑暗中）折断了右臂，（但）无灾。”

九四：丰其蔀，日中见斗，遇其夷主，吉。

前两句与第二爻前两句全同，如果不认为这里有什么错漏，就只能说，这是补说第二爻的未尽之意。“夷主”是和初爻说的“配主”相对待的，故应是指“倨傲之主”，即居功自傲的贵族公卿。这种人有功，所以倨傲，他们若是不和你配合，于事业大为不利，相反，你承认并且彰显、表扬他们的功绩，他们就高兴了，将更加努力为你效劳，所以特别补充这一条，说明进一步“丰其蔀”，把这种人也拉过来的必要性。

六五：来章，有庆誉，吉。

这一爻可以这样翻译：这样做的结果是更加扩大你作君主者的功业，臣下百姓也将得到赏赐和相当的荣誉，这对于你今后的发展是大为有利的。

有本书这一爻的译文是："重现光明，人们欢庆赞美。吉利。"

上六：丰其屋，蔀其家，闚其户，阒其无人，三岁不觌，凶。

就我所见，对这一爻理解的最为准确的，是徐丛先生，他说本爻辞的大意是："身为君王、天子，如果不能严于律己，而是与民争财、贪天之功、用人疑人、滥用近臣、不理朝政，必将产生灾难性后果。"这可说是这条爻辞的比较准确的意译。

例2：

卦辞：丰，亨，王假之，勿忧，宜日中。

白话：丰京这美丽的帝王之乡，是文王把她建设起来的。我们有了这样一个好的京都，在这样美好的都城日中时分进行祭祀真是太好了，绝不用忧愁。

注释：丰：卦名。丰的本义为大、茂盛、丰满。这里盖谓周朝的国都丰京。丰京在今陕西长安西南沣河以西。周文王伐崇侯虎后自岐迁此。

初九：遇其配主。虽旬。无咎。往有尚。

白话：遇到肥族首领，问蓍得到了没有灾害的占断。继续前进又得到了嘉奖。

注释：配主：帛书作"肥主"。肥主：肥族的首领。肥：古代少数民族。

六二：丰其蔀，日中见斗，往。得疑疾，有孚发若。吉。

白话：丰都在正午时分豁然开朗，一览无余。到了傍晚丰都则消失在夜幕之中。有人夜晚在野外得了怪病，回到家中惊恐万状，问蓍得吉善之占。

注释：丰：丰都。其蔀（bù 部）：帛书作"其剖"。其剖日中：丰都在正午的时候看得分明。剖，辨，分。

九三：丰其沛，日中见沫，折其右肱。无咎。

白话：丰都的薠草茂盛，茉莉花遍地，折斯花草以祭弓箭。问蓍得无有灾咎之占。

注释：这条爻辞帛书作："丰其薠，日中见茉，折其右弓。无咎。"丰其薠：丰都的薠草茂盛。

九四：丰其蔀，日中见斗，遇其夷主。吉。

白话：日中丰都见得分明，夜晚遇到（其）夷人的首领。四方昼夜来朝。问蓍得吉善之占。

注释：蔀：帛书作"剖"。丰其剖日中：在中午丰都的一切都看的很清楚。剖，分辨。见斗遇其夷主：傍晚遇到夷人的首领。见斗为傍晚时分。夷，夷人。主，首领。

六五：来章有庆，誉。吉。

白话：勤劳而得到表彰，举以为官。问蓍得吉占。

注释：来章：勤劳而得到表彰。

上六：丰其屋，蔀其家，窥其户，阒其无人，三岁不觌。凶。

白话：建筑房屋，扩大门户，立灶别居，张目等待三年不得嗣子。问蓍得凶占。（此乃所谓“不孝有三，无后为大”思想之所自出也）

注释：本爻爻辞帛书作“丰其屋，剖其家，闺其户，其无人，三岁不遂。凶。”丰其屋：建筑房屋，扩大屋宇。剖其家：分家别居。《说文》：“剖，断也。”《广雅·释诂》一：“剖，分也。”《释诂》四：“剖，半也。”《玉篇》：“剖，判也。中分为剖。”《说文解字》：“判，分也。”闺其户：户，门也；闺，家门。

编者说明：例 1 见书末参考书目㉑，例 2 见㉒。

第五十六卦 旅卦 ䷷ 离上 艮下

（一）原文

（卦辞）旅，小亨，旅贞吉。

（爻辞）初六：旅琐琐，斯其所取灾。

六二：旅即次，怀其资斧[1]，得童仆，贞吉[2]。

九三：旅焚其次，丧其童仆，贞厉。

九四：旅于处，得其资斧，我心不快。

六五：射雉，一矢亡，终以誉命。

上九：鸟焚其巢，旅人先笑后号咷，丧牛于易，凶。

注：（1）原文无“斧”字。（2）原文无“吉”字，笔者同意邵氏多方考证，是传抄错掉，应添加上。

（二）解读

卦辞：旅，小亨，旅贞吉。

解读：“旅”，卦名。“旅”，在此指在外漂泊谋生之旅，人生之旅。

卦辞说，在外谋生，寄人篱下，事业只有小发展（小亨），旅要坚定正道，才能吉祥。

初六：旅琐琐，斯其所取灾。

解读：“琐琐”：琐碎。

爻辞说，漂泊在外谋生，吝啬小气，计较“鸡毛蒜皮”的得失，是自讨苦吃，灾害。

六二：旅即次，怀其资斧，得童仆，贞吉。

解读：“次”：旅居之处所。“资”：钱财。“斧”：防身兵器。

爻辞说，旅途中找到了暂居之处，怀里装有钱财和防身兵器，又得到童仆的帮助，真是吉祥。

九三：旅焚其次，丧其童仆，贞厉。

解读：旅居之处被焚烧，童仆也逃跑了，真是险境。

九四：旅于处，得其资斧，我心不快。

解读：在旅居焚烧地，找到了钱财和防身兵器，此斧在此双重含义，又获得一只斧头，喻意因祸得福（斧）。但我心中对这场灾祸的阴影，心想时就不愉快。

六五：射雉，一矢亡，终以誉命。

解读：“雉”：野鸡。“矢”：箭。

爻辞说，一箭就射中了野鸡，“一矢亡”是丢失了一只箭，比喻因大失小值得。最终获得官方评选的赞誉和任命职务。

上九：鸟焚其巢，旅人先笑后号咷，丧牛于易，凶。

解读：“咷”（táo 音淘）：小儿啼哭不停。“号咷”是大声哭。

前一爻旅途之人，一箭射中了野鸡，获得奖赏和任命，是得福，笑了。上九爻是乐极生悲，福兮祸所依，因福得祸。自己像鸟似的被烧，比喻住处被烧毁，又在边界失去了牛，号声大哭，凶灾。

小结：旅卦描述漂泊在外谋生之旅，人生旅途的缩影，起伏动荡不定，祸福相连，富有哲理性。

（三）选录其他解读

例 1：

初六：旅琐琐，斯其所取灾。

这条爻辞可以翻译为：旅人见识短浅，这是他遭灾蒙难的主观原因。这正是本卦爻要论述的主旨，下面几爻就是这意思的展开。

六二：旅即次，怀其资，得童仆，贞。

如果肯定这是在对当官者说话，就还要想到，“次”的更基本的义项是指“职位”、“位次”，指“处所”时，在古代更常是特指古代官吏办公治事的处所，因此，如果还把这“即”视为“即位”、“即席”的“即”，那么，“旅即次”更可能是说：在人生的旅途中登上了某个位置，也即得到了一个相当的职位。这样，后两句就应是说得到职位后既有俸禄、又有权势了——“资”指俸禄，“童仆”不仅指伺候生活的仆人，同时还指其他各种供役使的人们，即所有下属官员。

九三：旅焚其次，丧其童仆，贞厉。

按我的理解，则“焚其次”实是喻指被罢官撤职，甚或被推翻、赶下台，从而“丧其童仆”乃指失去权力，“贞厉”不是说“即或坚守正道，也有危险”，而是说：继续采用以前的行为方式，或者说，继续奉行那行为方式所体现的理论原则而不予改变的话，是危险的。

九四：旅于处，得其资斧，我心不快。

被罢官去职的人，后来又得到一个位置，即使那职位不比原先的低，也仍然耿耿于怀心里不痛快，这可说是官场上的一条规律！

六五：射雉，一矢亡，终以誉命。

“雉”是野鸡；“誉”为名誉、声誉；“命”和“誉”对举，当是指爵命，即职位，故“誉命”相当于今天说的“名誉地位”。

这一爻的整体意思就是：“矢亡”本是令“射雉”者（实为人生旅途上的“旅人”）沮丧的事，但竟“终以誉命”，这自然使他感到意外的喜悦。这就与上一爻虽然复得“资斧”却“我心不快”恰成对照了，而这正是本爻所要显示的。

上九：鸟焚其巢，旅人先笑后号咷。丧牛于易，凶。

这里我则要说“先笑后号咷”又是一个比喻，意指在人生旅途中，有些人，即对于人生悲喜缺少真见识的人们，必定不能找到自己的归宿——安身立命之地，因此，他们的悲喜完全取决于外界状况，亦即别人对自己的态度，得到好评、信任、提拔就喜，但必然好景不长，总是接着以悲。由此再反看头一句，就知“鸟焚其巢”不是暗示“居高位”，而是叫人想到：巢被焚，鸟儿就没有归宿之处了，于是进而感悟到：没有自己巢的鸟，决不会随遇而安，而是偶得栖息之地就喜，又必然接着就悲的。

“丧牛于易”，“牛”是大动物，当时人拥有一头牛是不容易的，所以丧牛意味着大损失，从认识上说，则是比喻大的认识上的失误。这一句是解释前三句所说情况的原因，是说：（之所以如此）乃因（旅人）犯了个重大的认识上的错误，那就是把人生之旅看得太轻松了。言外之意是：如果懂得人生本来多艰，常有意外的悲喜，那就会时刻做好应付艰难的准备，就会“不以物喜，不以己悲”了，那才算是找到了人生的归宿，没有这种归宿感，人是必然要“先笑后号咷”地度过一生的，这才真是人生的“凶”。可见这一爻是从反面对全卦主旨的强调，同时又使初爻的意思更其明确了。

例2：

卦辞：旅，小亨。旅。贞：吉。

白话：军旅少而精则所向无敌。用之行师征敌国。问蓍得吉善之占。

注释：旅：卦名。旅，周人的军队编制单位，五百人为旅。小：帛书作“少”。

初六：旅琐琐，斯其所取灾。

白话：军队将士上下猜疑则军心涣散，军心涣散则战斗力减弱，军队没有战斗力则溃不成军、不堪一击。这样的军队是一定要遭殃的。

注释：初六爻辞帛书作“旅琐琐，此其所取火。”琐琐：读若“惢惢”。意思是互相猜疑。此其所取火：这就是军队之所以毁灭的原因。火，灾也。

六二：旅即次，怀其资，得童仆。贞。

白话：军队停止前进以后安营扎寨，对老百姓实行烧杀掳掠，连抓到的儿童也不放过，进行活剥。（这反映了当时军队的野蛮和残酷）

注释：爻辞帛书作："旅即次，坏其茨，得童剥。贞。"即次：已经宿营。即，已也。次，舍也。引申为宿营。

九三：旅焚其次，丧其童仆。贞：厉。

白话：军队疏散了自己的营房，抛弃了已经剥杀的儿童。问蓍得危厉之占。

九四：旅于处，得其资斧，我心不快。

白话：军队在军营驻防地点得到上级进攻命令，并授以前进砍伐的大斧，战士们满腹牢骚，极为不满。（反映了军队厌战的思想情绪）

六五：射雉，一矢亡，终以誉命。

白话：张弓射猎野雉，一箭而亡其命，以此而扬名善射。

注释：誉命：帛书作："举命"。举命：扬名。举，张扬、抬举。命，名也。

编者说明：例 1 见书末参考书目㉑，例 2 见㉒。

第五十七卦 巽卦 ☴巽上 巽下

（一）原文

（卦辞）巽，小亨，利有攸往，利见大人。

（爻辞）初六：进退，利武人之贞。

九二：巽在床下，用史巫纷若，吉，无咎。

九三：频巽，吝。

六四：悔亡，田获三品。

九五：贞吉，悔亡，无不利，无初有终。先庚三日，后庚三日，吉。

上九：巽在床下，丧其资斧，贞凶。

（二）解读

卦辞：巽，小亨，利有攸往，利见大人。

解读：“巽”，卦名。“巽”通逊，谦逊，恭顺，顺从。

卦辞说，为人谦逊，有利于事业发展，也有利于被大人赏识。

初六：进退，利武人之贞。

解读：在进退两难关键时刻，不要优柔寡断，要像武夫举刀当即立断是正确的。

九二：巽在床下，用史巫纷若，吉，无咎。

解读：“史巫”是古代祭祀和占筮的专职官员，为王公贵族服务。“床”古时用来坐卧。

爻辞说，下床接待来客，谦逊举动，遇事经常先让史巫占卜，这对自己吉利，无过错。

九三：频巽，吝。

解读：“频”：频繁，频频。“频巽”是总是谦逊顺从他人，不加思考，没有主见，这是虚伪的表现，并不好。

六四：悔亡，田获三品。

解读：“田”：打猎。“三”：泛指多。“品”：品种，种类。

爻辞说，打猎不后悔，猎获了很多种类的禽兽。喻意遇到禽兽就不能谦让了。

九五：贞吉，悔亡，无不利，无初有终。先庚三日，后庚三日，吉。

解读：“贞吉”是吉祥，“悔亡”是无后悔，“无攸利”是没有失利，“无初有终”是有时没有料到好结果。“庚”是十个天干之一，古时用来记日子，“先庚三日”是庚日前三天要讨论所办之事，不主观，谦逊的表现。“后庚三日”是办完事后三天，要总结经验，这种方式是坚守正道，吉祥。

上九：巽在床下，丧其资斧，贞凶。

解读：“资”：钱财。“斧”：喻指护卫用的刀剑。

爻辞说，来人就下床迎接，来者是强盗，立即把钱财和刀剑都抢走了，还站在床前发楞，真凶。

小结：巽卦宣讲谦逊恭顺是为人的美德。但是谦逊要有底线，“频巽”是虚伪的表现，那是“吝”。谦逊正确表现是“先庚三日”经过讨论，不要“用史巫纷若”占卜来做挡箭牌，更不要谦逊的不分敌我一律对待，而“丧其资斧”致使钱财和刀剑都被抢走。

（三）选录其他解读

例 1：

卦辞：巽，小亨。利有攸往，利见大人。

巽卦之象为风、其性为入，这个入就是进入，只是这个进入是渗透性的进入、慢慢地深入。同时“巽”字古代又通“逊”，有谦逊恭顺之意。所以巽卦讲的就是这么两层意思，一是如布道者般宣贯、进行思想性的渗透；一是如追随者般的敬仰、进行行动上的跟从。这正如巽卦上下两股风，一个是和风熙熙吹、吹遍世间人和物；一个是虔虔迎和风、顺从听命思与行，这样自然会“小亨”、小有亨通了。这种情况，也“利有攸往”、利于大胆向前，当然也“利见大人”、有有道德修养的大人物出现带领大家共同向前最好。

九二：巽在床下，用史、巫纷若，吉，无咎。

“巽在床下”，要把风吹到天下的每一个角落，即使是床下也要吹到。一旦定了的事情，就要抓紧宣贯，要让团队或者组织的每一个层面的每一个人深刻地领会。要做到这一点不容易，这就需要“用史、巫纷若”，需要像史官和巫祝一样地认认真真和不厌其烦。做到了，自然“吉”而“无咎”。

九三：频巽，吝。

深入地宣贯你可以不厌其烦，同时也不能让人烦。正所谓过犹不及，过了就可能适得其反。“频”，就是过了、次数太多了，“频巽”的结果就是“吝”、就不够理想。

六四：悔亡，田获三品。

定了的事情，在宣贯推动过程中总会有些问题和阻力，这就要及时地解决与清除，这就是“田获三品”所要告诉我们的。“三品”就是指田猎中打到的很多野兽，它们所代表的就是反动的势力，在这里可以理解为深入与宣贯的问题和阻力。

九五：贞吉，悔亡，无不利。无初有终。先庚三日，后庚三日，吉。

任何事情的宣贯，深入与推动，都要坚持“贞”正的原则，这样才能从根本上保证“吉”、好的结果，才能“悔亡”、没有让人后悔的事情发生，也才能“无不利”、无所不利。这样做，即使是“无初”、开始时很混乱或者效果不好，也会“有终”、最终由乱而治、得到一个好的效果。要做好这些事情，还应该“先庚三日、后庚三日”，就是事先要花时间做好充分的酝酿和全面细致的准备，之后还要做好日常的实施情况的跟踪与管理，事后还应及时总结、以利提高，这样就会得到“吉”祥如意的结果。

上九：巽在床下，丧其资斧，贞凶。

“巽在床下”，风吹到了角角落落，事情宣贯深入到了方方面面、深入到了基层，但“丧其资斧”、却没有进一步实施的条件。“资”就是钱财，“斧”则是指物质、工具和手段等。这样是非常“凶”、非常可怕的事情，它不但不能把当前的事情做好，取得必要的成功，更可怕的是会丧失民众的信任，为今后的工作带来信任的危机，所以一定要“贞”防这种风险。

例2：

卦辞：巽，小亨。利有攸往、利见大人。

白话：为小祭祀算卦。得利有攸往与利见大人之占。

注释：巽（xùn 逊）：卦名。筮卦用的工具。帛书作“筭”。筭（suàn 算）：筮卦用的筹策，即计算的工具。

初六：进退，利武人之贞。

白话：进入敌军阵地，利于武人大显身手。

注释：进退：帛书作“进内”。进内：进入。

九二：巽在床下用，史巫纷若。吉、无咎。

白话：将筮策放置在地上而筮卦，史与筮同忧，而得吉善与无有灾咎之占。

注释：爻辞帛书作“筭在床下用，使巫忿若。吉、无咎。”筭在床下用：筮策放置在地上而筮卦。筭，筮策。即蓍草。床下，地上。

九三：频巽。吝。

白话：这条爻辞的意思是：编排筹策。问蓍得吝难之占。

注释：频巽：帛书作“编筭”。编筭：编排筹策。

六四：悔亡。田获三品。

白话：悔吝已去，春天田猎获得三种野物。

注释：田：猎也。春猎曰田。三品：三类。

九五：贞：吉、悔亡、无不利。无初有终，先庚三日，后庚三日。吉。

白话：问蓍得吉善、悔去、无不利之占。大其初始而有其终结，先庚三日的丁日和后庚三日的癸日问蓍均吉。

上九：巽在床下，丧其资斧。贞：凶。

白话：把筮策放在地上算卦，却丢了所得之进攻用的大斧子。问蓍得凶占。

编者说明：例 1 见书末参考书目⑲，例 2 见㉒。

第五十八卦 兑卦 ䷹ 兑上 兑下

（一）原文

（卦辞）兑，亨，利贞。

（爻辞）初九：和兑，吉。

九二：孚兑，吉，悔亡。

六三：来兑，凶。

九四：商兑未宁，介疾有喜。

九五：孚于剥，有厉。

上六：引兑。

（二）解读

卦辞：兑，亨，利贞。

解读：“兑”，卦名。“兑”字是“悦”字一半，是“说”字一半。因此，历代两种注解。一是“兑”通悦，喜悦，快乐，愉悦。另一是“兑”通说，说话。二者合一是说的令人喜悦。

卦辞说，能使人喜悦，路畅通，这是坚守正道。

初九：和兑，吉。

解读：与人相处和谐快乐，吉祥。

九二：孚兑，吉，悔亡。

解读：“孚”：诚信。

爻辞说，诚心诚意给人快乐，助人为乐，这是做好事吉事，不会有悔恨。

六三：来兑，凶。

解读：心怀鬼胎，故意来勾引你，使你高兴，那是凶兆。

九四：商兑未宁，介疾有喜。

解读：“介”：在两者之间，正直。“疾”：疾病，在此指阴暗的人和事。

爻辞说，特意来商谈似乎是喜悦之事。“未宁”是还没定下来，觉得不是好事，便拒绝了，可喜之举。

九五：孚于剥，有厉。

解读：“剥”：剥离腐蚀。

爻辞说，取悦于你，说的是酒色淫乱之事，要提高警惕，有危险。

上六：引兑。

解读：爻辞没有吉凶断语，应该是招引来花言巧语，目的不纯，别有用心，吝。

小结：兑卦肯定了喜悦是好事。但给人的喜悦目的不同而区分出善与恶。“和兑”、“孚兑”都是善，而“来兑”、“商兑”都是恶。“孚于剥”、“引兑”是糖衣炮弹腐蚀人堕落，要提高警惕，防腐败。

（三）选录其他解读

例1：

我认定：本卦的“兑”字确实是借为“说”，但不是“谈说”的“说”，而是“说客”的“说”——读shùi。

卦辞：兑，亨，利贞。

如果认定这卦辞是针对卦名——兑的含义而发，当这样解读：“兑”要达到亨通畅达，就应持守关于“兑”的正道。显然，从这条卦辞看，这个“兑”是不好释义为“悦”的，训为“谈说”的“说”，略微好一些，认定为“说服别人”的意思，则又顺当又贴切。

初九：和兑，吉。

“和兑”是说，在你企图说服他人认同你的主张，或赞助你的计划，或配合你的行动时，不可要求更不能强求人家无原则地和你一致，应该按照“和”的精神同他交谈、谈判，以期结果是别人既与你认同，又不感到自己失去了什么，相反，还觉得你在同他配合，给了他以支持。这无疑意味着“吉”——你为人的“吉”和“兑”的结果的“吉”。

训“兑”为“悦”的注家，多是这样翻译这一爻的：“平和欣悦以待人，吉祥。”“适度豫悦，吉利。”“和颜悦色吉。”等等。《周易》作为向侯王、君主的进言录，哪会编入这种近似废话的俗话。

九二：孚兑，吉，悔亡。

如果说“和”是“兑”的根本途径和目的的话，那么“孚”，即诚信，则是“兑”的出发点与达到“和兑”的基础、保证。《周易》作者特别重视和强调“孚”、“有孚”，在教诲如何同人谈判即说服别人接受自己的主张、方案时，自然更不会忽视这一点。

在视“兑”为“悦”的注家那里，这条爻辞前一句的译文有：“相互和悦要一本于诚”，“诚孚的喜悦”，“诚信欣悦以待人”，“心悦诚服”，等等。

六三：来兑，凶。

“来兑”是说企图通过给予人家一些好处来换取人家认同自己的主张、计划、行为等等，换言之，就是在谈判中进行贿赂，实行“贿兑”。

九四：商兑，未宁，介疾有喜。

商兑，犹今言商谈，这一爻乃是对第一爻作补充，说明从总的过程看，“和兑”必是“商兑”，因为你既不能强求于人，对方就必定要发表自己的看法，提出他的要求，于是同你的差异、矛盾就暴露了，这一爻就是交代：要用商量的办法、让人说话的办法去排除差异、克服矛盾，求得“兑”的结果。“未宁”是说事情还在商谈之中，尚未最后定下来。

“介疾有喜”的字面意思是：大病已愈。这个“介”就是晋卦第二爻“受兹介福，于其王母”的“介”，“大”的意思。“有喜”，《周易》中都是和疾病连用，指病愈。这一句承前句说下来，乃是对“商兑”的优点、好处作评价，意思是：（由于是商兑）即使事情尚未谈妥，也都双方心情舒畅，连病都好了。这“疾”非指生理疾患，这里也谈不上生理疾患的问题，而是指谈判中的“心病”。

九五：孚于剥，有厉。

这显然是从反面对第二爻作强调：要是没有了诚信，那将是危险的。

上六：引兑。

“引”字的义项很多，没有一个用在这里可以说是贴切的，加之后面没有评断辞，就更难选择了。我要向读者说，我没能懂透这条爻辞，只能说出我的一个想法：如果第四、五爻确实分别是对第一、二爻的补充、说明，那么，这末一爻就当是对第三爻“来兑，凶”的补充和说明。“来兑”实为“贿兑”，其“兑”的效用一定难于长期保持，要长久地、不断地贿下去，既难有自身资源的保障，恐怕也终有感到得不偿失即不划算的时候。

例2：

卦辞：兑，亨。利贞。

白话：这条卦辞的意思是：夺取财富没有受到阻碍。问蓍得到了“利贞”的占断。

注释：兑：卦名。帛书卦爻辞“兑”字均作“夺”。夺、兑，古音同。夺，夺取。

初九：和兑。吉。

白话：掠夺他人他国之财富是非常美好快乐的事情。问蓍得吉占。（这反映了先民的掠夺侵略思想。这种以夺取财富为快事为美善的思想乃是贪得无厌的剥削阶级的道德价值标准，同时也反映当时时代的物质文明与精神文明状况。）

注释：爻辞帛书作："休夺。吉。"休夺：夺休，掠夺很美好。休，美也。

九二：孚兑。吉、悔亡。

白话：这条爻辞的意思是：又一次进行掠夺。问蓍得到"吉"与"悔亡"的占断。

注释：孚兑：当做"复夺"。

六三：来兑。凶。

白话：正当高兴地庆祝掠夺得来的财富的时候，突然又来人向他们强取了，正在高兴的人群惊慌失措恐惧不安乱作一团。（这反映了当时的社会秩序）

注释：爻辞帛书作："来夺，兇。"来夺，别人来抢夺了。

九四：商兑未宁，介疾有喜。

白话：因为明要强抢而弄得鸡犬不宁，但这是小问题，没有关系，抢夺到了东西便有最好的事情，心中喜悦。（这反映了统治者不顾人民死活贪得无厌地搜括民财的肮脏灵魂）

注释：商兑：帛书作"章夺"。章夺：明要，强抢。章，明。

九五：孚于剥。有厉。

白话：已经夺得的东西又被人抢回去了。又出现了危险。

注释：孚于剥：帛书作"复于剥"。复于剥：被人把夺得的东西又夺回去了。复，返。归。剥，夺。

上六：引兑。

白话：进行大规模掠夺。

注释：爻辞帛书作"景夺"。景夺：大规模掠夺。景，大也。

编者说明：例1见书末参考书目㉑，例2见㉒。

第五十九卦　涣卦 ䷺ 巽上坎下

（一）原文

（卦辞）涣，亨，王假有庙，利涉大川，利贞。

（爻辞）初六：用拯马壮，吉。

九二：涣奔其机，悔亡。

六三：涣其躬，无悔。

六四：涣其群，元吉。涣有丘。匪夷所思。

九五：涣汗其大号，涣王居，无咎。

上九：涣其血，去逖出，无咎。

（二）解读

卦辞：涣，亨，王假有庙，利涉大川，利贞。

解读：“涣”，卦名。“涣”：涣散，流散，离散。《说文》：“涣，水流散也。”

卦辞说，人心涣散也可设法亨通。君王来到祖庙祭祀，凝聚涣散的人心，共同祈福国泰民安，利于渡险情渡难关，也利于坚守正确的道路。

初六：用拯马壮，吉。

解读：“拯”：拯救。“马壮”是像马那样奔跑快速且有力。

爻辞说，君王拯救国家，要花费大力量，还要快，就像马奔跑的快而有力，这样吉祥。

九二：涣奔其机，悔亡。

解读：“机”是机要，关键。

爻辞说，要治涣就要找出问题的关键，解决了关键问题，便无悔恨。

六三：涣其躬，无悔。

解读：“躬”：身体。

爻辞说，要治涣就要从自身寻找污点并改正，以身作责，除私欲，立公心，这样才有凝聚力，无悔恨。

六四：涣其群，元吉。涣有丘，匪夷所思。

解读：“群”：小帮派。“丘”：山陵，山丘。“匪”通非，不。“夷”指平常人。

爻辞说，要治涣，解散了帮派私党，开始吉利。“涣有丘”是把所有涣散的人凝聚在一起，另立正派山头，扩大团结，这种执政方针政策，不是一般人所能想到的。

九五：涣汗其大号，涣王居，无咎。

解读：“汗”：汗水，出汗，在此用意是使出全身的劲，奋力。“大号”：大力号召。“王”：王室。

本爻是九五之尊位，君王颁布法令并奋力号召团结奋斗，并把王室涣散者赶出去、迁居。

上九：涣其血，去逖出，无咎。

解读：“逖”指远离。

爻辞说，为治涣不惜流血，把君国上下来个大扫除，把影响人心涣散的污泥浊水，抛到远远的，吸取经验教训，君国有了凝聚力，无后患。

小结：涣卦是讲君主整治人心涣散、社会处于瓦解状态所采取的措施和行动。虽然每爻都没指明主角是君王，读者也会看出每爻都是君王的作为。开始君王在祭祀、“王假有庙”，然后依次是：“用拯马壮”、“涣奔其机”、“涣其躬”、“涣汗其大号”，最后“涣其血”。表现出是英明君王大得人心。

（三）选录其他解读

例1：

卦辞：涣，亨，王假有庙，利涉大川，利贞。

解读：人心涣散时，也有亨通。因为君王到宗庙去祈祷，既使民众看到了君王希望上下团结的诚意，又获得了祖宗神灵的保佑；利于去冒涉大川那样的险，但必须坚守正道。

初六：用拯马壮，吉。

解读：骑上健壮的马去追亡，就能失而复得，吉祥。

九二：涣奔其机，悔亡。

解读：涣散之际，倘能争得一个安全场所，悔恨也就消除了。

六三：涣其躬，无悔。

解读：清除私欲，如同洗掉身上的污垢一样，不会有什么后悔。

九五：涣汗其大号，涣王居，无咎。

解读：君王发出的命令要像人出汗那样不可收回；君王积聚的财富要及时散发给人民，这样做不会有什么祸患。

上九：涣其血，去逖出，无咎。

解读： 由于人心涣散而发生流血事件时，只要远远地避开，就不会有什么危难。

例2：

卦辞：涣，亨，王假有庙。利涉大川、利贞。

白话： 洪水泛滥成灾，王到达宗庙进行享祀。问蓍得利于涉大川、利于问蓍之占。

注释： 涣（huàn 换）：洪水泛滥，江河横溢。

初六：用拯马壮。吉。

白话： 为乘马外出而问蓍得吉善与悔亡之占。

九二：涣奔其机。悔亡。

白话： 洪水冲垮了台阶，房屋遭灾，没有淹死人。问蓍得悔亡之占。

注释： 爻辞帛书作："涣贲其阶。悔亡。"阶：台阶。贲（音奔）：通奔。

六三：涣其躬。无悔。

白话： 洪水冲到身上来了，但由于有了充分的防洪物质准备和思想准备，所以没有遭殃。问蓍得无咎之占。

六四：涣其群。元吉。涣有丘，匪夷所思。

白话： 洪水冲到了车子旁边，但没有出什么事故。问蓍得元吉之占，洪水又冲到了山丘，姐姐想出了防洪的好办法，这不是妹妹所能想得到的。

注释： 群：军车也。《说文解字》："群，辈也。""辈，军发车百两为一辈。"涣有丘：洪水又涨到小丘上来了。有，通又。匪夷所思：帛书作"非娣所思"。非娣所思：姐姐想出了办法，这是妹妹所不能想到的。娣（dì 弟），娣对姊而言。

九五：涣汗其大号。涣王居。无咎。

白话： 洪水淹及肝部，其人惊恐呼号。洪水淹到了王所居住的地方了，灾始及王家。问蓍得为无咎之占。

注释： 涣汗其：帛书作"涣其肝"。汗、肝，形近易讹。涣其肝：洪水淹到了肝部位置。

上九：涣其血去逖出。无咎。

白话： 洪水冲走了祭祀用的牲血，荡涤得一干二净。问蓍得"无咎"之占。

注释： 爻辞帛书作："涣其血去汤出。"逖（tì）：远。汤：借为涤。

编者说明： 例 1 见书末参考书目⑱，例 2 见㉒。

第六十卦　节卦 ䷻ 坎上 坎下

（一）原文

（卦辞）节，亨，苦节，不可贞。

（爻辞）初九：不出户庭，无咎。

九二：不出门庭，凶。

六三：不节若，则嗟若，无咎。

六四：安节，亨。

九五：甘节，吉，往有尚。

上六：苦节，贞凶，悔亡。

（二）解读

卦辞：节，亨，苦节，不可贞。

解读：“节”，卦名。“节”：节约，节俭，节省、节制。

卦辞说：节俭是美德，行得通。“苦节”是过分的节俭，不可取，不要坚持下去。

初九：不出户庭，无咎。

爻辞说，为了节省不出内院，无过失。喻意刚开始节省。

九二：不出门庭，凶。

爻辞说，为了节省不能总闭门自居，不出外院不走向街道，不与社会沟通，后果危险。

六三：不节若，则嗟若，无咎。

爻辞说，挥霍浪费不节俭，醒悟过来则叹息，知错必改无过错。

六四：安节，亨。

爻辞说，安于节俭，亨通。

九五：甘节，吉，往有尚。

爻辞说，甘心情愿适当的节省会尝到甜头，吉祥。传往社会，会得到赏识和表扬。

上六：苦节，贞凶，悔亡。

爻辞说，过分的节俭虽然不好，但可以守正防凶，无悔恨。喻意俗话说："富日子当穷日子过"。

小结： 节卦肯定节约是为人的美德。但节约要有度，要适当，提倡"安节"、"甘节"，否定"不出户庭"、"不节若"。不能完全否定"苦节"好的一面，它可以守正防凶。

（三）选录其他解读

例1：

初九：不出户庭，无咎。

注释： 初九居节卦之始，好像一个婴儿，为了安全，限制他不许出屋，这样做并无过错。

九二：不出门庭，凶。

注释： 九二已经是大孩子了，仍然把它关在屋子里，不许出大门，这种限制就不对了，故凶。

六三：不节若，则嗟若，无咎。

注释： 嗟：哀叹。

爻辞说，平时不注意节俭，困难时则哀叹不已。

六四：安节，亨。

注释： 安于节俭和节制，就亨通。

九五：甘节，吉，往有尚。

注释： 九五居中守正，能自觉的、心甘情愿的进行节俭和节制，受到赞誉，故吉。

上六：苦节，贞凶，悔亡。

注释： 上六节俭过了头，走向反面，故凶。认识到"苦节"行不通，则悔亡。

例2：

卦辞：节，亨。苦节，不可贞。

白话： 这条卦辞的意思是：持节祭祀，但枯骨所制之符节则不可用来问蓍占吉凶。

注释： 节：卦名。本为一种凭证。古代有各种各样的节。如，货节，司关所掌，以联门市。

初九：不出户庭。无咎。

白话： 不出门远行，闲居家中。问蓍得没有灾咎之占。

九二：不出门庭。凶。

白话：居于朝中。问蓍得凶咎之占。

注释：庭：帛书作“廷”。《说文》：“廷，朝中也。”

六三：不节若，则嗟若。无咎。

白话：因没有凭证而嗟叹不已。问蓍却得到没有灾难的占断。

注释：不节若：没有凭证啊。不，没有。节，凭证。

六四：安节。亨。

白话：把凭证安置保存好。问蓍得亨通之占。

九五：甘节。吉。往有尚。

白话：用柑木制节。问蓍得吉占。前往官府交纳节符，官嘉其节而赏其人。

注释：用柑木制作的符节。甘，柑之本字。

上六：苦节。贞：凶。悔亡。

白话：用枯骨做符节。问蓍得凶占。害怕自己将会大祸临头。

编者说明：例 1 见书末参考书目⑰，例 2 见㉒。

第六十一卦 中孚卦 ䷼ 巽上 兑下

（一）原文

（卦辞）中孚，豚鱼吉，利涉大川，利贞。

（爻辞）初九：虞吉，有它不燕。

九二：鸣鹤在阴，其子和之，我有好爵，吾与尔靡之。

六三：得敌，或鼓或罢，或泣或歌。

六四：月几望，马匹亡，无咎。

九五：有孚挛如，无咎。

上九：翰音登于天，贞凶。

（二）解读

卦辞：中孚，豚鱼吉，利涉大川，利贞。

解读：“中孚”，卦名。“中孚”是心中诚信。一说“中”通忠，忠心。“豚”：小猪。“鱼”：小鱼。

卦辞说，只要心中怀有诚意，既使用小猪小鱼，这样的微薄礼品进行祭祀，也会吉祥。利于办大事、成大业、过大川，利于坚守正道。

初九：虞吉，有它不燕。

解读：“虞”（yú 音鱼）：预料，忧虑，还有欺骗之意。“燕”是通晏，晏安，安定。

爻辞说，社交要提高警惕。社交要有两种准备，先小人，后君子。初交时不要太相信，这样做是对的（吉）。但不能“有它”表露出来，使对方觉察到会坐立不安。

九二：鸣鹤在阴，其子和之，我有好爵，吾与尔靡之。

解读：“阴”：树荫。“爵”：古时酒杯，在此为酒，好酒。“吾”：我。“尔”：你。“靡”：共享。

爻辞说，大鹤在树荫处鸣叫，小鹤听到应和鸣叫。大鹤鸣叫声说我有好酒来吧，我与你共饮。喻意诚心诚意引起共鸣。

六三：得敌，或鼓或罢，或泣或歌。

解读：“得敌”是战敌得胜，有的击鼓庆祝，击鼓累了就罢休，有的乐极生悲哭泣，有的歌唱胜利，可歌可泣。喻意同心同德战敌取胜的情景。

六四：月几望，马匹亡，无咎。

解读：在月亮将要圆的时候，马走丢了，不用担心，忠诚的马还会回来。

九五：有孚挛如，无咎。

解读：“孚”：信，诚信。“挛如”：牵连，连接。

爻辞说，有诚信的人手挽手共创事业，无可非议。

上九：翰音登于天，贞凶。

解读：“翰音”：鸡。《曲礼》：“凡祭宗庙之礼，鸡曰翰音。”“祭”：祭祀。

爻辞说，宗庙祭祀时，鸡鸣叫声飞上天，真凶。言外之意为何凶？是因为只唱高调，不做实事，言行不一，表里不一。作者不敢明说是谁，暗指主持祭祀的王公、君王，虚伪诚信于民，从反面讲“中孚”。

小结：中孚卦的孚是诚信，是为人之本，从正反两方面用比喻讲诚信。正面以祭祀作比喻，用“中孚，豚鱼吉”、心诚则灵；“得敌”是精诚团结战敌得胜。还用禽兽正面作比喻讲诚信：“鸣鹤在阴，其子和之”是和谐有信；“马匹亡，无咎”是忠诚的马走失还会返回来。反面比喻：“翰音登于天”是鸡只唱高调，言行不一，没有诚信。还有一例在正反两面之间的“虞吉，有它不燕”的先小人、后君子的警示。中孚卦讲中孚用生动形象的比喻，活跃在读者面前。《周易》中孚卦用古诗歌表达。据考证和判断证实，《周易》有些精炼的卦辞和爻辞是古代的诗、歌词，用古代的发音朗读押韵、“朗朗上口”，意境深远，是“诗歌易”。

（三）选录其他解读

例1：

六三：得敌，或鼓，或罢，或泣，或歌。

注释：六三阴爻居阳位，不中不正，好像一个没有作战经验的人，担任了高级指挥官。

爻辞说，六三遇到敌人，乱了阵脚，忽而击鼓前进，忽而停下来，忽而哭泣，忽而高歌。任用这样的人担任高级指挥官，注定要打败仗。

六四：月几望，马匹亡，无咎。

注释：月几望：月亮接近圆，但尚不盈满。

爻辞说，六四这位近君大臣，有作战经验，不骄傲自满，在敌对作战中伤亡不大，仅仅损失了一匹马，故无咎。

九五：有孚挛如，无咎。

注释：孚，同俘，指俘虏。挛，用绳子连在一起曰挛。

爻辞说，九五出兵打仗，俘获大批人马，用绳子捆绑，连在一起，没有过咎。

上九：翰音登于天，贞凶。

注释：翰音是鸡的代称。

爻辞说，鸡没有本领飞上天，但鸡不自量力，硬是逞能要飞上天，飞上天必将摔死。故凶。

例2：

卦辞：中孚，豚鱼吉，利涉大川，利贞。

解读：心中诚信可感鬼神，即使食有毒的河豚鱼也会吉祥无事，涉大川时也会风平浪静，因为纯正总会受益。孚，本义“孵”，孵卵不能延期，寓“信”义。

初九：虞吉，有它不燕。

解读：初交朋友，不轻信则吉；一旦深交不应再有疑虑，以免自己不得安宁。

九二：鸣鹤在阴，其子和之；我有好爵，吾与尔靡之。

解读：鸣叫的鹤儿在树荫下，它的对偶应声和鸣；我有一杯美酒，愿与你一起畅饮。

六三：得敌，或鼓或罢，或泣或歌。

解读：战胜了敌寇，有的人击鼓庆贺，有的人倒地休息，有的人悲泣，有的人高歌。

六四：月几望，马匹亡，无咎。

解读：月儿即将圆满，良马失去原配，没有任何失误。

上九：翰音登于天，贞凶。

解读：像雄鸡司晨那样，身在地上而声音高亢入天际，即使诚信也难免凶险。

例3：

六三：得敌，或鼓或罢，或泣或歌。

“敌”，匹敌，和自己相当的人，这里是志趣相投、情投意合的朋友。“得敌”就是得到这样的朋友。有了这样的朋友，就能够或者说就应该“或鼓或罢，或泣或歌”，同进同退，同喜同悲。伯牙和子期，高山流水遇知音，子期死后，伯牙摔琴绝弦，终身不再鼓乐，就是这“得敌，或鼓或罢，或泣或歌”的最好写照。

六四：月几望，马匹亡，无咎。

“月几望”，月亮快要圆满了，事业快要成功了。按着道家的思想，正如《老子》上所言，就应该“功成身退”了，“马匹亡”所讲的就是这个意思。这里的“马匹”，不指马匹，而是相互匹敌的马，代指像六三所言的朋友，这样的朋友一起共进、创造了成功，那么接下来就应该一起共退，一起“亡”，这个亡不是死亡的亡，而是逃走的意思。这样共进退，才是真正的践行了诚信，“无咎”、不是什么过错。而如果奋斗了的朋友有人功成而身退，有人留下来而享用高官厚禄，那才真的不够朋友、不讲诚信了呢。

上九：翰音登于天，贞凶。

“翰音登于天”，是讲鸟的叫声上达于天，而鸟仍旧在原地。一群鸟叽叽喳喳乱叫，就好比一群所谓的朋友们在一起相互争功，声音杂而无序，这种情况很不好，所以一定要“贞凶”、要采取必要的措施守正防凶。

例4：

卦辞：中孚，豚、鱼。吉、利涉大川、利贞。

白话：豚、鱼虽然是薄礼但也符合中道。问蓍得吉善、利涉大川与利贞之占。

注释：中孚：卦名。帛书作“中复”。中复：中庸，中道而复，复归于中。

初九：虞。吉。有它不燕。

白话：安于诚信问蓍，得吉善之占。三心二意则不得安宁。

注释：虞：安业。燕：帛书作“宁”。燕通晏。晏，安也。安，宁也。

六三：得敌，或鼓或罢，或泣或歌。

白话：打了胜仗，军队欢欣鼓舞，有的击鼓、有的射箭、有的取水相泼、有的放声高歌。

注释：皮：皮侯，用兽皮制成的射靶。皮、罢（pí）同音通假。

六四：月几望，马匹亡，无咎。

白话：月过望日，马匹丢失，为此问蓍，得无有灾咎之占。（盖古人以为月虽过望然则将复归于望，马匹虽逃亡然则将自归主人。这是直观经验、感觉经验的反映。）

九五：有孚挛如，无咎。

白话：正当谈论丢失马匹的事的时候，那丢失的马又回来了，真是不幸中的大幸。

注释：爻辞帛书作“有复论如，无咎”。有复：复也，归也。

编者说明：例1见书末参考书目⑰，例2见⑱，例3见⑲，例4见㉒。

第六十二卦　小过卦 ䷽ 震上艮下

（一）原文

（卦辞）小过，亨，利贞。可小事，不可大事。飞鸟遗之音，不宜上，宜下，大吉。

（爻辞）初六：飞鸟以凶。

六二：过其祖，遇其妣，不及其君，遇其臣，无咎。

九三：弗过防之，从或戕之，凶。

九四：无咎，弗过遇之，往厉必戒，勿用永贞。

六五：密云不雨，自我西郊，公弋取彼在穴。

上六：弗遇过之，飞鸟离之，凶，是谓灾眚。

（二）解读

卦辞：小过，亨，利贞。可小事，不可大事。飞鸟遗之音，不宜上，宜下，大吉。

解读：“小过”，卦名。“过”：越过、过分。

卦辞说，做事情稍有过，亨通，利于坚守正道。但这是指做小事可以有小过，若做大事不能有小过。飞鸟在空中鸣叫声，似乎表达“不宜上，宜下。”不宜上是飞的过高有危险，宜下安全。遵循卦辞做，大吉。

初六：飞鸟以凶。

解读：爻辞说，飞鸟在卦辞里遗音“不宜上，宜下。”可是小鸟不知，翅膀还没硬就直飞蓝天，掉下摔死，凶险。

六二：过其祖，遇其妣，不及其君，遇其臣，无咎。

解读：“祖”：祖父，爷爷。“妣”：祖母，奶奶。

爻辞说，错过机遇没见到祖父，却遇见祖母；高攀不到君王，却与臣相遇。虽未达到目标，也没白去，并无遗憾。

九三：弗过防之，从或戕之，凶。

解读：“弗”：不。“戕”（qiāng 音腔）：杀害。

爻辞说，不加强防备，将要被杀害，凶险。喻意安全措施可以过分，以免遭不幸。

九四：无咎，弗过遇之，往厉必戒，勿用永贞。

解读：“无咎，弗过遇之”是没有小过就算收获了，无过错。“往厉必戒”是再继续做有危险，要戒备。“勿用永贞”是不要以为自己总是正确的。

六五：密云不雨，自我西郊，公弋取彼在穴。

解读：“弋”（yì 音义）：带绳的小弓箭，射出去能收回，射猎小动物用。

爻辞说，王公用带绳的小弓箭射洞穴中的猎物，没有收获，就像从西郊飘来的密云没下雨。喻意君王到洞穴土屋里没抓到人。

上六：弗遇过之，飞鸟离之，凶，是谓灾眚。

解读：“离”通罹（lí 音离），落入，遇难。“眚”（shěng 音省）：灾难。“弗遇过之”是说，遇到了就不要远远超过，那像飞鸟自投罗网而死，凶险，这是灾难。

小结：小过卦讲做事成功是有条件的，不能翅膀没硬就飞上天，乌云密布就着急下雨。小事情已有些小收获，稍微做过些并无过错。大事情若做过分贪多，可能因福得祸，富有哲理。

（三）选录其他解读

例 1：

卦辞：小过，亨，利贞。可小事不可大事，飞鸟遗之音，不宜上宜下，大吉。

这里是说在君王、上司面前，小的事情做过分一点没关系，但大事不能做得过分突出，你要特别注意这方面的问题，要注意收敛你的才华，只有这样才有利于你的事业发展，你才不会有危险。小事做得过分一点没关系，但大事情绝对不可以做得太突出，这里用高飞的鸟落难后所遗留下来的话来作比喻，指出这是很多才华出众的人不注意收敛自己、被君王暗中伤害后所得出来的惨痛教训。就像小鸟一样不宜往上飞、只宜往下飞，这样就大吉了。

初六：飞鸟以凶。

这里是说就像鸟一样，飞得太高就会有凶险。这里比喻在君王面前你的才能不可以表现得太突出，如果表现得太突出、锋芒显露会有危险。

六二：过其祖，遇其妣。不及其君，遇其臣，无咎。

“祖”是指祖父。

“妣”是指祖母。

“遇”同“偶”，是相对、相等、契合、投合的意思。这是和“过”相对而言。

这里是说你的聪明才智、你的能耐超过了你的祖父，或者和你的祖母差不多。

你所表现的聪明才智不如你的君王，只和君王手下的臣子差不多，这样不会有过错了、就很好了。

这是因为所有的人都是望子成龙，你的聪明才智超过他们，父辈们高兴还来不及呢，你超过你的祖父、你的父亲都没关系。但是如果你所表现的聪明才智超过了你的君王，而君王必将感到他的地位受到威胁。因而你绝对不能显得超过了他，只能表现的和君王手下的臣子的能耐差不多的样子，只有这样才会安全，才不会有过错。

九三：弗过防之，从或戕之，凶。

这里是说你所表现的聪明才智绝不能超过君王，你自己要随时警觉、防备不可超过。要注意，如果你超过了君王，你将被君王戕害，这样你很凶险了。

九四：无咎，弗过，遇之往厉必戒，勿用永贞。

这里是说如果你想要做到无过错的话，你就不能超过君王。如果你所表现的聪明才智和君王保持均衡，这样发展下去也有危险，你一定要随时警戒自己，永远都不可以这样做，永远都要注意收敛，保持低调的做法。

六五：密云不雨，自我西郊，公弋取彼在穴。

这里是说（如果你在这方面不注意的话将会有）黑云密布在西郊，还没有下雨，君王在洞穴内正准备射杀你。

这比喻不祥预兆的黑云已密布于西郊，这时君王在暗处随时准备暗杀你。

上六：弗遇过之，飞鸟离之，凶，是谓灾眚。

这里是说如果你所表现的才干、智慧不是和君王均等，而是超过了君王，这时你就会像飞鸟被网罗了一样，有被君王暗杀的凶险。这对于你的人生来说是最不幸的、最大的灾祸。

例2：

卦辞：小过，亨，利贞。可小事，不可大事，飞鸟遗之音，不宜上、宜下，大吉。

白话：减少往来就能亨通利贞。问蓍得可以举行小祭祀活动不能举行大祭祀活动的占断。问蓍得大吉之占。

注释：小过：卦名。帛书作“少过”。少过：寡过，寡尤。

初六：飞鸟以凶。

白话：翡翠鸟带来了凶恶的征兆。

注释：爻辞帛书作“翡鸟以凶”。

六二：过其祖，遇其妣，不及其君，遇其臣。无咎。

白话：探望他的祖父却遇见了他的祖母，未曾见到他的君主却遇到了他的奴仆。问蓍得到没有灾害的占断。

注释：过（guǒ，guō）：访，探望。

九三：弗过防之，从或戕之。凶。

白话：国际关系的友善在于交往，互通信诚，互通有无。否则纵使对他国很友善，由于他国不了解，也会遭到突然袭击，受到损失的。问蓍得凶占。

注释：爻辞帛书作“弗过仿之，从或臧之。凶。”仿：通访。过访：访问。弗过仿之：不访问别国。从：通纵。

九四：无咎。弗过遇之。往厉，必戒。勿用永贞。

白话：虽然从前未曾过从交往，但现在开始相遇，一见如故，推心置腹，心心相印，过去那种不交往的局面将彻底改变。能够如此，又何必无止境地问蓍呢？（这就多少包含了一点儿无神论的思想因素）

注释：爻辞“必戒”帛书作“必革”。往厉必革：隔阂消除了而心与心相连了，必将改变过去那种被动局面。

上六：弗遇过之，飞鸟离之，凶。是谓灾眚。

白话：贤良不得世用，错过了晋升的机会，反而遭受灾殃。这就是灾难啊！（斯俗所谓“虎落平川被犬欺”也）

注释：爻辞帛书作“弗愚过之，翡鸟罗之，凶。是谓兹省。”弗愚过之：错过了相遇的机会。

编者说明：例1见书末参考书目⑳，例2见㉒。

第六十三卦 既济卦 ䷾ 坎上 离下

（一）原文

（卦辞）既济，亨，小利贞。初吉终乱。

（爻辞）初九：曳其轮，濡其尾，无咎。

六二：妇丧其茀，勿逐，七日得。

九三：高宗伐鬼方，三年克之，小人勿用。

六四：繻有衣袽，终日戒。

九五：东邻杀牛，不如西邻之禴祭，实受其福。

上六：濡其首，厉。

（二）解读

卦辞：既济，亨，小利贞，初吉终乱。

解读：“既济”，卦名。“既”：已经。“济”：渡水，渡河。“既济”：已经渡过河，成功之意。

卦辞说，已经渡过河，亨通，前进不要急躁，否则开始吉利，最终将失败。喻意成功渡过河，休整期，不要急于发展。待人力物力充足时再大步前进。

初九：曳其轮，濡其尾，无咎。

解读：“曳”（yè 音叶）：拖、拉。“轮”：车轮。“濡”（rú 音儒）：浸湿。

爻辞说，很费力地拖拉着车，行动速度慢，犹如狐狸过河，尾巴浸泡在水里，摆动困难，行驶慢，无过错，不要猛冲急于前进。

六二：妇丧其茀，勿逐，七日得。

解读：“茀”通髴（fú 音服）：妇人头饰或头巾。“逐”：追。

爻辞说，妇女丢失了头饰，不要追逐去找，很可能被捡到七日送回来。喻意不要急于求成，该是自己的，以后还会获得。

九三：高宗伐鬼方，三年克之，小人勿用。

解读：“高宗”：殷商王朝一位君主，名武丁。“鬼方”：商朝北方一个少数民族小国与商朝为敌。

爻辞说，商朝武丁君主，利用长达三年时间，才平定了鬼方。若用没经训练的小人，时间更长。喻意不可重用小人。

六四：繻有衣袽，终日戒。

解读：“繻”（rú 音儒），又一音（xū 音需）：丝织品呈现出五彩的样子。

爻辞说，彩色的丝织品，不加保护而乱用，也会很快变成破衣服，故应终日采取措施防备。喻意居安思危，享乐主义容易腐败变质。

九五：东邻杀牛，不如西邻之禴祭，实受其福。

解读：“禴祭”：古时较简朴的祭祀。“东邻”指商纣王之地。“西邻”指周文王之地。

爻辞说，东邻杀牛盛祭也不得民心，不如西邻薄祭获得民心，因而获上天保佑，“实受其福”。

上六：濡其首，厉。

解读：爻辞说，狐狸为了快速过河，把头潜入水中向前冲，冲昏了头脑，有死亡危险。喻意在最后一爻还想急速前进，这是垂死挣扎。

小结：既济卦宣讲已经过渡成功，不应再往前猛冲，应是休整时期，搞民生做基础建设，待人力物力积蓄到位时，再快速前进。

（三）选录其他解读

例1：

上六：濡其首，厉。

注释：狐狸过河本应昂起头，现因被胜利冲昏了头脑，把头浸入水中，而面临淹死的危险。

例2：

初九：曳其轮，濡其尾。无咎。

白话：［小狐狸］拖着绳索［下到水中去了］，尾巴也弄湿了。为此问蓍得到了没有灾难的占断。

六四：繻有衣袽，终日戒。

白话：［虽然］穿的是短衣烂袄，［但士兵们仍然］终日防卫。

注释：繻（rú）：帛书作“襦”（rú）。繻是彩色的缯。襦是短衣，短袄。

例3：

九三：高宗伐鬼方，三年克之，小人勿用。

“高宗”是殷商时期的一代君王。

“鬼方”是殷商时期北方的一个部族，经常来骚扰中原地区。

“小人”是指一般的人，也是指平常人。

这里是说君王高宗当年征伐鬼方，历时三年的时间，好不容易才取得胜利，这是一般普通人所做不到的。

六四：繻有衣袽，终日戒。

“繻”同“濡”。

“袽”指破棉絮。

这里是说不能忘记在渡河的时候，用破衣服、烂棉絮去堵塞船里漏水时惊心动魄的情景，每当回忆起这样危险的情景还心有余悸。

例 4：

初九：曳其轮，濡其尾，无咎。

这条爻辞其实是教诲说：（革命成功之后）务必刹住要求立即进行新的征伐的倾向，尽管这样做会造成一些损失，但无害处。按这理解，“曳其轮”是祈使句，教诲对象，也即建议去“曳轮”的人，是新政权的主要领导——侯王，君王，两个“其”字都是反身代词，但在这里指代的意义淡化了，可视为语助词。

六二：妇丧其茀，勿逐，七日得。

“茀”是车帷。古代贵族女子乘车外出车上必须挂有车帷，使路人不能看到其容貌，否则不能外出，以免发生意外，所以这里特别点明是“妇”丧其茀，喻示“这车子不能开，若开，将发生意外。”这显然是对上一爻“曳其轮”的原因和理由补作说明。此句也喻义是“不要动，动必有危险。”

“妇丧其茀”后面添上“勿逐，七日得”五字，是又作安慰说：只要把建设搞好了，你想马上发起新的征伐所要达到的目的将来总能实现的，何必现在急于冒险呢？这样，就把必须“曳其轮”的理由，讲得非常充分了。

六四：繻有衣袽，终日戒。

这条爻辞恐怕自古至今没有一个注家解对了，原因是错解了“繻”、“袽”、“戒”三字的含义。这条爻辞乃是说：沾湿了絮衣，是要过很久才能再穿的——“戒”在这里不是戒备、警戒义，而是戒除义，“终”可表长久。这一爻仍然是申述必须“曳其轮”的理由。刘大钧先生给出的这一爻的译文是：“（船漏水）濡湿，有破衣（塞漏船），终日戒备。”陈、赵二位先生的译文是：“河水浸湿了衣絮，整天戒备着。”这两个意思简直与上文和全卦主旨不挨边，其“内部关系”也是无法让人读懂的。其他注家的说解或翻译，都决不比这两家的稍好一点。

九五：东邻杀牛，不如西邻之禴祭，实受其福。

“杀牛”和“禴祭”作对比，自是说的“厚祭”。所以这条爻辞是以厚祭所以得的实惠——神明赐予的福荫，并不一定比薄祭所得的更多为喻，说明：只要你真心诚意地搞建设，按正道行事，神明自会保佑你，让你得到你应得的一切，因此你完全不必不断地进行征伐以扩张势力范围，求得更多财富。这显然是进而用神意来论证“曳其轮”的可行性和必要性。注家们大多未能点明这个要点。

上六：濡其首，厉。

这是和初爻说的“濡其尾，无咎。”相呼应，故而明显是说：你为了拖住车轮不让渡河，又只是沾湿了上衣的后摆，自然“无咎”，但要是你因故没有把它拖上岸来，而是跟着它涉水而去，以至越陷越深，最后完全淹没在水中，那就“厉”——危险了。所以这是最后警告说：不仅要“曳其轮”，还一定要成功地把它拖上岸来（也即务必把要求继续进行征伐的那股势力遏止住）。

编者说明：例 1 见书末参考书目⑰，例 2 见㉒，例 3 见⑳，例 4 见㉑。

第六十四卦 未济卦 ䷿ 离上 坎下

（一）原文

（卦辞）未济，亨，小狐汔济，濡其尾，无攸利。

（爻辞）初六：濡其尾，吝。

九二：曳其轮，贞吉。

六三：未济，征凶，利涉大川。

九四：贞吉，悔亡，震用伐鬼方，三年有赏于大国。

六五：贞吉，无悔，君子之光，有孚，吉。

上九：有孚于饮酒，无咎。濡其首，有孚失是。

（二）解读

卦辞：未济，亨，小狐汔济，濡其尾，无攸利。

解读：“未济”，卦名。“汔”（qì 音气）：几乎。

卦辞说，“未济”是还未渡过河，尚未成功。小狐狸几乎就要渡过河时，尾巴浸泡在水里，不顺利。

初六：濡其尾，吝。

解读：爻辞说，狐狸本应翘尾巴过河，却把尾巴浸在水里，很遗憾。

九二：曳其轮，贞吉。

解读：“曳”（yè 音夜）：牵引，拖、拉。

爻辞说，牵引着轮子，控制速度，走正道则吉。

六三：未济，征凶，利涉大川。

解读：爻辞说，还没成功就去出征，也就是还没渡过河就出征，凶险。有利于先渡过河再出征。

九四：贞吉，悔亡，震用伐鬼方，三年有赏于大国。

解读：“鬼方”是商朝北方一个少数民族小国与商王朝为敌。“大国”指商朝。

爻辞说，坚守吉祥胜利信念，不会后悔。震撼敌人的军队用去攻打鬼方，终于三年攻克，受到商王朝君王的奖赏。

六五：贞吉，无悔，君子之光，有孚，吉。

解读：“君子之光有孚”是，君子正大光明取信于民，吉祥。“贞吉，无悔”是君子坚守正道吉利，不会后悔。

上九：有孚于饮酒，无咎。濡其首，有孚失是。

解读：饮酒庆祝讲诚信，没有过错。但是饮酒过度了醉酒失控，往嘴里灌酒洒在头上“濡其首”，失去体面，好像失去了诚信。这比喻是胜利冲昏了头脑，是暂时的，待醉意醒过来，还要征途立新功，意境深远。六十四卦至此结束。

小结：《周易》卦序编排有意识地未济卦放置最后，表明人类社会并未到此停止，而是不断地发展前进，需要人们紧跟时代发展，克服前进中的新困难，取得新成就。正如伟人孙中山先生遗嘱说：“革命尚未成功，同志仍需努力。”

（三）选录其他解读

例 1：

卦辞：未济，亨。小狐汔济，濡其尾。无攸利。

译文：《未济》卦，亨通。小狐快要渡过河了，河水打湿了它的尾巴。没有什么利。

初六：濡其尾，吝。

译文：初六，（河水）打湿了它的尾巴，羞辱。

九二：曳其轮，贞吉。

译文：九二，拖拉车轮（过河），占问吉祥。

六三：未济，征凶。利涉大川。

译文：六三，没有渡过河，出征有凶险。利于渡涉大川。

九四：贞吉，悔亡。震用伐鬼方，三年有赏于大国。

译文：九四，占问吉祥，困厄消失。动用兵力去讨伐鬼方，三年取胜回来，得到了大国（殷）的奖赏。

六五：贞吉，无悔。君子之光有孚。吉。

译文：六五，占问吉祥，没有困厄。君子的光辉（品德），在于有诚信，这才吉利。

上九：有孚于饮酒，无咎。濡其首，有孚失是。

译文：上九，守信而赴约饮酒，没有灾祸。（若喝醉）被酒浇湿了头，即使有诚信，也失去了正道。

例 2：

卦辞：未济，亨，小狐汔济，濡其尾，无攸利。

“汔”是几乎的意思。“汔济”是说几乎就要渡过河了，实际就是没有渡过河。

这里是说要渡河，可是还没有渡过河；要干大事业但是碰到很大的困难，这时你要以破釜沉舟的信心和决心去干。不要像小狐狸那样，几乎差一点点就要游过河了，却没有游过去，而是湿着尾巴又回头上岸了。小狐狸前功尽弃了，这样很不利。

初六：濡其尾，吝。

这里是指卦辞“小狐汔济，濡其尾”。是说小狐狸要上岸时尾巴还在水中，所以它的尾巴还是潮湿的。也就是说小狐狸差一点点就要渡过河了，但是它没有信心再拼搏下去，而是回岸了，功败垂成，它这样做太可惜了。

九二：曳其轮，贞吉。

这里是说干事业就要花大力气，就像拉大车一样，每走一步都要费尽全身的力量去拼搏，一步一个脚印。这样做才会吉祥，事业才能成功。

六三：未济，征凶，利涉大川？

这里是说你在还没有干事业之前，过多考虑不利因素，顾虑这样做下去是否有凶险，畏缩不前，这样你还能干什么大事业呢？

九四：贞吉，悔亡。震用伐鬼方，三年有赏于大国。

“贞”是指卜问。

“贞吉”是说占卜，占到上签。

这里是说你在要干大事业之时，就要像占到吉祥的上签一样自信毫无顾忌、有信心和决心。要知道当年君王高宗以威震之势征伐鬼方取得胜利，得到大国三年的封赏。同样是“高宗伐鬼方”的事例，在不同的地方，所取的意义是完全不同的。

六五：贞吉无悔，君子之光，有孚，吉。

“光”就是明，就是明白，就是智慧之光。

这里是说就像占到吉祥的上签一样好毫无顾忌地努力拼搏，这是聪明君子的智慧，他能看到光明的前景，他有诚心、有决心这样做，事业肯定会顺利、会吉祥。

上九：有孚于饮酒无咎。濡其首，有孚失是。

“濡其首”这里是指沉溺于饮酒之中，好象将头都被酒水沾湿了一样。

这里是说为了表示为事业拼搏的信心和决心，大家共同饮一点酒，这样没有过错。如果因此而饮得酩酊大醉，这样就失去了表示诚心和决心的意义了。

例3：

初六：濡其尾，吝。

“濡其尾”乃是结果，与“未济”的意思相联系，当是指“事未成”，从“吝”的评语看，则必是指快要成了却终于未成——办事总有过程，处在过程之中都是“未成”。本卦就只是教诲说：做事要有始有终，务求避免功亏一篑的遗憾。

九二：曳其轮，贞吉。

“曳其轮”的实际含义应是“扶住车轮，适当控制速度，以求车子走得又快又安全”的意思。这条爻辞是对上一爻作补充：要避免功败垂成的结局，就要时刻小心谨慎地把握车轮的运转状况和前进速度。“车轮”在这里仍然是喻指社会变革的组织者和发动者，也即国家政权，所以这还是在教诲侯王君主扩张权势时应注意什么，并非对个人行事作一般方法论的指导。

六三：未济，征凶，利涉大川。

刘大钧先生给出的译文是：“未能得助，出征则凶，利于越大河。”从这译文看，他把这条爻辞中的“济”字理解为“无济于事”的“济”，帮助义。“出征”未必一定要“涉大川”，“涉大川”只是喻指克服大困难，不出征时也可以有的，所以这个理解确实也消解了上述矛盾。

应该这样理解：“征”和“涉”的对象不相同，“利涉大川”的“大川”乃指当前正在济渡的这条大河，“征凶”是说这时又向外进行征伐必定凶多吉少，故而全爻是说：你还未把正在进行的事情办完（“未济”），同时就又去进行新的征伐，那是不行的（“征凶”），这时应该一心一意地做好当前的工作（“利涉大川”）。这样解读，文字上显然不成问题，意思则不但没有矛盾，还十分在理——你正在渡河时还去征讨别人，或去从事另一项大工程，这不是引狼入室，或分散精力吗？结果只会是一事无成！所有这些应该放到“既济”之后去考虑。

九四：贞吉，悔亡，震用伐鬼方三年，有赏于大国。

这一爻是承接上一爻讲的，要一心一意争取先把当前这条“大川”渡过去的意思，说：要想贞吉悔亡，就要像当年震伐鬼方那样地干，他就是因为持之以恒地坚持到底，取得了成功，才终于得到大国的嘉奖——“大国”在这里可能只具有比喻意义，喻天子，或喻“上天”，总之，是某个专事奖善罚恶的大权威。

上九：有孚于饮酒，无咎；濡其首，有孚失是。

“酒食”就是指庆功宴，说“有孚于酒食”，乃因当初许诺过济渡成功之后要嘉奖、犒劳有功人员，大大庆贺一番。所以这一句至少主要不是讲“逸”，而是讲兑现封官进爵加禄之诺，这才谈得上“有孚”。兑现这个许诺自然是应该的，故评曰“无咎”。

后两句的意思是：庆功宴要是搞得太张扬，以至大家忘乎所以，把酒水都泼到头上去了，那就过头了，不是表现有孚的正确方式（“濡其首”是说酒水沾湿了头，“失是”即“失正”，即这个“是”乃“是非”的“是”）。这似乎是警告侯王，君主，对有功之臣的嘉奖不宜太过，以免他们的威望和权力太大，导致大权旁落。

编者说明：例 1 见书末参考书目⑯，例 2 见⑳，例 3 见㉑。

第三章 《易传》选录

一、说卦传

昔者圣人之作《易》也，幽赞神明而生蓍，参天两地而倚数，观变於阴阳而立卦，发挥於刚柔而生爻，和顺於道德而理於义，穷理尽性以至於命。

昔者圣人之作《易》也，将以顺性命之理。是以立天之道曰阴与阳，立地之道曰柔与刚，立人之道曰仁与义。兼三才而两之，故《易》六画而成卦。分阴分阳，迭用柔刚，故《易》六位而成章。

天地定位，山泽通气，雷风相薄，水火不相射，八卦相错。数往者顺，知来者逆，是故《易》逆数也。

雷以动之，风以散之，雨以润之，日以烜之，艮以止之，兑以说之，乾以君之，坤以藏之。

帝出乎震，齐乎巽，相见乎离，致役乎坤，说言乎兑，战乎乾，劳乎坎，成言乎艮。万物出乎震，震东方也。齐乎巽，巽东南也，齐也者，言万物之洁齐也。离也者，明也，万物皆相见，南方之卦也，圣人南面而听天下，向明而治，盖取诸此也。坤也者地也，万物皆致养焉，故曰致役乎坤。兑正秋也，万物之所说也，故曰说；言乎兑。战乎乾，乾西北之卦也，言阴阳相薄也。坎者水也，正北方之卦也，劳卦也，万物之所归也，故曰劳乎坎，艮东北之卦也，万物之所成，终而所成始也，故曰成言乎艮。

神也者，妙万物而为言者也。动万物者，莫疾乎雷；桡万物者，莫疾呼风；燥万物者，莫熯乎火；说万物者，莫说乎泽；润万物者，莫润乎水；终万物始万物者，莫盛乎艮。故水火相逮，雷风不相悖，山泽通气，然后能变化，既成万物也。

乾，健也。坤，顺也。震，动也。巽，入也。坎，陷也。离，丽也。艮，止也。兑，说也。

乾为马，坤为牛，震为龙，巽为鸡，坎为豕，离为雉，艮为狗，兑为羊。

乾为首，坤为腹，震为足，巽为股，坎为耳，离为目，艮为手，兑为口。

乾，天也，故称乎父。坤，地也，故称乎母。震一索而得男，故谓之长男。巽一索而得女，故谓之长女。坎再索而得男，故谓之中男。离再索而得女，故谓之中女。艮三索而得男，故谓之少男。兑三索而得女，故谓之少女。

乾为天，为圆，为君，为父，为玉，为金，为寒，为冰，为大赤，为良马，为老马，为瘠马，为驳马，为木果。

坤为地，为母，为布，为釜，为吝啬，为均，为子母牛，为大舆，为文，为众，为柄，其於地也，为黑。

震为雷，为龙，为玄黄，为旉，为大涂，为长子，为决躁，为苍筤竹，为萑苇。其於马也为善鸣，为馵，为作足，为的颡。其於稼也为反生。其究为健，为蕃鲜。

巽为木，为风，为长女，为绳直，为工，为白，为长，为高，为进退，为不果，为臭。其於人也，为寡发，为广颡，为多白眼，为近利市三倍。其究为躁卦。

坎为水，为沟渎，为隐伏，为矫輮，为弓轮。其於人也，为加忧，为心病，为耳痛，为血卦，为赤。其於马也，为美脊，为亟心，为下首，为薄蹄，为曳。其於舆也，为多眚，为通，为月，为盗。其於木也，为坚多心。

离为火，为目，为电，为中女，为甲胄，为戈兵。其於人也，为大腹，为乾卦。为鳖，为蟹，为蠃，为蚌，为龟。其於木也，为科上槁。

艮为山，为径路，为小石，为门阙，为果蓏，为阍寺，为指，为狗，为鼠，为黔喙之属。其於木也，为坚多节。

兑为泽，为少女，为巫，为口舌，为毁折，为附决。其於地也，为刚卤，为妾，为羊。

二、序卦传上经

有天地然后万物生焉。盈天地之间者唯万物，故受之以屯。屯者，盈也；屯者，万物之始生也。物生必蒙，故受之以蒙。蒙者，蒙也，物之稚也，物稚不可不养也，故受之以需。需者，饮食之道也，饮食必有讼，故受之以讼。讼必有众起，故受之以师。师者，众也；众必有所比，故受之以比。比者，比也；比必有所畜，故受之以小畜。物畜然后有礼，故受之以履。履而泰，然后安，故受之以泰。泰者，通也；物不可以终通，故受之以否。物不可以终否，故受之以同人。与人同者，物必归焉，故受之以大有。有大者不可以盈，故受之以谦。有大而能谦，必豫，故受之以豫。豫必有随，故受之以随。以喜随人者必有事，故受之以蛊。蛊者，事也；有事而后可大，故受之以临。临者，大也；物大然后可观，故受之以观。可观而后有所合，故受之以噬嗑。嗑者，合也；物不可苟合而已，故受之以贲。贲者，饰也；致饰然后亨则尽矣，故受之以剥。剥者，剥也。物不可以终尽，剥穷上反下，故受之以复。复则不妄矣，故受之以无妄。有无妄然后可畜，故受之以大畜。物畜然后可养，故受之以颐。颐者，养也；不养则不可动，故受之以大过。物不可以终过，故受之以坎。坎者，陷也；陷必有所丽，故受之以离。离者，丽也。

三、序卦传下经

有天地然后有万物，有万物然后有男女，有男女然后有夫妇，有夫妇然后有父子，有父子然后有君臣，有君臣然后有上下，有上下然后礼仪有所错。夫妇之道，不可以不久也，故受之以恒。恒者，久也；物不可以久居其所，故受之以遁。遁者，退也；物不可以终遁，故受之以大壮。物不可以终壮，故受之以晋。晋者，进也；进必有所伤，故受之以明夷。夷者，伤也；伤于外者，必反其家，故受之以家人。家道穷必乖，故受之以睽。睽者，乖也；乖者必有难，故受之以蹇。蹇者，难也；物不可以终难，故受之以解。解者，缓也；缓必有所失，故受之以损。损而不已必益，故受之以益。益而不已必决，故受之以夬。夬者，决也；决必有所遇，故受之以姤。姤者，遇也；物相遇而后聚，故受之以萃。萃者，聚也；聚而上者谓之升，故受之以升。升而不已必困，故受之以困。困乎上者必反下，故受之以井。井道不可不革，故受之以革。革物者莫若鼎，故受之以鼎。主器者莫若长子，故受之以震。震者，动也；物不可以终动，止之，故受之以艮。艮者，止也；物不可以终止，故受之以渐。渐者，进也；进必有所归，故受之以归妹。得其所归者必大，故受之以丰。丰者，大也；穷大者必失其居，故受之以旅。旅而无所容，故受之以巽。巽者，入也；入而后说之，故受之以兑。兑者，说也；说而后散之，故受之以涣。涣者，离也；物不可以终离，故受之以节。节而信之，故受之以中孚。有其信者必行之，故受之以小过。有过物者必济，故受之以既济。物不可穷也，故受之以未济终焉。

四、杂卦传

乾刚坤柔，比乐师忧。临、观之义，或与或求。屯见而不失其居，蒙杂而著。震，起也。艮，止也。损、益盛衰之始也。大畜，时也。无妄，灾也。萃聚而升不来也。谦轻而豫怠也。噬嗑，食也。贲，无色也。兑见而巽伏也。随，无故也。蛊则饬也。剥，烂也。复，反也。晋，昼也。明夷诛也。井通而困相遇也。咸，速也。恒，久也。涣，离也。节，止也。解，缓也。蹇，难也。睽，外也。家人，内也。否、泰，反其类也。大壮则止，遁则退也。大有，众也。同人，亲也。革，去故也。鼎，取新也。小过，过也。中孚，信也。丰多故也。亲寡，旅也。离上而坎下也。小畜，寡也。履，不处也。需，不进也。讼不亲也。大过，颠也。姤，遇也，柔遇刚也。渐，女归待男行也。颐，养正也。既济，定也。归妹，女之终也。未济，男之穷也。夬，决也，刚决柔也，君子道长，小人道消也。

附　录

附表1

六十四卦排列顺序表

1 乾	9 小畜	17 随	25 无妄	33 遁	41 损	49 革	57 巽
2 坤	10 履	18 蛊	26 大畜	34 大壮	42 益	50 鼎	58 兑
3 屯	11 泰	19 临	27 颐	35 晋	43 夬	51 震	59 涣
4 蒙	12 否	20 观	28 大过	36 明夷	44 姤	52 艮	60 节
5 需	13 同人	21 噬嗑	29 坎	37 家人	45 萃	53 渐	61 中孚
6 讼	14 大有	22 贲	30 离	38 睽	46 升	54 归妹	62 小过
7 师	15 谦	23 剥	31 咸	39 蹇	47 困	55 丰	63 既济
8 比	16 豫	24 复	32 恒	40 解	48 井	56 旅	64 未济

附表2

查卦表

上卦 \ 下卦	☰	☷	☳	☴	☵	☲	☶	☱
☰	1	11	34	9	5	14	26	43
☷	12	2	16	20	8	35	23	45
☳	25	24	51	42	3	21	27	17
☴	44	46	32	57	48	50	18	28
☵	6	7	40	59	29	64	4	47
☲	13	36	55	37	63	30	22	49
☶	33	15	62	53	39	56	52	31
☱	10	19	54	61	60	38	41	58

使用说明：

1. 此表设计是按《周易》的传统说法：乾为父，坤为母，震为长男，巽为长女，坎为中男，离为中女，艮为少男，兑为少女，按长幼次序排列。从左到右，从上到下。

2. 查卦时先找上卦，后找下卦。上下卦交叉处，即是所查的卦数，即《周易》的第几卦。例如起卦时出现了䷊，此卦上卦是坤☷，下卦是乾☰。先在表上从左至右找坤☷，然后从上往下找乾☰，坤和乾的交叉处为11，此卦是《周易》的第十一卦。再按六十四卦排列顺序表查找，很快就能找到是什么卦，此卦是泰卦。

参考书目

①王弼：《周易注》，上海古籍出版社，1990。
②孔颖达：《周易正义》，上海古籍出版社，1990。
③程颐：《伊川易传》，上海古籍出版社，1990。
④朱熹：《周易本义》，上海古籍出版社，1990。
⑤高亨：《周易古经今注》，中华书局，1894。
⑥李境池：《周易探源》，中华书局，1976。
⑦李鼎祚：《周易集解》，上海古籍出版社，1989。
⑧司马光：《温公易说》，上海古籍出版社，1990。
⑨来知德：《周易集注》，上海书店，1986。
⑩邓球柏：《帛书周易效释》，湖南人民出版社，2002。
⑪唐明邦：《周易评注》，中华书局，1995。
⑫刘大钧：《周易概论》，齐鲁书社，1986。
⑬王夫之：《周易外传》，中华书局，1977。
⑭张立文：《帛书周易注释》，中州古籍出版社，1992。
⑮孙振声：《易经今译》，海南出版社，1988。
⑯王围赋：《周易白话解读》，沈阳出版社，2012。
⑰邵乃读：《正本清源说易经》，世界知识出版社，2013。
⑱周山：《周易解读》，上海辞书出版社，2011。
⑲韩广岳：《周易易读》，上海古籍出版社，2012。
⑳杨志沐：《每天学一点易经》南方日报出版社，2012。
㉑赵又春：《我读周易》，岳麓书社，2013。
㉒邓球柏：《白话易经》，人民出版社，2012。
㉓许绍龙：《易经的奥妙》金城出版社，1993。
㉔马江龙、常卫红：《周易我读》，首都师范大学出版社，2013。